经济学学术前沿书系

SICHOU ZHILU JINGJIDAI JIANSHEZHONG
QINGHAI KEJI ZHICHENG DUICE YANJIU

丝绸之路经济带建设中青海科技支撑对策研究

李毅　等著

经济日報出版社

图书在版编目（CIP）数据

丝绸之路经济带建设中青海科技支撑对策研究 / 李毅著. -- 北京：经济日报出版社，2018.9

ISBN 978-7-5196-0421-9

Ⅰ. ①丝… Ⅱ. ①李… Ⅲ. ①科学技术-作用-区域经济发展-研究-青海 Ⅳ. ①F127.44

中国版本图书馆 CIP 数据核字（2018）第 208327 号

丝绸之路经济带建设中青海科技支撑对策研究

作　者	李毅　等
责任编辑	周　璠
责任校对	杨欣萌
出版发行	经济日报出版社
社　址	北京市西城区白纸坊东街 2 号 A 座综合楼 710
邮政编码	100054
电　话	010-63584556（编辑部）
	010-63538621　63567692（发行部）
网　址	www.edpbook.com.cn
E-mail	edpbook@sina.com
经　销	全国新华书店
印　刷	北京九州迅驰传媒文化有限公司
开　本	710×1000 毫米　1/16
印　张	19.75
字　数	240 千字
版　次	2018 年 9 月第一版
印　次	2018 年 9 月第一次印刷
书　号	ISBN 978-7-5196-0421-9
定　价	68.00 元

前言

课题组经过一年多的精心探索、深入研究，认真总结，已完成预期研究任务，并取得不错的成绩，现将研究成果汇报如下。

一、研究概况

（一）立项背景及研究意义

1. 立项背景

2013年9月7日，国家主席习近平在哈萨克斯坦纳扎尔巴耶夫大学首次提出“丝绸之路经济带”。丝绸之路经济带连接东亚、中亚、西亚及海湾各国，辐射亚太、欧洲、非洲经济圈，覆盖人口约30亿，涵盖政治、交通、能源、金融、电信、科技、农业、旅游等多个重要领域。丝绸之路经济带体现了中国新一届领导人建立与中亚国家“命运共同体”和“利益共同体”的战略构想，展示了中国政府坚持经济改革开放，合作共赢，包容互鉴，增进互信，巩固友好，使不同种族、信仰、文化的国家共享和平，共同发展的理念。国家主席习近平重要演讲中的五个加强“政策沟通”“道路联通”“贸易畅通”“货币流通”“民心相通”向全世界回答了“中国思考”，体现了中国将在欧洲、亚太地区继往开来的“中国意图”和“中国决心”。研究丝绸之路经济带建设中科技支撑的主要内容及其实现路径，对于保障国家安全，培育新的经济增长极，深化区域经济合作共赢具有重要的理论和现实意义。

2. 研究意义

开展本课题研究，对青海积极融入丝绸之路经济带建设，实现科学发展、绿色发展、和谐发展、统筹发展，具有深远的历史意义和重大的现实意义。

（1）青海作为丝绸之路经济带上一个重要的节点城市，如何发挥科技在丝绸之路经济带建设中的作用？丝绸之路经济带的发展要靠科技创新引领，特别是以科技支撑产业来引领丝绸之路经济带的发展，要着力推动区域重大科技研究、技术输出和成果转化示范、亚欧区域创新能力提升、科技型企业“走出去”等措施的落实。同时，对中国－亚欧科技合作中心提出了具体的构想和规划。

（2）青海必须通过科技创新引领丝绸之路经济带发展，不断提升产业的装备能力和技术的武装能力，形成先进装备制造优势，以新兴产业的发展加快经济带内合作的紧密度。

（3）青海对内对外承载着流转功能，要加强科技在放大通道效应中的支撑能力，结合新一代信息网络技术，把智能物流和跨境电子商务优先发展起来，真正转变对外贸易方式，提升经济带内的合作度。

（4）利用丝绸之路经济带建设的机遇促进青海区域科技创新体系的建设，对于积聚区域科技资源、培育区域科技创新能力、提升区域竞争力等均具有重要作用。

（5）利用科技创新促进丝绸之路经济带建设，可以培育西部新经济增长极。在实现西部大开发、大开放的基础上，通过科技创新和依托长江经济带，形成东中西协调发展的全方位对外开放格局，推动内陆地区与沿海、沿边地区联动发展，实现跨区域大联通，打造贯穿中国东部、中部和西部地区的新型区域经济增长极。丝绸之路经济带将亚欧两大经济体联系在一起，通过建立亚欧新型伙伴关系，形成亚欧跨区域经济增长极。

（6）利用科技创新促进丝绸之路经济带建设，可以加快产业结构调整。丝绸之路经济带的建设，依托沿线国家和地区的比较优势，打造区域内产业分工，资源重组的战略性布局，提升区域产业竞争力。中国以初级加工的制造业产品为主，科技含量和经济效益较低，没有充分发挥产业聚集效应和比较优势。通过加强与亚欧国家的经贸和技术交流，开拓国际市场，一方面可以加快我国东部地区产业结构调整和优化，发挥东部地区对经济增长和转型的带动作用；另一方面为中国西部地区承接国际与东部地区的产业转移提供契机，促进实施西部地区反梯度推移战略，发挥西部地区在丝绸之路经济带建设中的重要作用。

（二）研究阶段

2015 年 7 月，课题立项以来，课题组开始按照进度安排进行分头行动。课题研究共划分为以下三个阶段进行：

1. 课题研究准备筹划阶段（2015 年 7 月—2015 年 12 月）

认真组织课题组成员，讨论搜集有关文献，确定研究内容，制定研究目标、途径、方法和调研提纲，撰写实施研究方案和调研提纲，并实施调研。2015 年 8 月底至 12 月初对西宁市工业园区、海东、海南州、海西州和果洛州等地区进行了重点调研，收集了大量宝贵素材、数据和资料。

2. 课题研究撰写阶段（2016 年 1 月—2016 年 7 月）

组织课题成员根据研究方案指定的课题，积极开展形式多样的研讨活动，通过组织对有关文献的学习，撰写论文、交流心得、不断完善和创新。在抓好典型引路的基础上，探索出丝绸之路经济带建设中科技支撑的特点和规律。

3. 课题研究完善总结阶段（2016 年 8 月—2016 年 12 月）

通过第二阶段的努力，要求课题组成员认真反思，将理论与实践研究的成果整理成档案，形成课题研究结题报告，反复修改研究报告，接受验收评估。

（三）研究设想和研究内容

“丝绸之路经济带”是宏大的战略构思，但它只是给出了大致的范围、方向和思路，没有提出具体的阶段目标、操作机制和实施路径。这虽然对理解“丝绸之路经济带”的思想造成了一些困难，却也为在理论和实践上对其进行创造和发挥留下了空间。

1. 从理论研究的视角看，理论研究缺位。由于“丝绸之路经济带”这一概念在 2013 年 9 月 7 日才由习近平主席首次提出。提出时间还不长，关于如何利用科技支撑丝绸之路经济带建设的研究还不多见。2013 年 9 月 13 日，万钢在上合组织峰会上接受记者采访时提出：通过科技领域的互利合作，带动各成员国在经贸、资源、能源等领域合作的发展，有利于推动各成员国的经济发展和社会进步，进一步增强非成员国间的互信互谅。2014 年 6 月 6 日首次中国 – 南亚国家科技部长会议，在昆明召开，会上，各方就推动中国南亚科技合作向宽领域、深层次、全方位发展发表见解，并就合作内容、合作形式等进行深入讨论，达成诸多共识。万钢针对中国南亚科技合作提出 5 项合作建议，包括共建国家联合实验室、联合研究中心，支持双方机构建立长期合作关系；实施南亚国家青年科学家来华工作计划，共同培养科技人才；共建中国 – 南亚技术转移中心，推动中国先进适用技术向南亚各国转移；推进农业科技合作，服务各国农业发展；开展科技创新政策交流，分享中国发展经验。目前，中国与印度、巴基斯坦建立了政府间科技合作机制，与斯里兰卡、尼泊尔等国启动了联合研究中心建设，合作取得积极成效。

金磊（2014）在《新疆与中亚各国科技合作助推丝绸之路经济带发展》一文中指出，新疆对中亚国家开展科技合作，需要在战略层面上有两点共识：首先要明确一种长期投入的科技合作国家战略，这种长期投入战略合作观念，先要获得存在，然后才能获取利益。不能急功近利，以短期获利为目的开展长期合作。其次，对中亚的科技合作，国家和地方都要在战略层面上取得共识，不能是新疆一边热，也不能是中央政府一边热。要在西部大开发和推进新疆向西开放战略上取得共识，应注意按照打造“中

国 – 中亚科技合作中心”的国家定位，做好本职工作和利用外援力量，包括利用好全国科技援疆等对口帮扶的嫁接机制，以推动两地间的协同创新。李扬（2014）在《新疆将在中亚五国建科技合作分中心》一文中指出，新疆将引领丝绸之路经济带的发展，大力发展高新技术产业，推动新疆与中亚区域高新技术产业的合作。

胡克林（2014）在《以科技合作为引领推动阿尔泰区域合作再上新台阶》一文中指出，中国科技部已决定在新疆建设中国 – 中亚科技合作中心，致力于打造集科技信息交流、战略研究、新技术新产品展示、技术转移、创业孵化、科技培训等诸多功能于一体的“一站式”国际科技交流合作中心，将为周边国家在生态环境保护、科技人员培训、科技成果和技术转移转化、产业化示范基地和科技园区建设方面提供服务支撑。该中心目前主要由总部、科学研究中心、信息中心、产业技术中心、农业科技中心、会展中心等机构组成，中心将坚持相互尊重、平等相待、包容互鉴的理念，不断拓展双边和多边国际科技合作。按照上述要求，新疆维吾尔自治区科技厅在制定该中心建设规划时，将更加重视把中、俄、哈、蒙阿尔泰区域合作机制作为“中心”建设的重要内容，指定专人负责阿尔泰区域科技合作的协调服务工作，推进区域开展务实合作。在区域合作机制的框架要求下，建立大阿尔泰自然保护区委员会区域联盟，促进中俄哈蒙四国六方进一步保护好阿尔泰区域生态环境；积极协调中外旅游企业，促进双边跨境游和环阿尔泰山四国游早日实现。在双边合作中，我们将积极推进在俄罗斯巴尔瑙尔市建立的中俄沙棘产业化基地建设；积极推进在东哈萨克斯坦州建立的中哈农业科技试验示范基地以及水产加工技术合作等多项科技合作。今后，我们将通过健全工作机制、探索合作新途径、改进合作方法努力为阿尔泰区域合作创造良好环境、提供便利条件，不断深化与俄、哈、蒙的科技交流与合作。

到目前为止，理论界对青海如何融入丝绸之路经济带建设中去的问题研究力度较薄弱，尤其是如何利用科技支撑助推丝绸之路经济带建设的问题还没有形成全面、系统的研究成果，更没有人对青海如何构建科技创新体系助推丝绸之路经济带建设问题进行战略性、前瞻性的系统研究，从而导致利用科技助推丝绸之路经济带建设缺乏理论的指导。

2. 从实践层面讲，过去，政府的投资政策取向更多地偏向于重工业，重视大项目，关注 GDP，而对于如何强化科技创新融入国际市场、通过建立国际科技合作平台、强化亚欧区域间国际科技合作则重视不足。到目前为止，省政府还没有形成关于亚欧区域间国际科技合作的相关规划。目前，国家层面上正在筹备建立“中国 - 中亚科技合作中心”，各项工作正在紧锣密鼓地开展。新疆科技厅也积极开展工作，欲将“中国 - 中亚科技合作中心”纳入新疆丝绸之路经济带建设总体规划中。仅 2006–2012 年，新疆针对中亚国家开展国际科技合作所签署协议近百份，涉及农业、畜牧业、林业、地质矿产、高新技术、化工、地震、干旱区地理与生态环境、科技经济信息、次区域科技经济合作等领域，合作项目 106 个，科技部和科技厅支持金额达 2 亿多元。目前已形成了稳定和常态化的新疆与中亚国家科技主管部门合作、中俄哈蒙阿尔泰区域合作两个以新疆为主的合作机制。而青海在这方面远远落后于新疆。青海省如何利用新疆构建“中国 - 中亚科技合作中心”的契机，积极融入其中，构建青海科技创新体系，积极融入丝绸之路经济带建设中去，利用科技创新和科技国际合作的新平台启动青海经济增长的新引擎，助推丝绸之路经济带的建设和发展，这是当前亟待解决的重大现实问题。

为此，我们最终将研究内容聚焦为 7 个子报告内容。

研究中，我们主要解决了 7 大问题：

（1）丝绸之路经济带提出的背景及建设的战略意义；

（2）青海在丝绸之路经济带建设中的定位和选择；

（3）青海科技在丝绸之路经济带建设中的战略地位和作用；

（4）丝绸之路经济带建设中区域科技创新动力机制；

（5）丝绸之路经济带建设中区域科技创新体系构建；

（6）丝绸之路经济带建设中青海区域科技创新体系创新能力评价体系；

（7）青海利用科技创新体系建设引领丝绸之路经济带发展的对策与建议。

最终，我们将上述7大问题归纳整理为7个子报告内容，主要内容如下：

报告一：丝绸之路经济带提出的背景及建设的战略意义。在这个报告中，我们主要研究了三大问题："丝绸之路经济带"倡议提出的背景、"丝绸之路经济带"建设的战略意义和青海省融入丝绸之路战略设想。

报告二：青海在丝绸之路经济带建设中的定位和选择。在这个报告中，我们在综合分析青海发展实际情况的基础上，探索性地提出了青海在丝绸之路经济带建设中的战略定位和现实选择。战略定位从综合运输通道、经贸合作平台、文化旅游长廊、区域安全框架和文化交融纽带，五个方面进行论述。现实选择主要从三个方面着手，分别是"以点带面，从线到片""轴心主导，由近及远"和"先易后难，逐步深入"。

报告三：青海科技在丝绸之路经济带建设中的战略地位和作用。在这个报告中，我们认为作为陆上"丝绸之路经济带"节点省份的青海省，其特殊的生态、政治、资源地位，在丝绸之路经济带建设中战略地位和作用非常突出。报告通过科技在经济建设中的作用为分析基础，进一步分析青海科技在丝绸之路经济带建设中的地位和作用，较为清晰地梳理了青海科技当前所存在的主要问题，并提出了相应的对策。报告以青海科技在丝绸之路经济带建设中的战略地位和作用作为研究对象，希望通过对表象层问题的研究和梳理，为学者们更进一步的研究做铺垫。

报告四：丝绸之路经济带建设中青海科技创新体系构建。在这个报告中，我们在对丝绸之路经济带建设中，青海省科技创新体系构建，进行理论分析和现状考察的基础上，从推进动力、运作机制和实现机制三个层次，深入地探讨了青海省科技创新体系的构建，揭示了青海省科技创新体系的特质、构成及其运行规律，解决了青海省科技创新体系由什么构成、如何去推进、怎样去运作、如何有效把控等重要问题。

报告五：丝绸之路经济带建设中青海区域科技创新体系创新能力评价体系。在这个报告中，我们从“丝路经济”的角度，结合青海省科技创新的特点及现状，从科技创新过程视角构建了青海省科技创新能力评价体系，主要包括科技创新环境、科技创新投入、科技创新产出与科技创新效益四个方面。并通过实证研究分析发现，青海省的科技创新能力在逐年提升，而且在2011年至2013年增幅较大，主要在于科技创新投入、科技创新产出及科技创新的效益方面的明显改善。同时也找出了丝路经济带建设中青海省科技创新能力提升的“短板”所在。并针对关键影响因素，从技术、环境等方面提出了青海省科技创新能力的提升对策。

报告六：丝绸之路经济带建设中青海科技创新动力机制。在这个报告中，我们针对现有文献对丝绸之路经济带中青海科技创新研究相对较少这一现象，从青海丝绸之路经济带建设中科技创新现状、青海丝绸之路经济带建设中科技创新存在的问题、丝绸之路经济带青海科技创新动力机制构建等三方面进行了研究。

报告七：青海省利用科技创新体系建设引领丝绸之路经济带发展的对策与建议。这个报告从总体思路和具体策略两方面进行了研究。

二、研究方法与技术路线

（一）研究方法

主要采用文献分析法、统计分析法、访谈法和问卷调查法。

（二）技术路线

本研究采用提出问题－分析问题－解决问题的思路，具体技术路线如下：

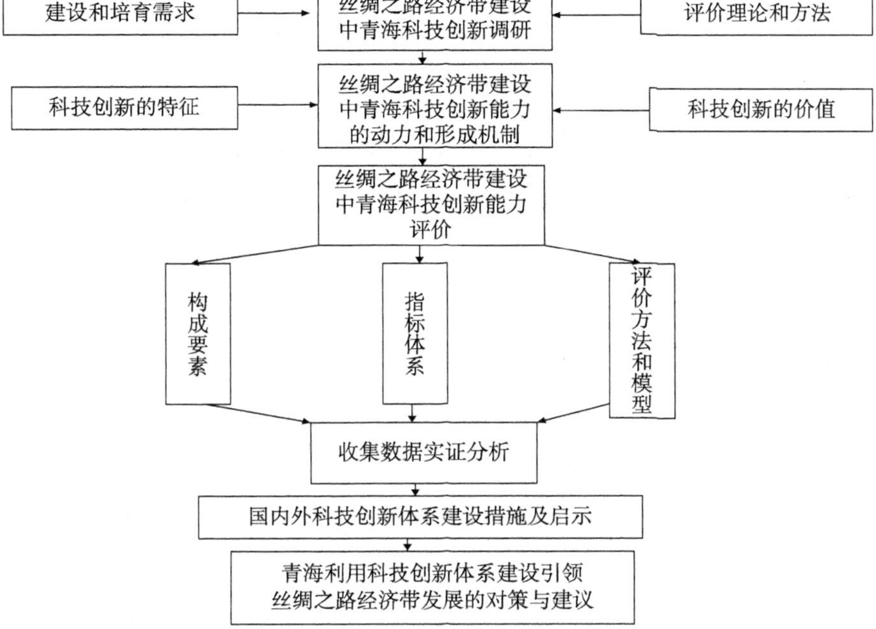

图 0–1

三、主要成果

（一）取得的成果

课题最终形成 6 篇学术论文和 1 份研究报告。

6 篇学术论文为：

1. 青海省利用科技创新融入“丝绸之路经济带”的背景、潜在挑战和未来走势

2. 青海在丝绸之路经济带建设中的定位和选择

3. “丝路经济”视角下青海省科技创新能力评价

4. “丝绸之路经济带”科技合作模式及平台构建探析

5. 青海省利用科技创新融入“丝绸之路经济带”的战略路径

6. 青海“丝绸之路经济带”科技合作模式及实现路径

1 份研究报告：丝绸之路经济带建设中青海科技支撑研究报告。

人才培养：结合青海民族大学工商管理硕士点，培养 1–2 名硕士研究生，实际培养 1 名硕士研究生。

学科建设方面：促进青海民族大学工商管理省级重点一级学科建设，提供理论与实践研究相结合的平台。

（二）取得的成效与创新点

通过系统研究，课题组共发表论文 6 篇，完成研究报告 1 份，培养硕士研究生 1 名，取得了预期效果，圆满完成课题研究任务。

通过系统研究，本项目主要创新点有：

1. 首次系统论述了青海如何利用丝绸之路经济带建设契机，构建科技创新体系；

2. 首次构建了丝绸之路经济带建设中青海区域科技创新体系、创新能力评价体系；

3. 首次系统提出青海科技支撑丝绸之路经济带建设的发展战略；

4. 首次系统研究青海利用科技创新体系建设引领丝绸之路经济带发展的对策。

四、存在的问题及改进建议

（一）存在问题

由于研究水平有限，本项目的研究还存在着不足之处：一是对丝绸之路经济带建设中，青海科技支撑中存在的问题分析的还不够全面。科技发展既有历史性问题，又有诸多现实障碍，错综复杂，如何深入挖掘阻碍科技发展的体制问题和制度性障碍以及非正式制度层面的问题，将是我们今后深入研究的重点。

二是对青海科技发展战略的总结还不够到位，科技发展的措施建议还不够完善。我省省情特殊，地域差异较大，大一统的科技发展政策和措施不一定完全适合各地区，因此，再具体实施过程中，还需要各级政府部门因地制宜制定适合本地区的发展战略和具体措施，增强青海融入丝绸之路经济带的科技发展对策的有效性。

（二）改进措施

一是应该继续深入研究，全面认识融入丝绸之路经济带建设中科技支撑存在的体制障碍、制度障碍，特别是非正式制度对科技发展的阻碍。

二是所提政策建议还有待实践检验，后期我们将追踪研究科技发展战略，进一步采用定量的分析方法，对青海科技发展情况进行追踪研究，系统评价促进青海融入丝绸之路经济带建设中科技支撑政策的实施效果。

五、小结

本次课题研究极大地提高了课题组成员的研究积极性，虽是“摸着石头过河”，但通过课题研究增强了成员的自信心。课题研究组成员在课题研究过程中得到了成长。我们将认真总结经验，通过申报、审核和评审，为科学制定丝绸之路经济带建设中青海科技支撑对策提供地域性经验与参考。

我们在完善已结题的课题基础上，紧密联系实际，汲取成功经验，克服研究中的不足，使研究工作再上新台阶。使课题组成员由普通型向专业型、学者型研究转变。通过课题研究一方面培养了研究生，另一方面促进了学校学科建设。

（撰稿人：李毅，冯琳琳）

目 录

报告一　丝绸之路经济带提出的背景及建设的战略意义

摘要：2013年9月和10月，中国国家主席习近平在出访中亚和东南亚国家期间，先后提出共建“丝绸之路经济带”和21世纪海上丝绸之路（以下简称“一带一路”）的重大倡议，得到国际社会高度关注。在这个报告中，我们主要研究了三大问题：“丝绸之路经济带”倡议提出的背景、“丝绸之路经济带”建设的战略意义和青海省融入丝绸之路战略设想。

关键词：丝绸之路经济带；战略意义；战略设想

两千多年前，亚欧大陆上勤劳勇敢的人民，探索出多条连接欧亚非几大文明的贸易和人文交流通道，后人将其统称为“丝绸之路”。千百年来，“和平合作、开放包容、互学互鉴、互利共赢”的丝绸之路精神薪火相传，推进了人类文明进步，是促进沿线国家繁荣发展的重要纽带，是东西方交流合作的象征，是世界各国共有的历史文化遗产。

进入21世纪，在以“和平、发展、合作、共赢”为主题的新时代，面对复苏乏力的全球经济形势，纷繁复杂的国际和地区局面，传承和弘扬丝绸之路精神更是重要之举。

2013年9月和10月，中国国家主席习近平在出访中亚和东南亚国家期间，先后提出共建“丝绸之路经济带”和21世纪海上丝绸之路（以下简称“一带一路”）的重大倡议，得到国际社会高度关注。① 中国国务院总理李克强参加2013年中国—东盟博览会时强调，铺就面向东盟的海上丝绸之路，打造带动腹地发展的支点。加快不同文明交流互鉴，促进世界和平发展，是一项造福世界各国人民的伟大事业。②

“一带一路”建设是一项系统工程，要坚持“共商、共建、共享”的原则，积极推进沿线国家发展战略的相互对接。为推进实施“一带一路”重大倡议，让古丝绸之路焕发新的生机活力，以新的形势使欧亚非各国联系更加紧密，互利合作迈向新的历史高度，中国政府特制定并发布了《推进共建丝绸之路经济带和21世纪海上丝绸之路的愿景与行动》。

---

① 《中华人民共和国主席习近平在纳扎尔巴耶夫大学的演讲》，人民网，2013年9月7日。

② 国家发展改革委员会、外交部、商务部：《推动共建丝绸之路经济带和21世纪海上丝绸之路的愿景与行动》，2015年3月。

一、“丝绸之路经济带”倡议提出的背景

“一带一路”建设是一项系统工程，从地理区域上看，主要包括东南亚、南亚、中亚、西亚北非和中东欧地区，囊括欧亚大陆的大部分地区，2014年11月29日，在中央外事工作会议上，习近平强调，当前和今后一个时期，我国对外工作要贯彻落实总体国家安全观，深化同周边国家的互利合作和互联互通，积极推进“一带一路”建设。

（一）顺应全球经济发展的大趋势

经济全球化是世界经济发展最重要的趋势，其本质是各种资源在全球范围内优化配置，生产要素跨越国界自由流动，其表现为国际投资和贸易增加、经济国际化程度加深、各国相互依赖性增强。近年来，随着世界经济形势的发展变化，经济全球化的动力发生了重大变迁。传统动力趋于减弱。早期的经济全球化由四大传统动力驱动：一是国际贸易自由化，包括WTO主导的多边贸易谈判、各国降低关税总水平、撤除非关税壁垒等。二是双方或单方授予的投资便利，包括政府减弱投资干预、改善投资环境、签署国际投资协定等；三是科学技术特别是信息技术迅猛发展，国际运输更加便利，信息交流更加迅速，使全球范围内资源配置的交易成本大幅下降；四是战后跨国公司迅速发展，推动了国际分工的深化和世界市场的形成。

在上述四大传统动力的驱动下，经济全球化获得了快速发展。过去20年内，国际贸易的平均增速大约是世界经济平均增速的两倍，国际贸易规模迅速扩大；国际投资实现了跨越式发展，2000年全球FDI达到创纪录的1.4万亿美元，近几年仍维持在每年8000亿美元左右；大多数国家从经济全球化中受益，经济实现了持续增长，全球物质财富总量呈现稳步增长态势。尽管各国受益并不均衡，少数国家甚至受到损害，但从总体上看，经济全球化为世界各国经济带来了前所未有的发展机遇，促进了全球共同发

展和普遍繁荣，为各国人民带来了实实在在的福祉和利益。①

在新的一轮经济全球化进程中，上述四大传统动力依然存在并继续发挥作用，但其作用已经趋于减弱。这是因为：国际贸易自由化存在诸多制约，多哈回合迟迟不能取得实质性进展，谈判前景不明朗，国家贸易保护主义势力明显上升；各国吸收外国投资的积极性高涨，投资便利化已经发展到较高水平，短期内无法取得进一步的重大突破，国际直接投资增量难以大幅提高；对全球化具有革命性的信息技术新发明、新发现尚待时日；跨国公司数量高速增长的时期已经过去，大规模的产业转移已经进入中后期等。

从近期世界各主要经济体实施的政策来看，贸易保护主义抬头已不可避免，区域贸易自由化的呼声则为当前低迷的全球贸易市场注入新动力。以下几项是推动加强当前区域贸易合作的主要原因。

第一，避免全球贸易与投资大幅缩水。全球贸易与投资的增加在过去几十年为全球经济的增长做出了巨大贡献。从当前情况来看，区域贸易自由化在一定程度上可以减缓全球经济的衰退。目前各经济体都不愿为阻止世界经济衰退承担过多的责任，但是又不想陷入贸易保护主义的泥潭，进而使世界经济卷入更严重的衰退，所以各经济体都倾向于区域贸易自由化这一次优的选择，试图继续分享国际贸易与投资带来的好处。世界贸易组织总干事拉米曾经在悉尼的一次演说中提到，贸易保护主义将影响美国出口部门 1200 万人的就业，以及依赖出口的金融行业 620 万个就业岗位。

第二，缓解国内国际压力。金融危机爆发至今，在包括美欧在内的众多发达经济体中，失业率攀升引发的社会问题已经开始引起政府的重视，各国政府都采取了相应的刺激经济恢复的政策，而其中带有贸易保护主义色彩的政策已经开始挑动各国贸易（wholesale china）伙伴的神经。以美国为例，当奥巴马政府颁布带有“购买美国货”条款的经济刺激方案时，作

---

① 严启发．经济全球化的动力发生重大变迁［EB/OL］.http：//www.gov.cn/zhengce/content/2014-11/18 content_9219.htm

为北美自由贸易区成员国的加拿大立刻对其进行批评，并通过积极的游说促进美方对“购买美国货”条款进行软化。奥巴马曾在2月份对加拿大访问期间承诺，经济刺激方案中的“购买美国货”条款不会损害双边经贸关系，也不会修改北美自由贸易协定。所以，区域贸易自由化在某种程度上可以视为缓解国际国内双重压力的一剂良药。

第三，保持对外贸易的可持续性。考虑到贸易（export agent）保护主义可能引发贸易伙伴的报复，并由此引发多米诺效应而加剧全球经济的进一步下滑，各国政府纷纷转向发展区域贸易自由化。区域自由贸易协定有利于规避贸易保护主义的风险，还体现在对外贸易与投资的可持续性上。以美国为例，得益于北美自由贸易协定的签署，加拿大和墨西哥一直是美国出口的前两大市场。2010–2013年间，美国对加、墨两国出口额占其总出口额的比重一直保持在31.7%–36.7%之间。可以看出，北美自由贸易区对于美国的贸易出口起到举足轻重的作用，这在一定程度上保证了美国出口市场的稳定性。除此之外，有关数据表明，欧盟约60%的进出口贸易是在其内部市场完成的，这就决定了欧盟在经济上具有相对的独立性，受到外部市场的影响也较小。

中国已经与31个国家和地区进行了14个自由贸易（china export agent）区的谈判，其中7个自由贸易协定已经生效，分别为与香港、澳门的更紧密经贸关系安排，与东盟、智利、巴基斯坦、新西兰、新加坡的自由贸易协定，其中7个自由贸易协定占到2008年对外贸易总额20%左右，涉及达5000亿美元。区域贸易自由化对世界市场动荡的减震作用正变得越来越重要。

第四，为危机后的贸易自由化提供缓冲。尽管由于金融危机，全球资金流动和货物流动受到严重阻碍，但在经济全球化高度发达的今天，自由贸易（export agent）依然是世界经济运行的主流。在自由贸易推进的过程中总会遇到贸易保护主义的阻碍。各国为了不影响危机过后自由贸易的开展，纷纷转向区域贸易自由化的发展。区域贸易自由化在世界贸易组织

（WTO）框架下执行，其通常在地理位置上比较接近、文化上比较趋同、消费偏好等都比较相似的国家和地区内实行，基于双边的或多边的区域自由贸易实施起来比较容易，具有较强的互补性并能实现双赢。

第五，迎合国内贸易自由化群体的政治需求。一国最终实行贸易保护主义还是贸易自由化政策取决于该国国内政治团体的博弈，全球贸易自由化在过去的数十年中为众多的企业、民众、社会其他群体带来利益，而这些群体一直以来都是自由贸易的推崇者和捍卫者，各国政府在权衡政策效果的同时势必要将其作为一个参照的基准。

（二）世界贸易格局正发生重大变化，自由贸易区谈判趋于活络

继 20 世纪 90 年代推动在亚太形成 APEC（经济合作组织）领导人年度会晤机制、开启区域贸易自由化和便利化进程以来，美国开始在太平洋地区极力推销 TPP（跨太平洋伙伴关系）计划。包括澳大利亚、新西兰、马来西亚、新加坡、越南、泰国、文莱、智利、秘鲁、墨西哥、加拿大和美国等 12 个国家进入了先期谈判阶段。

与此同时，美国还在大西洋地区筹划搞一个 TTIP（跨大西洋贸易与投资伙伴关系协定），要把欧洲诸多国家拉进自贸、投资新平台。2012 年奥巴马总统和到访华盛顿的欧盟委员会主席巴罗佐发表联合声明，宣布 6 月底开启 TTIP 双边谈判。2012 年 3 月日本首相安倍晋三访欧期间和欧洲理事会主席范龙佩宣布，欧盟和日本于 2012 年 4 月启动自贸区谈判。针对美、欧、日世界三大主要经济体竞相谋划建立区域自贸安排这一态势，亚洲国家当然不甘落后。2012 年 11 月柬埔寨东亚领导人峰会期间，亚太 16 个国家（东盟 10 国，加上澳大利亚、新西兰、中国、日本、韩国、印度）领导人同意启动 RCEP（区域全面经济伙伴关系）谈判，美国引人瞩目地缺席。2014 年 5 月，有关各方将在文莱开启 RCEP（区域全面经济伙伴关系）谈判进程，2015 年底完成谈判。16 国总人口 35 亿，GDP 约 20 万亿美元，占世界 30%，贸易总额约 10 万亿美元，占世界 30%，涵盖当今世

界最有活力的主要经济体，将成为 WTO 之外最大的自贸区。RCEP 如能按期谈妥建成，将对世界经贸格局产生重大影响。

第一，自贸区谈判折射出格局变化。美欧日之所以在贸易投资领域不约而同地搞“两洋战略”，显然有其战略算盘和政治意图。三大主要经济体在自贸领域联手推出新举措，实际上剑指国际经贸体系，旨在抢夺贸易投资领域新规则塑造和制定上的话语权（据称，两大自贸区谈判焦点都将集中在政府对企业的补贴、知识产权保护、技术标准确立等问题），从而占据先机，以影响全球经贸和战略格局。正如欧盟委员会主席巴罗佐所言：“TTIP 谈判将设定一个标准，不仅适用于我们（指欧美）未来的双边贸易与投资，包括监管问题，也将适用于全球贸易规则的发展。”亚太地区虽历经经济、金融风暴，地区国家发展多样性突出，但仍保持了世界经济增长主要火车头的美誉，经济活力非其他地区可比拟。据统计，近年来亚太地区对全球经济增长的贡献率已超过 50%。就美国而言，伤筋动骨的反恐战争让它失去了亚太“黄金十年”。自 2011 年开始美国战略重点东移，实施亚太“再平衡”战略，重新占据区域军事安全主导权后，美国拟在亚太再续新篇，努力抢搭区域经济增长的顺风车。继在国内推出货币量宽政策之后，增加出口、恢复增长、创造就业就成了奥巴马政府第二任期的当前要务。因此可以说，美国在亚太极力推行 TPP 战略，牵头组建新的超规模自贸区，是对亚太“再平衡”战略的一个策应和补充，获取经贸实利和战略指向都很明显。美欧商谈 TTIP，对双方自然都有好处。在大西洋两岸经济增长缓慢甚至停滞之际，贸易谈判有助于重振美欧关系，使美对欧政策找回一种对称。美欧即将开展的贸易谈判还表明，美国并不希望在“回归”亚太而失去大西洋传统伙伴群。虽然欧洲现在经济情况比美国还要糟糕些，但瘦死的骆驼比马大。美欧两大经济体的经济总量加起来占到世界 GDP 的 40%，跨大西洋年度贸易额达到 1 万亿美元。美国在欧洲有着根深蒂固、盘根错节的重大利益优势，难以轻言放弃。自贸谈判东西两洋并重，实可谓一箭数雕。

第二，对欧洲来说，此时决定与美国启动 TTIP 谈判，除了双方一拍即合，更多的是各怀心思，各取所需。欧洲作为当今多极化世界中的主要一极，当然不希望美国时时、事事、处处都占尽先机，特别是在全球经贸体系再塑造和格局调整方面，更是如此，因为这直接涉及欧盟 27 国当前和长远利益。据测算，欧盟国家可望从落实 TTIP 协定中获得新增年收入 860 亿欧元，到 2027 年经济可新增长 0.5%。欧盟此番主动接招应招还出招（与日本开谈自贸协定），除了想借此缓解经济危机、增加出口、争夺国际贸易主导权外，更深刻体现了欧盟跨两洋、重美亚、搞平衡、谋实利的战略意图。日本是欧盟在亚洲第二大贸易伙伴，欧盟此前和中国、东盟、印度、马来西亚等国都在商谈双边自贸安排，和新加坡已缔结协议。无论 TPP 还是 TTIP，从谈判开始到最终达成协议，都会是一个艰辛、复杂和充满讨价还价的过程。一些怀疑论者认为，TTIP 给欧洲提供了实实在在的机会，但也有威胁：一是要求在 2014 年底前达成，时间上太仓促；二是 TPP 建立的谈判标准有可能在 TTIP 谈判中如法炮制，欧洲难以有效应对挑战。

第三，在美欧日此轮自贸谈判互动中，日本总体上处于被动，既是棋子，也是“搅局者”。2008 年，日本和东盟签署了自贸区协定。3 月 26 日，中日韩三国开启了首轮自贸区谈判，这一进程很大程度上取决于农产品补贴问题能否协调解决，更有赖于三国政治关系状况。现在，日本决定既参与美国主导的 TPP 谈判，又启动和欧盟的双边自贸谈判。也许三心二意，也许借力打力，也许另有企图，但如此多且复杂的自贸谈判进程交织进行，规则、程序、制度重叠或冲突在所难免。即使这些谈判进展顺利且最终都达成了协议，也很难保证日本在贯彻落实方面一点折扣都不打。美国也好，欧盟也罢，和亚太贸易联姻、与亚洲经济接近，其真正的目标是中国，其实他们是奔着中国（最多再加上印度）来的。美国一手主导的 TPP 和 TTIP 自贸谈判进程，将对国际经济格局和地缘政治产生长远影响。

（三）新一轮自贸谈判对中国的挑战

巴黎政治大学教授扎基镠拉伊迪就表示，TPP 和 TTIP 战略目标都是为了设置更高的监管标准，遏制中国崛起。英国《金融时报》的评论认为，奥巴马政府贸易新举措也许可以称之为“ABC（Anything But China）”——中国除外。主流舆论还有一种意见，认为TPP是美国亚太战略“再平衡”在经贸领域深入发展的标志，也是这一战略逻辑发展的自然结果。TPP和TTIP首先注重实利，其次着眼于规划、制定全球贸易投资新规则，肯定有涉华因素在起作用，但后者毕竟还只是副产品。

第一，随着谈判进程相继展开，TPP和TTIP把中国推到了一个焦点位置上。如果中国把美国主导的、美欧日参与的这些谈判进程，视为背着它单方面修改全球贸易规则的话，中国可能就不会参加。这将削弱全球贸易体系的有效性，经济全球化、一体化的新时代就不会来临。对欧美来说，从全球贸易现实、未来愿景和发展多边经济机制出发，其正确的政策选择应是进一步加强与中国、印度等新兴市场国家的经贸联系。虽然艰难曲折，但世界仍需要推进多边贸易进程。中国如何应对拆招，将成为各方持续关注的话题。

第二，中国是国际贸易体系的重要成员，任何主要多边、双边或区域特别是涉及亚洲的自贸安排，中国都有着重大的利益。我们首先要加强对形势的研判，明确表明态度，即：致力于维护全球经贸领域的多边主义机制；各国都应努力避免和减少各种形式的保护主义；区域经济融合、相关贸易安排应与WTO基本原则相衔接。从加入世贸那一天起，我们就深切感受到，只有参与，才能了解规则，争取应有的权利和利益，在参与中谋求规则制定、修改的权利和话语权，同时履行好应尽的责任和义务。关于TPP谈判，我们现虽未被“邀请”加入，但不能事不关己，应要求其进程保持透明，对域内相关国家开放、包容。在总体思想上要把它当成推进亚太区域经济融合的重要契机，在条件具备、时机成熟及和有关国家谈妥原则安排的前提下，可以考虑适时参与谈判进程。近10年来，中国外贸量的一半在亚洲周边国家，中国是亚洲许多国家第一大贸易伙伴。亚洲是中国主要利益所在地。为落实与邻为伴、以邻为善的外交政策，促进建立稳定和谐的周边环境，我们有必要加强与东盟、韩国、日本、印度等地区国家的沟通，加快缔结中韩、中日韩自贸协定，积极参与制定有利于 RCEP 的合作制度、规则与框架，加快 RCEP 谈判进度，推动东亚经济体实质性区域经贸合作进程。

第三，“一带一路”倡议是全球经济新格局下的“泛亚铁路网”。1960年，几个亚洲国家对修建新加坡到土耳其的铁路干线进行了可行性研究，但因干线沿线国国内战乱、国家冲突等因素难以实现。20 世纪 90 年代，随着各国局势逐渐稳定，泛亚铁路再次被提上议程。联合国亚太经济社会委员会于 1992 年启动了亚洲陆上交通基础发展项目，并经过十多年调研，于 2006 年 4 月在印尼举行的亚太经济社会委员会第 62 届大会上，通过了《泛亚铁路政府间协定》，同年 11 月，泛亚铁路涉及的 28 个国家中的 18 个国家（包括中国）代表在亚太经社委员会运输部长会议期间在协定上正式签字。①“泛亚铁路网”是欧亚国家对推进亚太地区整合的宏大蓝图构想，但数十年来实施速度相对缓慢，原因一是协同难度较大，如铁轨的轨距问题，东南亚国家多使用轨距为 1000 毫米的窄轨；中国、伊朗、土耳其的铁路是轨距 1435 毫米的标准轨；印度、巴基斯坦的铁路和孟加拉国的部分铁路，轨距为 1676 毫米，属于宽轨；俄罗斯和中亚的独联体国家，铁路也是宽轨，轨距是 1520 毫米。② 轨距不同使各国铁路难以有效连接。原因二是资金不足，泛亚铁路网所经国家大多为发展中经济体，修建铁路所需资金庞大，难以在短期内筹备。而作为亚洲最大的经济体，中国倡议的“一带一路”设想以亚洲基础设施投资银行为金融支持、以中国高铁技术为科技支持，在推进速度上将远超过“泛亚铁路网”，但中国倡议也面临着与沿线国协商和谈判的困难。2014 年 11 月，北京 APEC 会议通过了《亚太经合组织互联互通蓝图（2015—2025）》，决心在 2025 年前完成各方共同确立的倡议和指标，加强硬件、软件和人员交往互联互通，实现无缝、全面连接和和融合亚太的远景目标。

---

① 《“一带一路”引领中国国家顶层战略设计与行动布局》第一章战略新格局 p003-p007。

② 光大证券首席经济学家：徐高《一带一路中的三个关系》，《一带一路引领中国国家顶层战略设计》。

（四）国际产业竞争与合作的趋势发生重大变化

21世纪以来，世界工业化出现了一系列历史性的新变化。除了苏联解体这样的政治性事变导致地缘政治格局发生巨大变化之外，促使世界工业化基本格局发生巨大变化的首先是国际经济格局，特别是产业发展世界格局的巨大变化。据美国国家情报委员会一份研究报告的分析，世界未来15年将出现一系列基本趋势：

第一，财富和经济权力向东方转移与“国家资本主义”模式兴起是当下全球化的特征；人口增长和人口老龄化给世界各国带来了机遇和挑战；全球经济的高速增长使得包括水、食品、能源在内的重要战略资源更为紧缺；未来国际冲突的类型和来源将显著变化，意识形态冲突大大淡化，多数国家将忙于应对实际的经济、政治挑战；到2025年，美国不再具备主导世界的实力，中国、印度将崛起成为重要大国，在影响力方面与美国展开竞争，而欧盟、日本、俄罗斯仍将是重要大国；国家力量对比的变化和新行为主体作用的加强，使2025年的世界成为没有多边主义的多极世界（陈昌胜，2011）。

第二，采用“新兴经济体”概念来替代“发展中国家”，作为对一些发展态势强劲的后发国家的称谓。因为，这些国家的发展状况和在国际经济体系中所发生的影响已经同过去的“发展中国家”或“发展中经济体”的概念含义有了极大的差距。例如，现在许多外国人已经不相信中国仍然是“发展中国家”，而只接受中国是新兴经济体或新兴的发展中国家。新兴经济体的崛起，正在极大地改变着整个世界的经济格局和产业竞争态势。国际货币基金组织副总裁朱民先生认为，“世界经济增长的重心从发达经济体转移到新兴和发展中经济体，正在对全球经济运行的方方面面产生重大结构性影响（朱民，2011）”。

第三，世界经济重心在东移。根据联合国数据库的有关资料，近50年来，在美国、欧盟和亚洲三大经济体中，美国和欧盟（15国）的经济总量所占比重逐步下降，亚洲的经济总量所占比重逐步上升。1960—2010年，亚洲GDP占世界的比重从12.3%上升到25.8%. 特别具有重要标志性意义的是，2009年和2010年，亚洲经济总量先后超过美国和欧盟（15国），跃居世界第一。世界资源消耗也同时发生着重大的结构性变化。以石油消费为例，21世纪以来，发达经济体的石油消费量不仅占世界的比重下降，而且消费总量也减少。即从2000年的171亿桶，下降到2010年的165亿桶，2015年进一步下降到162亿桶。而新兴经济体却从2000年的110亿桶，增加到2010年的153亿桶，2015年达到178亿桶，超过发达经济体。也就是说，2000—2015年，全球石油消费增加23.1%，其中，发达经济体将减少5.3%，而新兴经济体将大幅增长61.1%（朱民，2011）。全球的需求结构（以进口额计算）也在发生显著变化。尽管迄今为止发达国家的进口需求仍占主体地位，但所占份额逐步下降；而新兴经济体的份额不断上升。这一趋势从20世纪70年代开始，已经持续了数十年，尤其是进入21世纪以来，新兴经济体进口份额大幅度上升。中国是引起国际需求不断向新兴经济体和发展中国家偏转的一支重要力量。近年来，中国进口增长迅猛，占世界总进口的比重不断上升。2001—2008年，中国的进口规模从2436亿美元增加到11326亿美元，年均增长速度高达24.6%，在世界总需求中的比重大幅度上升。由于受国际金融危机的影响，尽管中国2009年进口额有所下降（10057亿美元），但中国进口占世界总进口的比重仍然继续上升，超过7%。这说明新兴经济体在国际贸易投资中发挥的作用越来越大。

（五）中国参与经济全球化的条件已发生变化

根据联合国数据库的数据计算，1995年之前，亚洲经济比重上升主要是由于日本经济增长带动；1995年之后，亚洲经济比重上升的动力更多地来自于中国经济增长，期间，中国发挥了抵御亚洲经济更大崩溃的中流砥柱的作用。2000年以后，日本经济不再是亚洲经济中的“一国独大”，中国经济占亚洲的比重迅速上升。特别是2002年以来，中国进入了新一轮以重化工业为主的经济快速增长时期，在2010年超过了日本经济规模，成为仅次于美国的世界第二大经济体。同时，中国经济占亚洲的比重迅速上升，2000—2010年，中国经济占亚洲的比重上升20个百分点（从2000年的15.6%上升到2010年的36.1%），日本经济则下降近30个百分点（从2000年的60.7%下降到2010年的33.7%）。中国和日本经济力量的对比发生了重大转变。①

中国的加速工业化和迅速崛起，成为全球经济重心东移的巨大引擎。进入世界经济体系，奋力加速工业化进程，取得令整个世界和我们自己都未曾料到的成就，学者郑秉文进行了计算，“中国改革开放以来，在1978年人均GDP仅为155美元的起点上，用了23年的时间就于2001年突破1000美元大关（1042美元），进入下中等收入组，实现了第一次跨越；仅用了9年时间又突破了4200美元大关，从‘下中等收入’一跃跻入‘上中等收入’行列，完成了第二次历史性跨越。这两次‘历史性跨越’意味着，如果将下中等收入和上中等收入视为‘中等收入陷阱’的两个不同阶段的话，中国已成功越过‘中等收入陷阱’的初级阶段（‘下中等收入’阶段），再现了‘东亚速度’；这一过程日本用了7年（1966—1973），中国香港也用了7年（1971—1978），新加坡用了8年（1971—1979），韩国用了11年（1977—1988）。”②

中国替代日本成为推动亚洲经济成长为世界第一大经济重心的主导力量。在中国经济崛起的过程中，2008年开始的国际金融危机是一次严峻的考验，也是中国从逆境中奋起而超越的机会。30多年高速增长的主要动力是工业特别是制造业。在国际金融危机的冲击下，中国制造业由于其相当高的对外依存度而受到首当其冲的巨大压力。在这突如其来的困境中，中国制造业表现出很强的应对能力和调整能力，不仅将国际金融危机冲击所导致的损失减少到最小，而且从逆境中崛起，反而使中国的国际地位显著

---

① 金碚．全球竞争新格局与中国产业发展趋势［J］．中国工业经济，2012（5）．

② 金碚．全球竞争新格局与中国产业发展趋势［J］．中国工业经济，2012（5）．

提高。

中国制定国际规则的话语权明显提高。由于中国经济实力的显著增强，特别是在国际金融危机下中国经济所表现出的有效应对系统性危机的能力，世界各国包括发达国家不得不承认中国对国际经济的影响力，甚至常常不得不有求于中国，希望中国在解决国际重大问题上发挥更大作用。因此，中国在决定国际事务包括制定国际经济规则上的话语权明显提高。这一方面有利于中国在国际竞争中的战略实施和利益维护，另一方面，也将承受国际社会要求中国承担的更多国际义务和大国责任的更大压力。“国际社会对我国的期待增加，希望我国能增加对他们的投资，分享中国发展的机遇和经验。”①

（六）中国经济迈入新常态

中国目前正经历经济产业升级、国内经济结构持续调整，需要在更广阔的市场范围内进行改革。

经济高速增长，人均收入提高为对外投资加速发展奠定基础。近年来，中国经济发展一路高歌，2013 年中国国内生产总值接近 56.9 万亿元，比 2012 年增长 7.4%，国民收入（GNI）约为 56.6 万亿元，人均国民收入为 6560 美元，中国已迈入中等收入国家行列。根据约翰.邓宁的国际投资发展理论，中国已处在对外直接投资力度明显加强，对外直接投资净额逐渐扩大的阶段（人均超过 4750 美元）。我国经济增长、对外投资提速，为避免陷入“中等收入”陷阱，中国正在，也必须加快对外投资力度。2014 年 1–10 月我国境内投资者共对全球 154 个国家和地区的 4977 家境外企业进行了直接投资，累计实现投资 5031.5 亿元（折合 818.1 亿美元），同比增长 17.8%②。

产能过剩也使我国加快战略转移更加迫切。2013 年全国工业产能利用

① 商务部：《2014 年 1-10 月我国非金融类对外直接投资简明统计》，2014 年 11 月 18.

② 商务部：《2014 年 1-10 月我国非金融类对外直接投资简明统计》，2014 年 11 月 18.

率不及80%，为近4年来最低。严重的产能过剩导致社会资源浪费、配置效率降低，阻碍产业升级。2010年10月18日，第十二个五年规划明确强调“转型升级、提高产业核心竞争力”，主要内容为“改造提升制造业、培育发展战略型新兴产业、推动能源生产和利用方式变革、构建综合交通运输体系、全面提高信息化水平以及推进海洋经济发展”。2012年1月18日，国务院下发的《关于印发工业转型升级规划（2011–2015）的通知》中规定了工业转型升级的八大重点任务。其中，在第八节“提升对外开放层次和水平”中明确提出“鼓励国内技术成熟、国际市场需求大的行业，向境外转移生产能力。加强统筹规划，推动在有条件的国家和地区建立境外重化工园区。鼓励有实力企业开展境外油气、铁矿、铀矿、铜矿、铝土矿等重要能源与资源的开发与合作，建立长期稳定的多元化、多渠道资源安全供应体系”。①

历史上，发达国家在解决国内产能过剩时也使用了对外投资贸易手段。二战后，日本通过三次大的产业转移，将劣势产业分别转移到东盟及中国东部沿海地区。美国的“马歇尔计划”（从1948年4月，美国国会通过《对外援助法案》开始）也是异曲同工。更重要的是，通过向这些国家转移剩余产能，使其与母国（日美）的经济联系发生结构性变化，拉动后者经济繁荣。当然，需要注意的是，美国版的马歇尔计划有着冷战的目的，其实施地区也与美国具有共同文化背景。

中国外汇储备严重过剩也使得优化资产配置问题突出。截至2013中国国家外汇储备余额为3.82万亿美元，超过实体经济所需。过多的外汇储备无法用于扶持国内国计民生，还可能会导致中国国内通货膨胀，在这种情况下，需利用外汇储备推动“一带一路”国家的基础设施建设，扶持中国企业“走出去”。2014年11月19日的国务院常务会议也提出“创新外升制造业、培用，支持实体经济发展和中国装备‘走出

① 国务院：《关于印发工业转型升级规划（2011–2015）的通知》，http：//www.gov.cn/zwgk/2012-01/18/content_2047

去'"。①

缩短东西部差距，促进西部地区与周边国家和地区合作新格局，平衡中国地区发展。尽管中国经济总量一直呈上升趋势，但是东西部地区发展的结构性矛盾仍然存在，根据2012年《地区发展与民生指数（DLI）》，中国东部、中部、西部及东北地区发展与民生指数分别为71.57%、60.03%、58.22%和62.04%，西部地区仍然相对落后。②

自中国改革开放以来，以东部经济发展带动中西部的布局一直未有令人满意的效果，数十年来，东西差距问题一直难以解决。2000年1月，国务院西部地区开发领导小组在北京召开西部地区开发会议，启动"西部大开发"战略。2001年3月，发布《中华人民共和国国民经济和社会发展第十个五年计划纲要》提出"加快少数民族和民族地区经济与社会全面发展，重点支持少数民族地区的扶贫开发、牧区建设、民族特需用品生产……促进西部边疆地区与周边国家和地区开展经济技术与贸易合作，逐步形成优势互补、互惠互利的国际区域合作新格局。"此后，西部大开发历经了"以基础设施建设为重点"的阶段（2002年11月至2006年3月）、"以培育民族地区自我发展能力为核心"的阶段（2006年3月至2012年）以及"以科学发展为主题，以加快转变经济发展方式为主"的阶段（2012年至今）。③西部经济尽管实现了快速发展，但与中国其他地区相比仍然落后。从经济总量上看，1999年至2007年，中国东部地区GDP增长了235%，年均增长率为11.27%，西部地区的年均增长率仅为9.84%。从居民生活水平上看，中国西部地区城镇人均可支配收入从1999年的5124元增长到2007年的11309元，总量翻了一番，但仍低于全国平均水平。

---

① 中央政府网：《李克强主持召开国务院会议，决定进一步采取有力措施缓解企业融资成本高问题》，http：//www.gov.cn/guowuyuan.

② 国家统计局：《2012年地区发展与民生之书（DLI）统计监测结果》，http：//www.stats.gov.cn/tjsj/zxfb/201312.

③ 谭振义，赵凌云：《2000–2010年西部民族地区开发进程的历史审视——基于西部大开发战略实施视角》。

以往中国西部大开发战略的实施主要依赖财政倾斜和相关政策优惠，西部仍然只是中国的西部，而没有变成欧亚大陆的中转站和连接中国与更广阔地域的发展中间地带，这种方法无法从根本上改变东西部地区间经济发展不平衡的根本问题，[①]未能实现东西部要素的有效流动和经济互通，未能使西部的欠发达地区有机融入发展经济圈内。发展“一带一路”中的“丝绸之路经济带”可大力拉动西部经济增长，西部的经济发展格局将从原来的“东部带动西部”单线拉动，扩展为“丝绸之路经济带”和“东部经济圈”的一体两翼，使得西部地区周边形成经济圈，助力其有效融入。另外，西部省份通过建设“丝绸之路”经济带“桥头堡”还可进一步找准自身定位。

习近平主席首先提出“一带一路”倡议，在出访各国及参加重大活动时积极推动“一带一路”倡议，倡导“亲、城、惠、容”周边外交理念，以期获得沿线国家及利益相关国的广泛支持，在此期间，“一带一路”倡议思想也逐渐明晰化。

二、“丝绸之路经济带”建设的战略意义

“一带一路”倡议，继承并发扬了古代丝绸之路的历史价值，又赋予其新时期的现实意义与价值期待，“一带一路”倡议的构建有重大的战略意义。

（一）“一带一路”倡议构想顺应了国际经贸合作与经贸机制转型的需要

自 2001 年，中国加入 WTO，成为世界贸易组织的成员以来。对中国经济的方方面面产生了巨大影响。可以说，WTO 这一被大多数成员国一致

① 淦未宇，徐细雄，易娟．我国西部大开发战略实施效果的阶段性评价与改进对策［J］．经济地理，2011.1（1）．

遵守国家经贸机制，在一定程度上冲破了少数国家对中国经济的封锁。但是，国际经贸机制又在发生深刻变化并有新的动向。“一带一路”倡议与中国自由贸易区战略是紧密联系的。有资料显示，目前我国在建自贸区，涉及32个国家和地区。在建的自由贸易区中，大部分是处于“一带一路”沿线上。因此，中国的自由贸易区战略必将随着“一带一路”倡议的实施而得到落实和发展。

第一，逐步消除贸易壁垒，推动各国经贸发展。在“一带一路”倡议步入务实阶段下，中国与沿线各国积极合作，逐渐消除贸易壁垒，推动各国贸易发展。中国在向沿线各国输出物美价廉、品种丰富的日用品的同时，也向世界提供更多的技术和制造设备。并且“一带一路”沿线大多是新兴经济体和发展中国家，普遍属于上升期，他们在公路、铁路、建材、通讯等众多产业有着巨大需求，而这些恰好是中国产能丰富、技术领先的优势产业，因此，中国充分利用自身优势，加强对这些地区的贸易和投资，更重要的是，“丝路基金”作为中国向各国进行资本输出的战略性平台，为“一带一路”沿线国家基础设施建设、资源开发、产业合作等提供投融资支持。

第二，抓住机遇，寻求开拓广阔海外市场，消解国内产能过剩问题。在贸易和投资便利化的同时，中国抓住机遇，来解决我们产能过剩的问题，促进国内产业结构的升级。我国不少基建相关行业均处于明显的产能过剩状态，通过“一带一路”倡议的实施，可以寻求和开发这些沿线国家的市场，比如中国与哈萨克斯坦签署会议纪要，初步确定了涉及钢铁、水泥、平板玻璃、能源、电力、矿业、化工等领域的63个项目清单，这将推动中国相对先进的过剩产能走出去，同时也是促进中国经济转型的最佳选择。①

第三，有利于加强沿线各国的经济合作，促进优势互补。习近平主席多次强调，“中国梦是和平、发展、合作、共赢之梦，我们追求的是中

① 张业遂. 共建“一带一路谋求合作共赢”［J］. 求实，2015（10）.

国人民的福祉，也是各国人民共同的福祉”。“一带一路”在助推中国实现“中国梦”的同时，也同周边国家分享了中国发展成就和发展经验。“一带一路”标榜的是经济合作、互利共赢，它在给我国带来发展机遇的同时，也为沿线国家创造新的经济和就业增长点，增强各国经济内生动力和抗风险能力。沿线各国普遍制定了适合自己本国国情的发展规划，与“一带一路”建设规划相结合，使得各国充分发挥比较优势，实现优势互补。比如在农业方面，李克强总理提出了用中国高铁建设和泰国大米进行交换的提议，既有利于维护我国的粮食安全，也促进了泰国的基础设施建设。在能源方面，我国加强与西亚合作，既能够满足我国的能源需求，同时我国为西亚提供工业制成品、制造业材料和轻工业产品，满足其工业发展需要。中国同“一带一路”沿线国家的经济合作涉及能源、交通、农业、金融、旅游、基础设施等多个领域，推动中国和沿线国家实现互惠互利、共同发展。

第四，有利于中国要素流动转型和国际产业转移的需要。在改革开放初期，中国经济发展水平低下，我们亟需资本、技术和管理模式。因此，当初的对外开放主要是以引进外资、国外先进的技术和管理模式为主。有数据显示，1979 至 2012 年，中国共引进外商投资项目 763278 个，实际利用外资总额达到 12761.08 亿美元。不可否认，这些外资企业和外国资本对于推动中国的经济发展、技术进步和管理的现代化起到了很大作用。可以说，这是一次由发达国家主导的国际性产业大转移。而今，尽管国内仍然需要大规模有效投资和技术改造升级，但我们已经具备了要素输出的能力。据统计，2014 年末，中国对外投资已经突破了千亿美元，已经成为资本净输出国。“一带一路”建设恰好顺应了中国要素流动新趋势。“一带一路”倡议通过政策沟通、道路联通、贸易畅通、货币流通、民心相通这“五通”，将中国的生产要素，尤其是优质的过剩产能输送出去，让沿“带”沿“路”的发展中国家和地区共享中国发展的成果。①

① 当东方遇见西方：携手共建新丝路［J］. 中国经济报告，2015（4）.

（二）顺应我国对外开放区域结构转型的需要

1978年，党的十一届三中全会开启了中国改革开放的历史征程。从1979年开始，我们先后建立了包括深圳等5个经济特区，开放和开发了14个沿海港口城市和上海浦东新区，相继开放了13个沿边、6个沿江和18个内陆省会城市，建立了众多的特殊政策园区。但显然，前期的对外开放重点在东南沿海，广东、福建、江苏、浙江、上海等省市成为了“领头羊”和最先的受益者，而广大的中西部地区始终扮演着“追随者”的角色，这在一定程度上造成了东、中、西部的区域失衡。由于地理位置以及改革开放的程度等原因，中国东西部地区经济的发展存在很大的差距，广大的中西部地区经济发展缓慢，人民生活水平较低，与东部沿海地区收入差距较大。

西部地区多是少数民族的聚居地，必须大力发展经济，提高当地居民的生活水平，增强民族的凝聚力，保障地区稳定与繁荣。“丝绸之路经济带”的建设，从中国中西部地区出发，加强与中亚国家的经济贸易往来，促进中国和中亚地区共同发展，这也是我国中西部地区发展的一个契机。

第一，有利于西部地区对外开发与发展需要。“一带一路”尤其是“一带”起始于西部，主要经过西部通向西亚和欧洲，这必将使得我国对外开放的地理格局发生重大调整，由中西部地区作为新的牵动者承担着开发与振兴，占国土面积三分之二广大区域的重任，与东部地区一起承担着中国走出去的重任。同时，东部地区正在通过连片式的“自由贸易区”建设进一步提升对外开放的水平，依然是我国全面对外开放的重要引擎。

第二，有利于统筹东西部地区发展，平衡对外贸易格局。过去，西部地区一直为东部地区提供能源、原材料等资源，全力支持东部沿海地区的发展，逐渐东部发展起来，东西差距逐渐扩大。“一带一路”倡议的实施将全力提升西部开放力度，为西部对外贸易和投资提供契机，扩大西部的贸易总量，从而促进西北、西南地区的经贸崛起以平衡国家对外贸易的区域格局。

第三，有利于早日实现“中国梦”。历史启发着未来，未来彰显着历史。陆、海两条“丝绸之路”，在带给我们美好回忆的同时，也给世界经济带来新的发展机遇，这一战略是中国智慧的结晶，同时也将造福世界，新常态下，中国和世界理应携起手来，寻求共同发展，共同迎接挑战。随着“一带一路”倡议的具体实施，相信我们在为实现“中国梦”这条道路上会走得更稳更好。

第四，“丝绸之路经济带”的建设旨在加强与中亚、西亚、南亚地区国家之间的交流与合作，特别是中巴经济走廊建设贯通之后，中国中西部地区的物资出口可以通过中巴经济走廊到达瓜达尔港直接进入海路运输，从而节约从中国中西部地区到达东南沿海的运输费用。[①]“一带一路”的提出将为中国西部地区的对外贸易和投资提供新的契机，推动西部地区的对外开放和国际贸易，从而促进中国西部地区的经贸崛起以平衡中国对外贸易的区域格局。

（三）“一带一路”倡议有助于维护地区稳定

“一带一路”的构建涉及到中国周边两个重要的地区，无论是与我国内陆接壤的中亚地区，还是与我国海上相邻的东南亚地区，中国与二者的关系在维护地区和平稳定发展方面都有着十分重要的意义。中国与中亚地区关系紧密，仅共同享有的国境线就长达 3000 多公里，尤其是中国的边疆地区在经贸、宗教、安全等多方面受到中亚地区及周边国家的影响。中亚作为整个“丝绸之路经济带”的关键地区，它的稳定与否，与我国的安全、稳定和发展息息相关。影响中亚地区稳定的因素是多方面的，除了区域外大国势力的介入，还包括中亚地区长期存在的影响区域稳定发展的特定因素。

---

① 孙兴杰 . 丝绸之路的地缘政治学［J］. 经济学家，2014（112）.

第一，因其丰富的矿产资源、油气资源以及特有的地缘政治优势，一些区域外大国不断强化在中亚地区的影响力，美国自阿富汗战争以来，积极在中亚地区构建以美国为主导的地区安全体系，在中亚地区建立军事基地，把美国的势力扩展到了欧亚大陆的中心地带，①另一方面俄罗斯为了维持自己的战略生存空间也要努力保障其在中亚地区的绝对优势地位，利用历史、文化、政治、经济、地缘等多方面的传统优势保持对中亚最大的影响力。

第二，中亚地区内部民族宗教关系复杂，自然资源虽然比较丰富，但是分布不均，引发中亚国家之间的“资源战”，加之“三股势力”、跨国犯罪等因素都长期影响着中东地区的发展与稳定。②“丝绸之路经济带”的建设，一方面中国的快速发展可以惠及中亚带动当地发展，加强中亚国家与大国势力抗衡的力量；另一方面中国可以为中亚国家打击“三股势力”、跨国犯罪等活动提供援助和支持。

第三，中国与“21 世纪海上丝绸之路”一些沿线国家存在领土主权争端，其中包括中印边界争端问题以及南海地区领海岛屿争端问题，这些问题的存在严重影响着中国与南亚、东南亚地区国家之间的合作与交流。边界争端是制约中印两国关系发展的最大障碍，也是印度对华战略担忧的深层次根源，并直接影响印度对中国海上丝绸之路的态度。③同时，南海问题愈演愈烈，越南菲律宾等国家在美国“亚太再平衡”的战略支持下不断激化南海问题，使南海问题走向复杂化和国际化，这对中国－东盟关系的发展会带来一定的负面影响。东南亚地区因其独特的地理位置优势，是中国构建“一带一路”的必经之地，中国必须处理好与东盟国家之间的关系，而南海问题就是中国建设“一带一路”倡议所面临的最直接、最现实的挑战。“一带一路”倡议构想的提出，旨在通过中国－东盟国家之间经

① 翟蔓．突破中国崛起的周边制约［J］．国际展望，2014（2）．
② 高祖贵．亚洲整体性崛起及其效应［J］．国际问题研究，2014（4）．
③ 翟蔓．突破中国崛起的周边制约［J］．国际展望，2014（2）．

贸文化等方面的合作消除因主权领土争端引起的政治互信缺失，达成政治谅解与合作，为中国和东盟的发展提供良好的政治环境。

第四，随着中国经济的快速发展，与周边国家的联系越来越紧密，交往越来越频繁，在经济贸易往来过程中产生的纠纷不断增加，这也会影响到中国的地缘政治状况。中国在快速发展的过程中对全球资源和世界范围内的贸易交往的依赖程度不断加强，为了维护国家利益，中国不可避免地要拓展广阔的海外市场，再加上中国近年来的迅速崛起，引起其他国家特别是中国周边国家的恐惧和担忧。特别是在东南亚地区，中国与一些国家在南海问题上存在争端，以美国为代表的西方强国不断插手南海问题，共同制衡中国。但是东南亚地区对于我国的能源安全形势非常重要，以“工业血液”石油为例，在 2012 年中国石油对外依存度已达到 58%，石油运输路线单一，大部分的进口原油主要依靠海上运输进入中国。其中有五分之四要通过印度洋—马六甲海峡线路，形成“马六甲困局”，严重影响我国能源安全。为了缓解促进中国经济发展的能源安全困境，中国亟需构建覆盖中亚地区的“丝绸之路经济带”，一方面可以通过中亚国家，陆上连接中东地区，减少对海上运输的过度依赖，另一方面中亚地区能源资源丰富，可以重点开发中亚地区，特别是里海地区的油气资源，使原油进口不仅仅局限在政治局势较为动荡的中东地区和非洲地区，保证原油供应的多样化。以巴基斯坦为例，中国努力构建中巴经济走廊，中巴经济走廊全长约 3000 公里，起点在中国新疆喀什，终点在巴基斯坦瓜达尔港，旨在建成包括公路、铁路、油气管道和光缆管道在内的贸易走廊，进一步加强中巴互联互通，促进两国共同发展。特别是中巴经济走廊上瓜达尔港的建设，可以优化中国能源进口的方式，避开马六甲海峡以及存在主权纠纷的南中国海，使油气资源直接输送到中国西南腹地，同时还可以降低中国对正在建设中的中缅油气管道的依赖。中巴经济走廊建设是中国构建“一带一路”的重要内容，对于“一带一路”的建设有重要的指导作用和示范作用。除了“丝绸之路经济带”以外，中国还要积极构建“21 世纪海上丝绸之路”，在合作和互利共赢的框架内发展与东南亚国家之间的友好关系，保证中国最重要的原油进口运输线路的畅通。

（四）有利于引领人民币进一步走出去

在“一带一路”倡议的实施下，沿线各国在搭乘中国经济发展的快车的同时，人民币已经成为周边国家和地区贸易的主要结算货币，基础设施建设的引领，贸易和投资的便利化，金融平台建设的保障，人文交流纽带的加强等等都将巩固人民币在周边国家的地位，人民币在沿路国际贸易和国际投融资领域使用范围和使用规模将不断扩大，逐步实现人民币的“国际化”。

第一，中国方面强调“一带一路”是沿线国家互利共赢之路，相关国家之间加强经济合作，促进优势互补，“一带一路”的建设不仅为中国带来新的发展机遇，同时也为沿线国家创造新的经济和就业增长点。虽然“一带一路”沿线国家在资源禀赋方面存在明显差异，但各国可以根据本国国情制定发展规划，充分发挥本国的比较优势，实现沿线国家之间的优势互补。

第二，我国与“一带一路”沿线多数国家建立了双边合作机制，例如在农业方面，李克强总理提出了用中国高铁建设和泰国大米进行交换的提议，既有利于维护我国的粮食安全，也促进了泰国的基础设施建设；在能源方面，我国加强与西亚合作，既能够满足我国的能源需求，同时中国为西亚地区提供制造业材料、轻工业产品以及工业制成品，满足其工业发展需求。① 另一方面，在“一带一路”沿线国家的经济交流贸易往来中，人民币已经成为周边国家和地区的主要结算货币，特别是在东南亚地区，人民币表现出较好的可接受性，这在很大程度上将会推动人民币国际化。

第三，有利于缓解我国外汇储备过多的压力。数据统计，2014 年 12

---

① 在 2013 年 10 月 11 日签署的《中华人民共和国政府与泰王国政府关于泰国铁路基础设施发展与泰国农产品交换的政府间合作项目的谅解备忘录》。

月末，我国的外汇储备余额为3.84万亿美元，在信用货币时代，持有过多的外汇储备对中国而言是一种负担。随着“一带一路”倡议的实施，中国将进一步走出去，将外汇储备用于对外直接投资，对外输出资本、投资实体经济为化解外汇储备压力开辟了一条新路径。

（五）有利于增进各国间文化交流

中国古代丝绸之路起源于两千多年前的秦汉时期，包括陆上丝路和海上丝路两条主要通道。古老的丝绸之路不仅仅使得城市与城市、国家与国家之间联系起来，更重要的是它架起了不同文化之间沟通的桥梁，促进文化融合，有利于文化的繁荣与发展。中国是一个文明古国，文化遗产丰富，源远流长的中华文明通过陆上丝绸之路和海上丝绸之路传入周边国家，对当地文明的发展与进步产生了重要的作用，与此同时，也增进了中国与亚非欧各国的联系与交流。

第一，中国提出的“一带一路”发展战略传承和延续古丝绸之路在经济、商贸、文化等领域的优良传统，同时赋予丝绸之路新的时代内涵，为各国之间的人文交流提供了一个广阔的平台。“一带一路”将推动沿线国家和地区的科技资源共享并且为发展提供智力支持。以欧洲为例，欧洲在城镇化建设经验、生态技术、精密制造等方面对于我国来说都有诸多值得学习和借鉴的地方，但是当前欧洲的先进技术以及优秀人才进入中国仍存在很多阻碍，“一带一路”为中国与欧洲的技术交流合作提供了良好的发展空间。①

第二，“一带一路”沿线涉及国家较多，国家之间宗教信仰多样化，有助于宗教文化和思想文化在沿线国家之间的交流传播。“一带一路”将通过经贸合作进而带动宗教文化传播，必然会在各民族宗教文化相互碰撞融合中扮演重要的角色，同时借助“一带一路”的建设向沿线国家传播

---

① 张宁．“丝路精神”作为古老的合作原则更应发扬光大［J/oL］．中国共产党新闻网．2014-06-05/2014-09-15.

中国儒家思想，传达中华民族在对外交往活动中坚持平等友好、互惠互利的主旋律，使中华民族优秀的传统文化走向世界。“一带一路”在促进沿线国家经济交流过程中将会推动欧亚大陆的文明多维交融，倡导多元文化并存和不同的世界文明格局，有助于恢复古代丝绸之路文明共荣共生的景象。

第三，无论是古代海上丝绸之路还是陆上丝绸之路的形成都是沿途各个国家之间不同文化的交流与融合的过程，在 21 世纪快速发展的今天，中国再次提出关于丝绸之路的相关设想，倡议构建“丝绸之路经济带”以及“21 世纪海上丝绸之路”，并得到了大多数国家的支持，这也说明中国提议构建的“一带一路”和古代丝绸之路一样，始终坚持以和平合作、开放包容的理念。① 构建“一带一路”的过程中要坚持和平共处五项基本原则处理沿线国家之间的关系，坚持和平友好、互惠互利、共同发展的建设新理念，让不同国家的传统文化在交流碰撞中发挥各自所长，促进文化融合。促进文化交流的方式一般来说可以分为政府交往和民间交往两个层面。就政府层面来说，主要包括各个国家之间政策的沟通与协调，以及制定相关的政策，为民间交往创造便利条件。中国政府历来重视自身文化的发展以及不同文化之间的交流与融合，曾多次与法国、意大利、西班牙、俄罗斯、英国、美国等国家互办“文化年”，中国可以通过“文化年”向其他国家展示中国悠久的传统文化和当代文化风貌，也可以吸收别国先进文化，加深两国人民对彼此的认识和了解，对于国家间友好关系的发展也具有重要作用。就民间交往层面来说，主要形式是通过一些民间组织加强与其他国家之间的联系，包括青年交流、医护人员交流、学者交流等方式，分别在教育、医疗卫生、学术研究各个方面不断促进人文交流。

第四，文化交流与合作的发展是推动经济合作的重要前提和基础，要充分发扬古代丝绸之路所蕴含的文化内涵，发掘相同或相似的历史文化

① 资料来源：同上。

遗产，加强国家民族之间的文化认同感，通过文化的交流架起国家和地区之间合作的桥梁。同时，为了更好地促进不同文化之间的交流融合，还要注重加强建设文化交流平台，例如希腊教育部原部长季亚曼托普鲁等提议设立“丝路文化之都”项目。这个项目主要是每年由一个丝绸之路沿线国家组织举办文化活动，采用标准化、市场化的运作方式，涉及领域包括科技、文化、教育、展览等各个方面，并由其他国家进行定期评估，建立国家之间人文交流的长期机制。

三、青海省融入丝绸之路经济带建设的设想

丝绸之路经济带建设是对古丝绸之路的全新发展，是促进我国西部地区发展、扩大向欧亚内陆甚至欧洲地区开放的宏大战略部署，是促进我国与相关国家务实合作、互利共赢的重大举措，也是形成我国全方位对外开放新格局、实现东西部均衡发展的重要一环。

（一）青海融入“丝绸之路经济带”倡议的比较优势

青海地处西北地区中心，优越的地理位置、完善的交通网络、迅速发展的特色优势产业、极具潜力的资源能源开发合作前景、开放多元包容的人文环境和重要的生态、国防、维稳地位等比较优势成为青海共建丝绸之路经济带的重要战略支撑。

第一，青海在古代中西交往中的重要地位与作用。青海是古丝绸之路与唐蕃古道的必经之路，是中原地区通往西域和西藏及南亚地区的主要通道，也是丝绸之路这条中西交通大通道的重要节点和主要枢纽。优越的区位优势、丰富的矿产资源、完善的交通网络、多元包容的文化胸怀、主要的生态屏障作用和关乎祖国西南、西北边防及藏区稳定的战略地位，成为青海参与共建丝绸之路经济带的重要支撑，必将在丝绸之路经济带建设中发挥重要作用。

古丝绸之路南道又称青海道。在青海省境内，古丝绸之路青海道有北、中、南三条线路。北线为经西宁后向西北越祁连山，抵张掖与丝路河西大道相接，即今宁张公路，和正在建设中的兰新铁路第二双线路线相同；中线经西宁，越日月山，沿青海湖南岸，循柴达木盆地北缘，向北到达敦煌，与丝绸之路河西段重合；南线经柴达木盆地后向西过尕斯山口，至新疆与丝绸之路南道汇合。

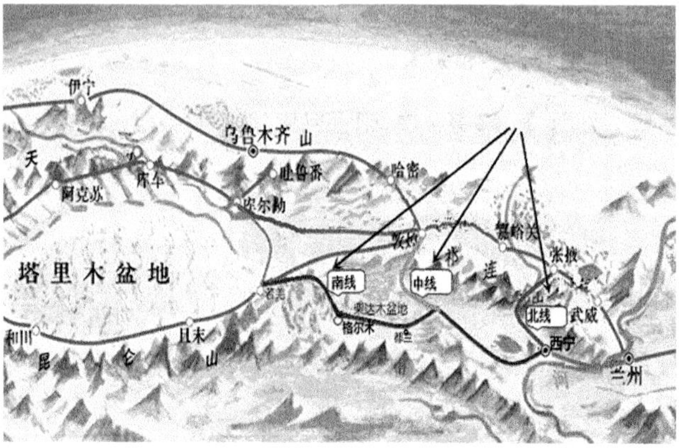

图 1　古丝绸之路青海道

丝绸之路青海道和河西道一样，早在秦汉以前就已经存在。[1]历史上，青海不仅是唐蕃古道的必经之地，也是古丝绸之路上的一段重要干线和东西方贸易交流、文化交流的中转站，在东西方政治、文化、经贸交往中，丝绸之路青海道的地位绝不亚于河西走廊。[2]

河西走廊是历史上各民族政权的必争之地，河西走廊的战事频繁，为丝路青海道的畅通和繁荣提供了重大的历史契机。出土文物证明：公元 4 世纪末至 9 世纪，从中原西经甘肃东南、青海湟水谷地、柴达木盆地南缘至西域、中亚的丝绸之路青海道作为国际商贸通道，繁荣一时。[3]宋代唃厮啰建政青海时期，因西夏在河西用兵，来往于宋朝和西域的商队和使臣

① 裴文中．史前时期之东西交通［J］．边政公论，1948，7（4）；周伟洲．古青海路考［J］．西北大学学报，1982（2）．

② 许新国．青海丝绸之路与都兰大墓［J］．文史知识，2006（2）．

③ 芈一之．黄河上游地区历史与文物［M］．重庆：重庆出版社，1995．

只得绕道改走青海道。青唐城也成为东西往来的贵使、商人必经的中转枢纽。明代，因青海地近新疆，来自中国及其他地区的使团和商队也多由青海道向东进入中原。清代，青海道依然是西域通往中原的重要通道。青海依托在丝绸之路青海道上的优势，推动了经济的发展，出现了像西宁、多巴、丹噶尔、白塔尔等商业贸易空前繁荣的城镇，史书对当时这些地区的商业繁华景象多有记载，如《秦边记略》一书作者梁份就认为清初西宁的商业繁荣不仅超过了河西的甘、凉、肃诸州，即使与陇右地区相比，西宁商业发展也比较突出。①

第二，青海是我国重要的矿产资源支撑平台和能源开发合作战略基地。青海矿产资源种类繁多，蕴藏量丰富，矿产资源储量及其应用价值在全国具有突出的优势。45 种国民经济建设中占有重要地位的矿产中，青海就有 32 种，其中 18 种矿产的保有储量居全国前 10 位。与全国资源紧张趋势相比较，青海矿产资源的战略地位十分突出，是我国实现资源战略转移和战略储备的重要支撑平台。

同时，青海地处国内资源富集区域和主要消费市场中间地带，具有很强的区位优势，是承接我国中东部产业转移的理想基地和全国重要的新能源、新材料基地。青海柴达木循环经济试验区是国家西部大开发特色优势产业基地，循环经济产业框架基本形成，形成了盐湖化工、油气化工、煤化工、金属冶金、特色生物、新材料、新能源七大特色产业。快速发展的新能源、新材料产业和循环经济，成为青海在丝绸之路经济带上的金名片。

青海与丝绸之路经济带沿线国家和地区在自然环境和资源方面有一定的同质性。但中亚国家和地区受 20 世纪政治格局变动影响，其资源开发利用技术相对落后，而青海作为我国西部重要的资源大省，在资源开发利用和能源创新方面具有巨大的优势，部分技术及产业目前处于世界

① 崔永红 . 青海经济史（古代卷）[M] . 青海：青海人民出版社，1998.

领先地位。近年来，青海相关企业和科研机构就合作开发中亚国家土库曼斯坦、乌兹别克斯坦、哈萨克斯坦钾矿资源需要的科技支撑进行了初步合作，并正式签订了一系列合作协议书，在工艺优化试验、钾盐矿床地质勘查、尾矿清洁处理及综合利用、员工技术培训等专业领域开展了实质性合作。与中亚国家在钾盐资源开发方面的合作不仅可以带动青海相关产业和技术向西输出，促进青海与中亚国家的经济深度融合和共同发展，而且有利于缓解我国钾盐进口压力。丝绸之路经济带建设将进一步拓展青海与中亚各国在资源、能源、战略性新兴产业和循环经济等领域的合作与交流。

第三，青海是承东启西、联通南北的主要交通枢纽。青海南通川藏、西接新疆、东邻甘肃，自古以来就是通往东南沿海和西南、西北地区的综合运输大通道和综合交通枢纽。目前正在建设和即将兴建的青藏铁路西格增建二线、兰新铁路第二双线、格尔木至敦煌、格尔木至库尔勒及西宁至成都、格尔木至成都、西宁经玉树至昆明等几条重要铁路、公路、民航建设，不仅会为青海共建丝绸之路经济带建设提供完善的交通网络，还将改变传统的西北交通格局，强化青海在西北地区铁路交通中的主体地位。

第四，青海是我国中西方经贸往来的重要支点。青海在历史上不仅是通往西域和南亚的贸易通道，也是丝绸之路上东西方贸易、文化交流的重要支点和中转站。近年来，青海抢抓西部大开发历史机遇，实施开放融入战略，不断加大开放力度，通过举办“中国（青海）国际清真食品及穆斯林用品展览会”“中国（青海）藏毯国际展览会”“青洽会”等一系列经济文化交流活动，不断加大与中亚、南亚地区的经济贸易合作，青海正逐步成为我国与中亚、西亚和南亚国家经贸往来的重要支点。

第五，青海是建设“美丽中国”最重要的生态安全屏障。青海地处青藏高原，誉为“三江之源”“中华水塔”，是全球大气、水量循环影响最大的生态调节区和全国及东南亚地区重要的生态屏障。近年来，青海省按照创建生态文明先行区部署，着重加强生态保护与环境治理，强化生态环境保护，一批重点生态工程建设已取得显著成效，生态文明建设呈现新气象。三江源生态保护建设一期工程建设共计投资75亿元，历时8年，目前已全面完成，治理区生态环境明显好转，逐步实现了青海经济发展、社会进步、生态文明共赢的良好局面。独一无二的生态地位使青海成为“美丽中国”建设最重要的生态安全屏障。

第六，青海是我国与中亚、南亚各国人民开展人文交流桥梁和纽带。

作为中华民族文明的发祥地和交融地之一，青海是历史上西斯兰文明、西南佛教文明和中原儒家文明交汇之地。历代以来，中亚地区的商人、传教士及朝廷使臣在河湟集聚，将各种不同文化背景下的物质文明、制度文明传播扩散。各民族、各区域文化在河湟沉淀，并逐渐形成开放包容、底蕴深厚、丰富多彩的河湟文化。在民族风俗习惯方面，中亚、南亚部分国家民众多信仰伊斯兰教和佛教，与青海部分民族相通相近，青海与中亚、南亚地区的交流合作也源远流长。并形成了深厚的传统友谊。

第七，青海是维护祖国统一和反分裂斗争的重要后方。青海位于西藏、新疆两区腹地，西北和西南分别与新疆、西藏接壤，南面与四川省毗邻，是甘、青、川、藏四省藏区处于重要的战略中心，是历史上治理藏区事务的桥头堡，故有“治藏必先安青”之说。同时，青海多民族聚居、多宗教并存，处于反分裂、反渗透、反破坏斗争的一线，是维护我国藏区稳定、反对祖国分裂、巩固西南边防、保卫国防安全的战略后方。青海的繁荣稳定有利于藏区经济社会发展、民族团结和社会稳定。随着青海民族团结进步先进区的创建，青海在维护藏区稳定、边疆安定、国家主权完整方面将发挥重要的作用，同时对丝绸之路经济带的安全畅通将提供重要安全保障。

（二）青海融入丝绸之路经济带建设的构想

丝绸之路经济带建设，极大地拓展青海经济发展的战略空间，为实现全省经济社会跨越发展提供重要支撑。作为新丝绸之路经济带的重要省份，按照构建全方位对外开放新格局的大思路和“政策沟通、道路联通、贸易畅通、货币流通、民心相通”的总体要求，在战略导向上，青海在丝绸之路经济带的建设中要抢抓机遇、沟通协作、主动作为，加强与沿线国家和地区全方位的合作，建立交流合作平台和互利共赢合作机制，在资源能源、装备制造、商贸物流、旅游、学术交流、投资、现代农牧业、生态环境保护等领域加强合作交流，加大青海走出去和向西开放力度，强化交通、资源、生态、文化和安全战略支撑，努力把丝绸之路经济带打造成为青海向西开放的主渠道和推动全省经济发展的新的增长极。

第一，丝绸之路经济带建设成为未来青海向西开放的主要渠道。青海地处我国内陆腹地，既不沿海，也不靠江，在国家对外开放格局中始终处于末端。改革开放和西部大开发以来，青海经济社会发展虽然取得长足进步，但与东部地区发展的绝对差距仍在加大，经济结构不合理的状况仍未得到根本改变，开放型经济发展水平一直在低层次徘徊，开放水平低和经济外向度不高一直是制约青海经济发展的最大短板。就对外贸易来看，2013 年青海货物进出口总额 140256 万美元，比上年增长 21.2%。其中，出口额 84726 万美元，增长 16.3%；进口额 55530 万美元，增长 29.5%。对外贸易虽逐年增长，但主要贸易国仍以东南亚国家和地区为主，进出口基数低、规模小。与西北五省区相比较，青海年货物进出口总额和外商直接投资合同金额居西北之末（见表 1、表 2）。

要实现青海对外贸易量的快速增长，必须通过丝绸之路经济带建设，促进青海与中亚国家的全面开放和合作，扩大青海对外开发的广度和深度，进一步优化省内贸易和生产要素配置，深化区域经济合作、发挥区位、交通、资源、人文优势，将丝绸之路经济带打造成青海向西开放的主渠道和开放型经济发展的新平台，拓展青海对外开放内涵和空间，进一步释放青海开发开放和创新创造的活力。

表 1　2013 年青海对主要国家和地区外进出口贸易额

单位：万美元，%

国家和地区	出口		国家和地区	进口	
	贸易额	增速		贸易额	增速
日本	11816	-34.3	印度尼西亚	16698	1543.5
中国香港	11628	191.9	澳大利亚	11219	-26.8
巴基斯坦	8003	12.3	德国	9425	51.8
美国	5000	-30.4	美国	3635	-0.4
韩国	2994	20.5			

资料来源：参考青海统计信息网《2013 年青海省国民经济和社会发展统计公报》。

表 2　西北五省区 2013 年对外贸易比较　　单位：亿美元，%

省区	陕西	甘肃	宁夏	新疆	青海
2013 年货物进出口总额	201.27	102.81	32.18	275.62	14.08
比上年增长	36	15.5	45.2	9.5	21.2
出口总额	102.24	46.79	25.52	222.70	8.47
比上年增长	18.2	31	55.5	15.1	16.3
口总额	99.03	56.02	6.66	52.92	5.55
比上年增长	61.1	5	15.6	-9.1	29.5
外商直接投资合同金额	37.21	5.20	3.83	3.60	1.68

资料来源：见西北五省区统计信息网《2013 年国民经济和社会发展统计公报》。

第二，丝绸之路经济带建设成为推动青海经济社会发展新的增长极。改革开放以来，青海的经济活力不断增强，发展速度明显加快，质量效益不断提高，尤其是自西部大开发战略启动以来，青海省强抓机遇，认真贯彻西部大开发的方针政策和战略部署，凝聚全省各族人民力量共促青海经济发展。10 多年来，青海经济快速发展，全省经济社会各方面取得了明显的进步，成为青海经济发展速度最快、发展质量最好、基础设施改善最明显、城乡面貌变化最大、人民得到实惠最多的时期。

实践证明，只有不断创新和培育新的经济增长极，才能有力推动落后地区经济的跨越发展。当前，制约青海进一步发展的主要障碍之一在于缺乏带动经济发展的新引擎和新的增长极。丝绸之路经济带建设将我国西北省份推至对外开放的前沿阵地，必将形成我国向西开放的崭新格局。在这一重大历史机遇面前，青海的资源、能源、交通、人文、生态等方面的优势必将进步凸显，其区位地理劣势有可能转变成为区位地理优势，成为推动青海经济社会发展的新的增长极。首先，通过国家实施丝绸之路经济带重大战略项目和制度安排，将会为青海开放型经济的发展提供强大的政策支持和制度保障；其次，丝绸之路经济带建设将会为青海的基础设施建设、投资、就业、消费等带来重大利好，有利于促进青海的投资增长，改善区域生产要素配置效率、推动全省产业结构优化升级、提升技术创新能力、提高过境运输服务竞争能力，为青海经济可持续发展提供更大的动力和发展空间；最后，通过丝绸之路经济带建设，搭建开发开放型经济发展的重要平台，有利于青海更好地发挥区位、交通、资源等优势，引导多领域合作及投资，从而不断扩大对外交流，推进与丝路沿线地区经济的深度融合，推动全省经济社会跨越发展。

（三）青海融入丝路经济带建设科技支撑的构想

丝绸之路也是科技交流之路，“一带一路”建设需要科技创新引领和驱动。从地图上看，丝绸之路经济带涵盖中亚、南亚、西亚和欧洲的部分地区，连接亚洲和欧洲两大经济圈，该区域包含50多个国家，是世界上最具发展潜力的经济带。与此同时，由于丝绸之路沿途各国国情、自然地理条件、发展阶段和科技水平差异较大，大部分国家地处内陆，干旱荒漠化等生态脆弱问题严重，生产力发展落后，经济总量小，区域性贫困显著等，均需在贸易兴盛的过程中依靠科技创新支撑“丝路”各国发展模式创新和实现可持续发展。古丝绸之路发展史表明：丝绸之路不仅是一条贸易之路，更是一条不同文化和技术交流融合之路。古时的中国商贾不仅把丝绸、瓷器等带到西域，更把丝织品技术、铸铁技术、农作物耕作技术传播到西域；伴随着遥远驼铃而来的是葡萄、石榴、胡桃、胡瓜等作物及栽种技术，使之在长城内外更加富饶。

丝绸之路经济带建设更是对科技发出强劲的需求召唤，亟须吸引“丝路”沿线国家联合开展科技合作，面对发展中的共性科学问题，以提供基础性科技支撑，共同研究应对策略。

第一，借助中科院2016年“‘一带一路’国际科技合作行动计划”，建立青海科技支撑规划。率先行动划化，将为青海“一带一路”建设提供创新驱动。新时期青海科技部门要确定“三个面向”即面向青海科技前沿、面向青海重大需求、面向青海经济主战场和“四个率先”即率先实现科学技术跨越发展，率先建成青海创新人才高地，率先建成青海高水平科技智库，率先建设青海一流科研机构为青海融入“一带一路”做好科技创新服务。

青海高原生物研究所、青海高原心脏病研究所、青海盐湖研究所提供创新驱动的基础。这些研究院所自成立始，就因解决国家安全战略和发展需求，经数代科研人员扎根祖国西北部60载，有近百项多项获得省部级以上科研成果和近千人的科研人才队伍。这些成果和人才队伍在实施“四个率先”计划的进程中取得的新成果、培育的新人才，为新丝绸之路经济带建设提供源头活水。

第二，科技合作是推进“一带一路”建设的重要内容。“一带一路”沿线大多数国家都面临着发展经济和保护环境等共性问题，而且与青海产业结构互补性强，具有携手共建“一带一路”的共同需求。从科技合作入手，组织“一带一路”沿线国家和地区共同研究解决发展中的重大挑战和问题，有利于从战略层面推动形成建设“一带一路”的共同愿景。青海科技工作者是支撑青海科技发展的有生力量，充分发挥在与沿线国家共同性科技合作上的优势，为“一带一路”建设注入科技内涵，提供科技保障和支撑服务，是青海科技部门义不容辞的责任。

第三，积极融入中科院牵头打造的“一带一路”沿线国家“科技创新共同体”。中科院2016年“‘一带一路’国际科技合作行动计划”。重点将开展战略咨询、科技合作、人才培养与成果转化等方面工作，争取用5年时间，夯实合作基础，打造合作基点，形成国际大联通的科技合作网络雏形。行动计划的中期目标是到2030年，“一带一路”科技合作网络体系基本形成，并在带动双边多边及区域科技合作中发挥“骨干网”的作用，使中科院在亚太、亚欧、亚非地区“协同创新网络体系”中处于“龙头”和“中心枢纽”的地位。行动计划的长期目标是到21世纪中叶，使中科院“一带一路”科技合作网络体系成为亚太、亚欧、亚非地区“科学共同体”和“创新共同体”建设的重要支柱。

青海科技部门积极参与行动计划，紧密围绕“一带一路”建设青海需求和创新驱动发展战略，推进青海科技成果转移转化。针对青海与沿线国家重大科技合作需求，建设海外科教合作基地，通过创新驱动、全球布局和内外联动，实现科研设施“共建共享”在科学技术层面研究区域资源环境及其可持续利用、生态系统过程与生态安全、环境风险与灾害等，同时从区域乃至全球尺度上更加深入地认识“一带一路”国家战略实施进程中的资源环境问题，引领“一带一路”资源环境方面的国际前沿科学研究。

四、青海融入丝路经济带建设的对策与建议

经济带建设，将联动亚欧大陆，涵盖30亿人口的巨大市场，实现各国从交通、贸易直至投资、金融的互联互通，这是一项复杂而艰巨的系统工程。青海在积极参与共建丝绸之路经济带的进程中，需要各方面高度重视，精心谋划，协调推进，才能取得预期成效。

（一）从战略高度谋划丝绸之路经济带的顶层设计和规划布局

把青海放在全球经济一体化和我国进一步深化改革的大格局和大背景中，积极谋划，结合丝绸之路经济带建设这一宏观战略全面调研论证，谋划制定青海丝绸之路经济带建设专项规划和青海省共建丝绸之路经济带实

施方案，规划方案应突出战略定位，明确发展导向，出台政策措施，在铁路建设、公路建设、城镇建设、产业布局、商贸出口、人文交流、环境保护、走出去战略、财税金融等方面制定切实可行的项目工程和政策保障措施，使之成为青海未来建设丝绸之路经济带的重要行动纲领。①

（二）加入中国上海合作组织睦邻友好合作委员会，拓宽与中亚国家地区的全面交流

一要依托西宁的人文、区位、资源等优势争取加入中国上海合作组织睦邻友好合作委员会（甘肃省兰州市已于2014年4月上旬加人上海合作组织睦委会），借助中国上海合作组织睦邻友好合作委员会力量拓展对外交流渠道，与丝绸之路经济带沿线国家和地区开展广泛的文化交流活动。二要通过旅游、互访、展会、教育、科研等途径拓宽青海与中亚国家和地区的交流面。深入推进文化教育交流，加强教育领域的交流合作，实施高等院校语言类留学生计划，支持青海民族大学建立中亚学院，吸纳丝绸之路沿线各国留学生来青学习深造，为青海融入丝绸之路经济带建设提供人才支撑。三要以丝绸之路经济带建设为契机，加快推动青海与丝绸之路沿线国家的贸易往来。积极拓展青海与中亚、西亚国家在清真食用品、藏毯、特色纺织、农畜产品、工程承包等方面的经贸往来；结合青海省产业优势，通过政策扶持、标准认证、品牌宣传、连锁经营等途径，鼓励有实力的企业和业态成熟的青海穆斯林餐饮业向西发展，在丝绸之路经济带沿线国家投资兴业；充分发挥青海省回族、撒拉族善于经商、信仰伊斯兰教的文化特点，加强与中亚国家主要城市的人文交往，增强彼此之间的了解和互信，为青海更好地融入丝绸之路经济带建设奠定基础；在青洽会、藏毯国际展览会、唐卡艺术与文化遗产博览会、国际清真食品及用品展览会等大型会展中注重与中亚地区的进一步交流合作，为全面推进丝绸之路经济带建设奠定良好的基础。

---

① 周子勋．建立“丝绸之路经济带”提升区域经济合作水平［N］．中国经济时报，2013-9-17.

（三）推进交通建设，凸显“战略通道”地位

按照习近平总书记“以点带面，从线到片，逐步形成区域大合作”的战略构想，加快丝绸之路青海道北线、中线、南线建设，以“三线建设”统领、整合青海丝绸之路经济带交通建设，建成青海向西开放互联互通的综合交通网络，实现三线并举，共同发力，促进区域经济均衡发展和全面开放。

铁路。加快格尔木至敦煌铁路、兰新铁路第二双线建设进程，尽早开工建设格尔木至库尔勒、西宁至成都、格尔木至成都等铁路线，做好西宁至昆明铁路工程的前期研究工作。借助即将完工的兰新第二双线将传统丝绸之路青海道北线打造成为内地通往新疆及中亚地区的重要客流通道；围绕格尔木至库尔勒铁路、青藏铁路西格增建二线建设，加快传统丝绸之路青海道南线建设，将南线打造成为连接内地与新疆地区并直通西亚、地中海和黑海地区的陆路运输大通道，进一步推动柴达木盆地矿产资源的综合开发利用和循环经济规模，使其成为全省重要经济增长区域；加快建设格尔木至敦煌铁路，使其成为青藏高原特色农牧业产品向西出口的主通道。

公路。明确丝绸之路经济带综合交通运输体系发展的总体思路、布局方案和重点任务，有效地推进各种运输方式的合理配置，完善基础网络布局，促进公路、铁路、民航等交通方式的衔接配合，实现公路建设与丝绸之路经济带建设、省内公路网络、城镇化协调发展。

航空。构建以西宁机场为中心、格尔木机场为次中心，辐射高原、加密省内、通达全国、连接国际的青海机场航线网络。全力争取西宁机场与大中型城市全部开通航班，持续加密成都、广州、深圳、北京、上海等的中东部城市航班，加强与东南和中部大中城市的连接，形成顺畅的东西航空运输网络。升级建设西宁机场和格尔木机场，使其成为丝绸之路经济带上的重要航空口岸。加快建设省内主要地区的航空建设，并积极开辟国际航线，开通连接中亚、西亚和南亚的国际航线及客货运包机业务。①

① 青海省人民政府 .2014 年政府工作报告［N］. 青海日报，2014-2-7.

（四）以“丝绸之路经济带”串联甘肃省主要城镇，加快推进东部城市群和海西城乡一体化建设

城镇化建设中应着力注重与丝绸之路经济带建设的协调统一发展。一要统筹推动西宁、海东及海西城镇化建设，实现城镇布局合理、功能互补。加强城镇交通、能源、通信等基础设施和公共服务设施建设；提升城市在人口、就业和承接产业等方面的功能，加快老城区改造提升、高新区及经济区增容扩区和新区开发建设步伐。二要强化西宁市核心城市的地位，扩大城市规模，拓展空间，提升品位，优化科技、金融、物流、商贸等功能，辐射带动区域经济发展，建设成为全国有影响力的向西开放的区域性大城市。三要进一步加快发展西宁服务业、旅游业，完善西宁市各项基础设施建设，使西宁成为基础设施健全、客运交通快捷、产业结构合理、省内旅游地域指向丰富的重要集散、中转城市。四要加快推进东部城市群建设，增强西宁市作为青海中心城市的支撑力和辐射力，提升省内各州县主要城镇的承载力和发展力，依托各州县中心城镇，充分发掘当地发展潜力，大力发展特色农牧业和特色产业，建设一批特色鲜明，且具有较强载力和容纳力的中小城镇。

（五）加快经济战略布局调整，完善外贸、物流及联动发展支持体系

一要加快推进全省经济结构调整，进一步优化青海省进出口主体结构、产品结构、贸易结构和市场结构，加快外贸发展方式转变。依托全省重点开发区及产业园区，培育一批集生产和出口功能为一体、产业特色鲜明的出口基地；不断扩大新能源、新材料、特色纺织和清真食用品等产品出口力度，进一步提高出口商品档次和附加值。二要做好西宁市口岸建设和管理工作，以西宁航空口岸为中心，以曹家堡保税物流中心为依托，规划建设曹家堡综合保税区。大力发展现代物流业，大力改造提升兰新与青藏铁路物流、重要公路干道物流以及航空物流等物流服务网络，实现“多点报关、口岸验

放”的快速“大通关”模式。三要完善对外贸易服务体系，建立外贸发展促进机制，建立与国内外各类商会和协会的联系机制，开展经常性的交流与合作；与相关省区建立定期沟通联系机制；利用国家的政策平台，加强与西北其他省区的沟通协作，共同打造“向西开放”的经贸共同体。①

（六）加强经贸金融合作，建立货币结算制度，加强金融政策支持与服务力度，加快建设对外金融交流合作平台

加强与丝绸之路经济带沿线省区和国家经贸金融合作关系，共同建设区域金融中心；在货币流通、市场准入、审慎监管和维护区域金融稳定等方面加强与丝路沿线国家和地区的合作；鼓励商业银行积极接入人民币跨境收付系统，加大跨境贸易人民币结算服务力度，逐步扩大跨境贸易人民币结算规模、覆盖面和影响力；促进产业政策、财政政策与金融政策的协调配合，强化金融支持实体经济发展的激励约束机制和资源配置能力，加快构建具有青海特色的丝绸之路经济带金融政策体系；加强与国内期货交易所的合作，推动在青海设立大宗商品期货交割仓库。利用周边国家丰富的矿产资源、农业资源、生物资源和生态优势，发展权益类和大宗商品交易市场，打造辐射丝绸之路经济带的能源资源交易平台。

（七）加大青海丝路历史文化资源开发力度

加强区域文化旅游合作，实现区域文化产业集群发展。丝绸之路青海道历史久远，沿线地区宗教盛行、地貌多样，区域跨度巨大、多民族共存，昆仑文化、丝路文化、民族文化和宗教文化交流融汇，形成了数量丰富、品质较高的文化旅游资源，是丝路历史文化资源的密集区。在丝绸之路经济带建设中，青海应统筹文化、旅游、体育等产业的发展，推进青海文化旅游产业发展。

第一，加大青海丝路历史文化资源的开发和宣传力度，开发青海丝路

---

① 赵正永．向西开放：西部大发展的新机遇［N］．人民日报.2013-12-25.

文化精品旅游线路。开发青海丝路文化精品旅游线路，将青海丝路历史文化旅游与自然生态旅游、民族宗教文化旅游、红色文化旅游有机结合，积极发展生态健康之旅、文化溯源之旅、神奇丝路探险之旅，建设一批多姿多彩的旅游精品线路和节庆赛事活动，培育独具青海特色和魅力的丝路旅游业态，将青海建设成为中国西部复合型特色高端旅游地。

第二，打造西宁“两小时”黄金旅游圈以青海湖、贵德黄河、坎布拉国家地质公园、大通老爷山、察汗河国家森林公园、门源万亩油菜花、互助北山国家森林公园等为代表的自然生态旅游景点；以海北州原子城、西宁市红西路军纪念馆等为代表的红色文化及爱国主义教育旅游；以瞿坛寺、西宁东关清真大寺、塔尔寺、北禅寺、南禅寺等为代表的宗教文化旅游景点；以大通、互助、湟中、湟源、循化、民和等地的花儿会等为主的民俗风情及民族节庆文化旅游景点等。众多历史人文景点全都位于西宁周边，且行程多数在两小时左右，所以要依托西宁周边密集的旅游资源和完善的交通网络，发挥西宁在青海旅游中的吸引、服务、交通联动、宣传及信息引导功能，打造西宁“两小时”黄金旅游圈，重点开发观光、科考、探险、极限挑战、寻根问祖等主题旅游项目。

第三，进一步扩展青海与丝绸之路沿线各国与地区在文化、旅游、教育等多方面的交流合作。[①] 一是加强与丝绸之路经济带沿线主要省区在文化产业开发方面的合作，推动青海与西北其他省区联动发展，提升丝绸之路经济带建设对青海文化旅游产业的拉动作用。二是加强与丝绸之路沿线各国的双边、多边交往，探索建立友好城市。依托大美青海、夏都西宁品牌建设和青海丝路文化遗产开发，通过举办国际性文化、体育和旅游等活动，积极开展与中亚国家的教育、人文交流，形成文化交流常态化。三是加强合作，主动倡导建立中国丝绸之路旅游联盟和文化产业合作发展平台，与丝路沿线省区共同建设丝绸之路文化产业带，推进互利共赢合作机

① 孙发平、杨军．青海省深入学习习近平总书记系列讲话精神经验交流暨理论研讨会论文集［M］．青海：青海人民出版社，2014.

制建设，带动青海文化产业发展。①

参考文献

[1] 王保忠，何炼成，李忠民，王铁山. 金融支持“丝绸之路经济带”建设的重点分析及对策研究. 经济纵横，2015，5：61-65.
[2] 金碚. 全球竞争新格局与中国产业发展趋势. 中国工业经济，2012（5）.
[3] 淦未宇，徐细雄，易娟. 我国西部大开发战略实施效果的阶段性评价与改进对策. 经济地理，2011，1（1）.
[4] 张业遂. 共建“一带一路谋求合作共赢”. 求实，2015（10）.
[5] 翟蔓. 突破中国崛起的周边制约. 国际展望，2014（2）.
[6] 高祖贵. 亚洲整体性崛起及其效应. 国际问题研究，2014（4）.
[7] 翟蔓. 突破中国崛起的周边制约. 国际展望，2014（2）.
[8] 周伟洲. 古青海路考. 西北大学学报，1982（2）.
[9] 夏鼐. 青海西宁出土的波斯萨珊银币. 考古学报，1958（1）.
[10] 刘宝山. 青海都兰县出土拜占庭金币. 中国文物报，2002-7-24.
[11] 康柳硕. 甘肃出土的丝路外国钱币述略. 陇右文博，1996（1）.
[12] 芈一之. 黄河上游地区历史与文物. 重庆出版社，1995.
[13] 许新国. 青海丝绸之路与都兰大墓. 文史知识，2006（2）.
[14] 崔永红. 青海经济史（古代卷）青海人民出版社，1998.
[15] 周子勋. 建立“丝绸之路经济带”提升区域经济合作水平. 中国经济时报，2013-9-17.
[16] 青海省人民政府.2014 年政府工作报告. 青海日报，2014-2-7.
[17] 赵正永. 向西开放：西部大发展的新机遇. 人民日报，2013-10-29.
[18] 孙发平，杨军. 全力融入复兴新丝路 开创青海向西开放新格局. 青海省深入学习习近平总书记系列讲话精神经验交流暨理论研讨会论文集. 青海人民出版社，2014.

（撰写人：李鸿霞，李毅）

① 青海省人民政府 .2014 年政府工作报告［N］. 青海日报，2014-2-7.

报告二　青海在丝绸之路经济带建设中的定位和选择[①]

摘要：建设“丝绸之路经济带”倡议构想的提出，对加大我国向西开放具有促进作用，是推动我国西部地区经济发展的重要举措。为促进青海与“丝绸之路经济带”沿线国家和地区的交流合作，本文在综合分析青海发展实际情况的基础上，探索性地提出了青海在丝绸之路经济带建设中的战略定位和现实选择。战略定位从综合运输通道，经贸合作平台，文化旅游长廊，区域安全框架和文化交融纽带，五个方面进行论述。现实选择主要从三个方面着手，分别是“以点带面，从线到片”“轴心主导，由近及远”和“先易后难，逐步深入”。

关键词：丝绸之路经济带；战略定位；现实选择

---

① 本文核心内容刊登在《江苏商论》2016年第8期上。

一、引言

自提出建设“丝绸之路经济带”的战略构想以来，我国丝绸之路经济带沿线省份，均将“丝绸之路经济带”建设作为了当地政府工作的重点，并积极围绕丝绸之路经济带建设，开展了各类活动。各省份对自身在丝绸之路经济带的战略定位，也积极发声，以争取更多的发展资源与机遇。如新疆将自身定位于丝绸之路经济带建设的桥头堡，陕西则将自身定位于丝绸之路经济带建设的起点城市，宁夏积极地将自身定位于建设丝绸之路经济带的战略支点等。实践过程中的丝绸之路经济带建设，已如火如荼地展开。与此同时，各省份在丝绸之路经济带建设中的定位与选择，已悄然在学术界大行其道，成为现今研究的热点话题。

目前，国内关于各省份在丝绸之路经济带中战略定位与选择的研究较为丰富，研究成果一方面聚焦于对某项定位进行透彻分析，另一方面聚集于全面系统概括性的分析。如王保忠、何炼成等（2015）就金融方面支持“丝绸之路经济带”建设进行了详细的分析研究，提出了金融支持“丝绸之路经济带”建设的三大战略路径，具体包括交融发展的基础设施建设、交融基础支持的新型城镇化建设以及交融发展的新型资源工业化建设。[1]严维青、吴铮（2015）以青海省为例，研究了青海在丝绸之路经济带建设中的优劣势，以战略高度提出青海金融在丝绸之路经济带建设中的现实路径选择。[2]庞岩和张勇（2016）从战略发展的角度，系统研究新疆在“丝绸之路经济带”建设中的全面战略地位和优势，确立新疆在“丝绸之路经济带”中的战略定位，以交通为基础，发展现代服务业和特色产业，以及开展人文战略。[3] 廖世锋（2016）通过分析西北五省与中亚五国在产业上的互补性，探索了彼此之间的合作空间，以及相互在丝绸之路经济带建设中的角色定位，实现彼此间合作的共赢发展。[4]

但从目前关于青海在丝绸之路经济带建设中的战略定位和现实选择的理论研究，其学术成果尚较稀薄。鉴于此，本文通过探索研究青海在“丝绸之路经济带”建设中的战略定位和现实选择。根据青海省情和战略发展需求出发，提出了青海在丝绸之路经济带建设中的五大战略定位，分别是综合运输通道，经贸合作平台，文化旅游长廊，区域安全框架和文化交融纽带。并在此基础上，探析性地提出了青海在丝绸之路经济带建设进程中的现实选择，并从三个方面着手，分别是“以点带面，从线到片”“轴心主导，由近及远 ”和“先易后难，逐步深入”。本文研究结论将会对青海在丝绸之路经济带中的战略定位和现实选择具有一定的指导和借鉴意义。

二、青海在丝绸之路经济带建设中的战略定位

中国在丝绸之路经济带建设中的战略定位，多由习近平主席在哈萨克斯坦演讲中提到的五通，“政策沟通、道路联通、贸易畅通、货币流通、民心相通”衍生发展而来。但是对于具体丝绸之路经济带沿线中国省份而言，其在丝绸之路经济带建设中的战略定位，应是结合省情和国家发展计划的基础上，所制定的符合实际发展需求的战略定位。

青海位于丝绸之路经济带沿线，具有重要的战略地位，以及优势的地理位置。自古丝绸之路发展以来，青海就是“茶马互市”和“西域之冲”的青海道，延存了千年的古丝绸之路文化。加之青海世代各少数民族同居一地，形成了多民族文化相互交融的文化氛围。故本文定位青海在丝绸之路经济带中战略地位，主要从五方面着手，其一是综合运输通道，青海优越的地理位置和日益完善的交通体系，势必成为定位综合运输通道的

有力保障。同时，将青海定位为综合运输通道，也是发展青海经济的现实需求。其二是经贸合作平台，青海作为经济发展的后起之秀，势必需要抓住丝绸之路经济带建设的机遇，建立丝绸之路经济带（青海）经贸合作平台，为青海与丝绸之路经济带沿线国家和地区的经济贸易合作，提供有利的合作平台，加速青海省内经济的发展与建设。其三是文化旅游长廊，青海作为古丝绸之路的“青海道”，拥有丰富的丝绸之路文化遗迹旅游资源。青海通过文化旅游长廊的定位，加快与丝绸之路经济带沿线国家和地区关于丝绸之路旅游带的建设，将会加快青海省丝绸之路旅游文化的建设，以及青海省内旅游业的快速发展。其四是区域安全框架，青海作为丝绸之路经济带的关键节点之一，企划区域安全的框架为形势所趋。任何经济、人才和文化的交流，均需在区域安全的大前提下，才能顺利进行。丝绸之路经济带涉及的国家和地区较多，其中一些国家和地区，存在着领土争端、民族纠纷等不安全因素，成了影响丝绸之路经济带建设的隐患。故青海在融入丝绸之路经济带建设中，需要将区域安全框架进行考虑。其五是文化交融纽带，丝绸之路经济带的建设，必将带动彼此间的文化交融。青海多民族相互包容的文化氛围，是其成为丝绸之路经济带文化交融纽带的有利条件。对于青海在丝绸之路经济带的五项战略定位，以下将进行具体论述。

（一）综合运输通道

“丝绸之路经济带”是基于“古丝绸之路”经贸通道的原型，进行的现代化重新定义，是对涉及中国、西亚地区、欧洲地区以及太平洋等地区，建立全新国际经贸合作发展新格局的顶层战略构想。而青海地处“西域之冲”的要地，是丝绸之路中亚通道的重要节点枢纽，素有“青海道”之称。丝绸之路“青海道”由南线、北线和中线构成，南线始于柴达木盆地，途经尕斯山口，终点与新疆丝绸之路南道汇合；北线始于祁连山，途经张掖，终点与丝路河西大道相接，其线路同现今的宁张公路和建设中的兰新铁路；中线始于西宁，途经日月山、柴达木盆地北缘，终点与敦煌丝路河西段重合。在丝绸之路经济带建设的进程中，青海布局规划铁路、公路和民航三位一体运输通道，来打造青海在丝绸之路经济带综合运输通道的战略地位。

青海在丝绸之路经济带——综合运输通道方面的建设现状如下，其一铁路方面，截止于2015年底全省铁路营运里程达2274公里，同比增速高达9.64%，其中增加高速铁路里程为218公里，实现了铁路建设的高速发展。而目前建设中或是拟建设的青藏铁路西格增建二线；以格尔木为中心的三条铁路至敦煌、库尔勒和成都；西宁经玉树至昆明的南线铁路；兰新铁路第二双线的北线铁路等，以上布局重要的铁路线建设，将完善青海在丝绸之路经济带上的铁路交通网络的布局，加强青海在丝绸之路西北段铁路交通的主导地位。其二公路方面，截止于2015年底全省公路通车里程达75593公里，同比增速达3.98%，其中增加高速公路里程为943公里，实现了公路建设的快速发展。青海公路建设以西宁和格尔木为中心点，实现与周边省份的快速公路连接。现国道6线京藏高速青海段已基本建成；国道3011线青海段已全线竣工；国道0612通向西海、德令哈和小柴旦已建成，与此同时普通国道214、213、227和109的线路布局，形成了与周边省份的公路连接；而青海省级公路干线，均可连接霍尔果斯和巴克图，并途经哈萨克斯坦，到达乌兹别克斯坦和塔吉克斯坦和吉尔吉斯，最终到达俄罗斯和欧洲；西宁起点经新疆吐尔尕特口岸和伊尔克斯坦口岸可以联系吉尔吉斯，并通过吉尔吉斯到乌兹别克斯坦和达塔吉克斯坦。其三民航方面，2015年底全省民航通航里程达92689公里，较去年增加了153公里。[5]青海民航建设总布局为“一主八辅”，现已建成使用的机场有四个，分别位于西宁、格尔木、德令哈和玉树，拟建机场分别设于祁连、果洛、花土沟和青海湖。通过对机场建设的布局规划，逐步形成了较为完善的空中走廊。总之，青海通过对铁路、公路和民航的交通运输的布局与设计，形成了“六纵九横二十联”的公路网和“一主八辅”的民航网，如图

1 所示，[6] 交通运输路线日趋完善，为青海成为丝绸之路经济带综合交通枢纽提供了必要的硬件设施。

青海在丝绸之路经济带——综合运输通道方面的建议对策，青海应综合铁路、公路和民航三大主要交通路线的建设，综合布局与设计，形成陆空交通无空隙与丝绸之路经济带地区进行连接。具体实施可从三个方面进行，其一铁路建设方面，在保护生态环境的前提，加快完成已规划的铁路路线。一方面逐步增加细化铁路路线规划，将铁路通向需要的地方。另一方面在普通铁路建设的基础上，通过技术的提升，加快本省高速铁路的建设。实现本省纵横铁路与丝绸之路经济带各地区的高速连接。其二公路建设方面，加快建设未完成的公路布局，同时继续推进与周边省市进行省际公路的建设与规划，最大限度的加快本省与丝绸之路经济带地区高速公路建设连接。其三民航建设方面，其基本布局已趋于完善，加快拟建机场的实施成为了重中之重。同时，需要完善现有机场内部航线的布局，适时增加与丝绸之路经济带地区国家航班的往来，特别是中亚国家的航班。

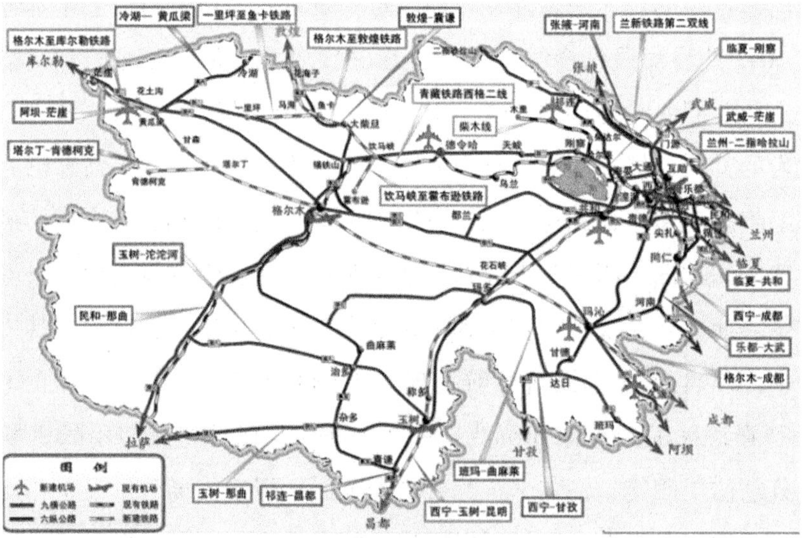

图 1　交通发展示意图

资料来源：青海省发展和改革委员会. 青海省国民经济和经济发展第十二个五年规划纲要［EB/OL］. http：//www.ztzl.qhfgw.gov.cn/srwgh/ghqwzl_03.shtml，2015-08-15/2016-05-31.

（二）经贸合作平台

“青海道”在古丝绸之路上，作为连接东西方贸易交流的重要桥梁，曾经国际经济贸易发展十分繁荣。随着改革开放和西部大开发政策的实施与发展，如今青海道也再次焕发出强劲的经贸发展潜能。自 2013 年提出建设“丝绸之路经济带”以来，青海积极推进与丝绸之路经济带沿线国家和地区的各项经济贸易合作，逐步加大向西开放的力度和深度。

目前，青海与丝绸之路经济带沿线国家和地区进行经济贸易合作，主要通过“走出去”和“引进来”两条道路来实现。其一“走出去”，一方面是事物产品的“走出去”，主要通过直接与中亚国家进行贸易的走出去，青海现已在中亚的尼泊尔、吉尔吉斯斯坦和土耳其等国家，实地建立了中国（青海）特色商品国际营销中心，推广青海各类特色商品，加速与丝绸之路经济带沿线国家或地区的经济贸易交流。在中亚的其他国家如沙特和巴基斯坦等，建立了以穆斯林用品和藏毯为主要特色产品的展示中心，吸引当地企业进行经贸合作。同时，通过组织省内优势企业如藏医药材、钾肥和太阳能等，直接前往中亚土库曼斯坦，举办中国（青海）商品展，加深与土库曼斯坦的直接经济贸易合作，逐步增加向中亚国家商品的出口比重。另一方面人才的“走出去”，通过组织青海企业家实地考察丝绸之路经济带沿线国家和地区的经济发展情况，与其本地企业家进行对接交流，洽谈贸易合作的潜能。如组织撒拉族企业家集体，共赴中亚土库曼斯坦，对当地企业发展进行考察，并与其企业家进行商业座谈交流，挖掘双方合作的潜能。同时，通过与中亚国家进行互派留学生进行交换学习，以及通过中亚大学生夏令营的活动，以学生为连接点，为后期双方经济贸易合作，提供人力资源的储备与供给。其二，“引进来”，一方面是青海在展开与丝绸之路经济带沿线国家和地区经济交流时，积极的引进他国优势产品，其产品类型多且广，并规划建立相应的配套服务于设施。如青海逐年扩大向中亚国家进口高品质的驼毛和羊毛，以及各类优势原药材。

“引进来”的各项配套措施也逐一实施，规划设计了各类国际商城，如土耳其商城和尼泊尔商城。同时，还积极搭建各类商贸平台，如保税仓库的设立，藏毯城的建设。以及青海进口商品生活馆、循化穆斯林产业园和青海海东丝绸之路经济带农贸批发市场等，各类经贸平台的建立，为引进丝绸之路经济带沿线国家和地区的产品，提供了便利的途径，加速青海与其经济贸易的合作发展。另一方面是通过各类国际性的博览会，吸引丝绸之路经济带沿线国家和地区的企业来参加，通过座谈会和会展的形式，促进双方经济的互动。通过“中国（青海）国际清真食品及穆斯林用品展览会”“中国（青海）绿色发展投资贸易洽谈会”“中国（青海）藏毯国际展览会”等一系列交流活动，不断加大了与丝绸之路经济带沿线国家和地区的经济贸易交流。如 2014 年青海通过举办“丝绸之路经济带经贸合作圆桌会议”，打开了青海与丝绸之路沿线国家经贸、投资合作的新思路。并在会议期间，青海与中亚等国家签署经济合作协议金额高达 1.86 亿元。

青海在丝绸之路经济带战略定位中的经贸合作平台，现已初具形态。但仍需加强顶层设计，来打造青海丝绸之路经济带经贸合作平台。首先通过建立丝绸之路经济带（青海）经贸合作平台总框架，如图 2。经贸合作平台子平台分为实物经贸和人才经贸两大块，在实物经贸下设有藏毯区、清真区、绿色投资区和其他区；在人才经贸下设有国际会议区、国际留学生区和其他区。具体细化为，在实物经贸下的藏毯区，以藏毯城为后盾资源，一方面向丝绸之路经济带沿线国家和地区进行藏毯的推广与使用，另一方面通过进口中亚地区高质量的羊毛等，来提升藏毯品质。同时，青海通过举办国际藏毯节，来吸引相关国家和地区的企业来青海参展，促进双方之间的贸易往来。在实物经贸下的清真区，可借助“中国（青海）国际清真食品及穆斯林用品展览会”，促成双方贸易发展。在实物经贸下的绿色投资区，通过顶层政府搭建平台，开展各类经济贸易洽谈会，吸引各类合法资金的进入青海市场，促进本省经济贸易的快速发展。在实物经贸下的其他区，则是处理前三项区，未能涉及的其他经贸业务。人才经贸下的国际会议区，主要通过举行各类国际性的会议，吸引各类人才进行相关问题的探讨，解决实际经济贸易过程中存在的问题，促进青海与丝绸之路经济带沿线国家和地区经济的交流与发展。人才经贸下的国际留学生区，则主要通过青海与丝绸之路经济带沿线国家和地区进行大学留学生的互派，通过学生的视角更真实的了解彼此间的现实情况，为后期双方合作，提供智力支持。人才经贸下的其它区，主要解决前两项，未涉猎的事务。

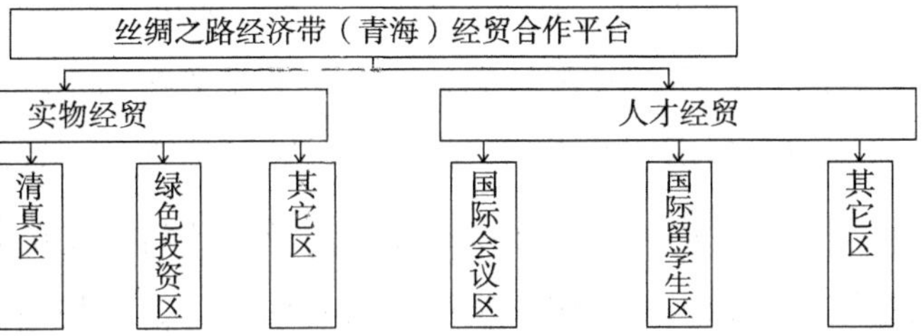

图 2　丝绸之路经济带（青海）经贸合作平台

资料来源：作者绘制。

（三）文化旅游长廊

“丝绸之路经济带”沿线涉及多个国家和地区，拥有不同的历史文化背景、特色鲜明的民族文化，由“丝绸之路经济带”所形成的“丝绸之路旅游带”，其发展前景宽广。丝绸之路旅游带狭义上是指由中国、哈萨克斯坦和吉尔吉斯斯坦在 2014 年申遗成功的三十三处景点所组成的丝绸之路旅游带。具体遗产分布如表 1 所示。其广义上是指由散落在丝绸之路经济带上的文化遗产旅游资源所组成的旅游带。其本文将青海在丝绸之路经济带战略定位文化旅游长廊，主要涉及广义的丝绸之路旅游带。

在青海境内，丝绸之路旅游主要依托历史上著名的唐蕃古道、茶马互市所涵盖的厚重历史遗存、文化内涵、民俗风情、雪山草原等独特的自然景观和人文景观整合出的各类观光、休闲、科考、朝觐等旅游产品受到越来越多国内外游客的青睐。同时，新丝绸之路经济带的形成与发展，必将带动沿线旅游资源的发展，且目前青海已确定文化产业“一核辐射、三带贯通、四区协同、七大支点”的总体布局，积极谋划和实施分布于青海省内丝绸之路沿线的文化产业项目建设，促进丝绸之路南线文化发展。但青海现有旅游发展仍较为滞后，其一表现在青海省内丝绸之路经济带沿途旅游业缺乏顶层总体布局与规划，存在相似旅游景点的重复投入与建设。因缺乏总体布局与设计，导致青海丝绸之路经济带旅游基础设施建设不合理或缺失，各景点在自发行为驱使下，各自为政，景点建设分散各处，且重复建设严重。同时，青海与丝绸之路经济带沿线的其他国家和区域也缺乏联系。其二青海省内丝绸之路文化旅游资源开发程度较浅，且沿线旅游发展呈现非均衡发展态势。一方面，相较于丝绸之路经济带沿线的其他省份和国家，青海对省内丝绸之路文化遗址旅游资源的开发相对滞后，很多旅游资源的知名度，仅局于限青海省内人知晓。另一方面，青海省省内丝绸之路经济带旅游资源的开发也存在不均衡性，其旅游资源的开发和旅游配套设施的建设，主要集中在西宁周边地区，特别是海东地区。但对于偏远海西地区旅游资源的配套设施的建设相对不足，导致因旅游基础设施不足，相关旅游开发处于初级阶段，难以实现旅游资源开发的经济效益。其三旅游资源存在，但交通却缺位。青海省内丝绸之路经济带旅游资源深入西北地区，交通设施不完善，导致旅游资源存在，但“无路可去”的境地。交通布局不合理，导致旅游景点的非连接性，或是相互景点来回不便，必要的旅游高速公路急需建设。其四旅游资源开发程度低，旅游资源受到严重威胁。最为突出的是对沿途文化遗址旅游资源保护措施不够完善，内涵挖掘不够，开发层次偏低，管理力度弱，游客的随意性大，如吐蕃古墓、伏俟城、克措祭祀坛、诺木洪文化遗址、英德尔古墓、下柴开遗址、香加巴哈莫力岩画等。同时，对旅游资源缺乏全面系统的普查和评价，对其数量、质量、种类、范围、自然环境、开发价值、市场前景都还没有一个全面科学的统计和分析。缺乏协同发展的观念，使得旅游资源的综合利用长期受到忽视。[7]

青海在丝绸之路经济带战略定位之一的文化旅游长廊，前期已进行了探索性的建设，但需完善的空间仍较大。首先，由政府主导负责，加强丝绸之路经济带涉及国家和区域之间的旅游资源的协同整合。进行跨区域和跨国家的丝绸之路遗址旅游资源的整合与发展。同时，对青海省境内文化旅游资源，要进行全面规划与设计，避免相互间旅游产品的同质性。其次，青海省内旅游资源开发结构需进行调整，合理规划旅游资源的布局，避免过度集中，造成其他旅游资源的闲置。在推进西宁和海东地区旅游发展的同时，兼顾海西都兰地区旅游资源的开发，逐步完善旅游资源交通网络的设计与建设。再次，根据丝绸之路经济带旅游资源的分布地区和交通情况，进行全面统计分析，兼顾经济效益的前提下，提炼出较好的旅游资源地，进行交通路线情况的重新设计与规划。同时，进行旅游资源地配套服务的建设投入，打造便利化的旅游资源地，吸引消费者的眼光，进行实地旅游。最后，青海省内丝绸之路经济带文化旅游资源粗犷式的开发，所导致的旅游资源开发程度低，资源浪费和旅客体现不足的情况，使得青海丝绸之路经济带旅游资源，缺乏市场竞争力。与此同时，缺乏全面对青海省内旅游资源的知晓，使得省内旅游资源难以取得协同效应，综合利用开发成为纸上谈兵。故青海省可采取与高校相关专业进行合作，深度挖掘丝绸之路经济带旅游资源的内核，展现旅游资源的文化内涵养。同时，加快对省内旅游资源的排查与规划，增加省内旅游资源的综合开发与利用，最大限度的发挥协同作用。

表 1　“丝绸之路：起始段和天山廊道的路网”世界遗产分布表

国家	地点	文化遗产名称
中国	河南省（4处）	韩魏洛阳城遗址、隋唐洛阳城定鼎门遗址、新安汉函谷关遗址、崤函古道石壕段遗址
	陕西省（7处）	汉长安城未央宫遗址、张骞墓、唐长安城大明宫遗址、大雁塔、小雁塔、兴教寺塔、彬县大佛寺石窟
	甘肃省（5处）	玉门关遗址、悬泉置遗址、麦积山石窟、炳灵寺石窟、锁阳城遗址
	新疆维吾尔自治区（6处）	高昌故城、交河故城、克孜尔尕哈峰燧、克孜尔石窟、苏巴什佛寺遗址、北庭故城遗址

续表

国家	地点	文化遗产名称
哈萨克斯坦	阿拉木图州（3处）	开阿利克遗址、塔尔加尔遗址、卡拉摩尔根遗址
	江布尔州（5处）	阿克托贝遗址、库兰遗址、奥尔内克遗址、阿克亚塔斯遗址、科斯托比遗址
吉尔吉斯斯坦	楚河州（3处）	阿克·贝希姆遗址、布拉纳遗址、科拉斯纳亚·瑞希卡遗址

资料来源：据联合国教科文组织世界遗产目录整理而来。

（四）区域安全框架

和平与发展是当今世界的两大主题，和平是发展的前提。维护世界和平、保障区域安全，是各个国家、各民族人民的共同愿望。世界和平、区域安全问题不能仅仅依赖经济制裁或武力干涉，而是应通过加强协商与对话来解决。“丝绸之路经济带”沿途一些国家或区域也存在着内部冲突、领土争端、跨境犯罪、政治动荡等严重区域安全问题，再之外部势力的插手和干预，使得丝绸之路经济带沿线区域安全问题更加突出，若和平问题处理不好，极有可能发生国家间的政治对立，甚至军事冲突。这不仅威胁相关国家和人民的安全，也成为建设“丝绸之路经济带”的隐患。

青海位于丝绸之路经济带关键地区，故青海确立区域安全协调框架作为建设“丝绸之路经济带”的一个重要定位是顺势所为。虽然目前国际上讨论和协调区域安全问题的体制性平台并不少，但关于亚欧安全合作则明显发展不足。现有安全机制主要以国家个体安全为主，以双边合作为主，区域整体安全理念缺失，安全合作主题不突出，大国协调不够，而这一状况源于长时期亚欧政治经济联系不紧密。但现在“丝绸之路经济带”建设把亚欧国家紧密联系在一起，建立区域安全协调框架的必要性大大增强。在这一框架内，各相关国家围绕保障区域安全的共同目标，开展安全合作，增强政治互信，协调区域事务，确保“丝绸之路经济带”建设不被安全冲突打断，并为维护世界和平做出贡献。[8]青海在丝绸之路经济带区域安全框架的定位建设，是中国与丝绸之路经济带沿线国家和地区进行区域安全合作的前提下，青海仅是区域安全框架的推动者和维护者的角色。具体实施，由国家层面与丝绸之路经济带沿线国家或地区，进行政治上的安全协议框架对接，同时实行双边和多边安全协议的推进与签署。通过国际政府间的区域安全合作，使安全协议更具合法性和权威性，并适时进行区域安全协议的更新和细化，保证丝绸之路经济带沿线国家和地区的安全发展。青海作为丝绸之路经济带沿线省份，需要履行国际和国家层面的区域安全协议，并在此协议下，进行合法的细化条例，来保障本省与丝绸之路经济带沿线国家经济贸易往来，如保护来青海省进行经济贸易往来的外资企业，和青海省“走出去”的企业的安全。

（五）文明交融纽带

人类共同创造着世界的文明。在人类文明发展史上，历史呈现出来的画面更多的是野蛮强势的征服，而不是和平的文化交融。随着人类历史文明的进步，众人深刻地认识到，东西方文明各具特色，均有相互学习和借鉴之处，且人类文明的交融应以和平的方式进行，而非战争。古丝绸之路，在承担中西方贸易往来的同时，也促进了中西方文化的交流。而新“丝绸之路经济带”的提出，将不同国家和地区联系在一起，为各民族的文化内涵、宗教信仰、政治制度和生活习俗等，提供了相互交流的平台，促进了东西方文明融合。

青海作为丝绸之路经济带沿线的重要省份，应把文明交融纽带作为建设“丝绸之路经济带”的重要战略定位。青海应正确对待不同国家和民族的文明，尊重各国和各民族的思想文化差异，维护世界文明的多样性，特别是以更加开放包容的心态，互学互鉴，积极吸纳各种文明的有益成分，让不同文明在交融创新中发展，共享人类文明成果。青海应逐步与丝绸之路经济带沿线国家和地区开展人文交流，将人文交流作为参与丝绸之路经济带的重要抓手，把沿丝绸之路经济带国家和地区的文化汇聚一堂，逐步发挥文化交流的桥梁和纽带作用，营造出对外经济发展的良好“软环境”。[9] 如通过青海省内的穆斯林文化，与中亚穆斯林文化进行友好交流，为双方清真产业中的清真食品、穆斯林用品和清真餐饮业穆斯林产业的发展，提供良好的对话氛围。具体细化到青海可利用本省撒拉族与土库曼斯坦人族源宗教相同、文化相近、习俗相通的特点，拟在土库曼斯坦建设“中国萨拉尔大巴扎”，开展清真食品、藏毯、特色纺织、农畜产品等方面的贸易往来。同时，可依托青海高等院校的专业学科优势，争取中西亚留学生资助教育项目在青海布点，建设阿语培训基地、中西亚国家和地区经济社会文化研究中心、穆斯林学生培训基地等文化教育平台，邀请丝绸之路沿线国家在青海设立领事馆和商务机构，适时开展各类专题学术研讨和交流活动，加深青海与丝绸之路经济带沿线国家文化交流的广度和深度。[10]

三、青海在丝绸之路经济带建设中的现实选择

（一）以点带面，从线到片

从国家战略层面分析，“丝绸之路经济带”远景目标是一个大的带状经济区域，但它的建设不可能遍地开花，而是应以若干大城市为节点，以交通运输干线为轴线，并实行以点连线、以线穿点，确保“线”不虚、“点”更强，点、线相得益彰，努力形成点面辐射、线轴延伸，从而带动周围城市和国家的经济发展。目前，“丝绸之路经济带”的点、线建设已经开始，但从“丝绸之路经济带”涉及的范围看，除中亚一些国家外，其他直接参与的国家还不多，建设项目也主要集中在铁路运输线上。这就需要国家层面进一步加强与丝绸之路经济带沿途国家的协调，深化点、线的规划设计，把相关国家的交通枢纽城市、重点口岸城市、商贸中心城市、工业发达城市、文化旅游城市等纳入规划，以资源富集地区等发展潜力大的城市为远景目标，同时以高速铁路线、重载铁路线规划建设为重点，加

强公路运输线、管道运输线以及电信通道的规划设计，努力实现规划先行、建设起步，促进“丝绸之路经济带”点、线建设在更广的范围多点启动、有效对接，为中国丝绸之路经济带沿线省份创造良好的大环境。

对于青海在丝绸之路经济带建设中的现实选择，则是在推进国家层面的“以点带面，从线到片”的规划进程中，将此方法运用到青海融入丝绸之路经济带的建设中。由青海政府从顶层布局青海各项道路规划，确立各大中心城市点，以及辐射区域。根据各大中心城市点的布局，以点连线恰当的规划青海省内铁路、公路和航线的连接交错，形成点线连接辐射区，带动辐射区域经济的发展。首先，完善青海省内公路系统，在各地区都通公路的前提下，增加对高速公路的投入，满足经济发展对快速物流的需求。同时，各大中心城市的连接，实现普通公路和高速公路并驾齐驱的局面。“从线到片”多线串联中心城市，形成更为宽广的辐射面，最大限度地促进辐射区域经济发展。便利化各中心城市与丝绸之路经济带沿线国家和地区的公路连接。其次是逐步加大对青海省内铁路的建设投入，特别是对高速铁路的建设，规划布局高速铁路与周边丝绸之路经济带的省份进行高速连接，满足货物和人流在省际间的快速流动，带动周边经济发展。最后是逐步增加与丝绸之路经济带沿线国家和地区航班路线的规划，根据实际需求适时增加航线的种类和频率，以及加速建设现已规划完成的机场建设，为各大中心城市与丝绸之路经济带沿线国家和地区的交流，提供高速的交通途径。如在穆斯林开斋节期间，可增加往来中亚穆斯林伊斯兰国家的航班，保障他国穆斯林来青海省进行朝拜活动，促进双方文化交流的同时，加速青海旅游经济的开发。

（二）轴心主导，由近及远

从国家战略层面分析，“丝绸之路经济带”涉及众多国家和地区，存在利益追求不一致，关注点诉求点的不同，对于参与建设“丝绸之路经济带”的积极性和作用，也存在较大差距。加强丝绸之路经济带沿线国家和地区的协调成为了成功建设“丝绸之路经济带”的关键，而丝绸之路经济带涉及国家和地区众多，难以让某一个国家成为轴心，主导整条丝绸之路经济带的建设，故此采用多轴心，共同主导丝绸之路经济带的发展成为了趋势所向。选择丝绸之路经济带沿线的倡导国、受惠国、经济强国为轴心，发挥其主导和中枢作用，对“丝绸之路经济带”建设进行组织协调和资金技术等方面的投入，加快丝绸之路经济带的建设。同时，在“丝绸之路经济带”的建设上，则采取由近及远的步骤，以轴心国为圆心，逐步向外扩散，实行多点发展、多中心带动、多圈覆盖，最终连成一片、形成一体，为中国“丝绸之路经济带”沿线省份，打造国际大框架辐射区，推进“丝绸之路经济带”的建设与发展。

对于青海在丝绸之路经济带建设中的现实选择，则是将国家层面的“轴心主导，由近及远”的方法运用到青海融入丝绸之路经济带的建设中。青海省内涉及多个丝绸之路经济带沿线城市，以其沿线城市为轴心点，主导青海省内经济的发展，并以此为中心，由近及远向周边地区和城市进行扩展。青海丝绸之路经济带的“轴心主导，由近及远”的实施步骤如下：其一，轴心城市的选择与确立，应是现实发展情况和政治规划的结合，即选择的轴心城市在现实发展中既具有一定的经济实力，又处于丝绸之路经济带建设的重要政治节点上。每一个轴心城市，均为经济贸易发展中心，并向周边地区和城市进行经济辐射带动，发挥城市主导作用。如西宁、格尔木和德令哈等城市，均为轴心城市的最佳选择，拥有一定的经济发展基础，交通条件较好，能够有效辐射周边地区的经济发展，主导和协调周边地区和城市的经济发展。其二，轴心城市由近及远的向周边城市和地区，进行经济辐射带动。在此过程中，需分步骤进行辐射带动。首先，按照距离远近和经济发展水平，优先选择部分周边城市，进行定向的经济辐射带动。其次，再由已带动的周边城市，向其周边地区进一步辐射，带动大面积的经济发展。最后，多个轴心城市共同发展，同时带动辐射多个区域的经济发展，并实现轴心城市辐射覆盖圈的连接或重叠，最终形成经济发展连成片，促进青海省“丝绸之路经济带”沿线城市的经济建设与发展。

（三）先易后难，逐步深入

从国家战略层面，“丝绸之路经济带”承载着经济、文化和东西方文明融合等多方面的定位与功能，承载着人类和平与发展的梦想，是一个长期的战略规划，各阶段有着具体化的目标和任务，是一个逐步深化推进的过程。在推进丝绸之路经济带建设时，采取先易后难，逐步深入的策略。从丝绸之路经济带沿线国家和地区共同关注的问题着手，由易到难。在交通运输建设方面，首先规划与实施双方最为迫切需要的路线建设，将各主干道进行优先布局和实施。其次是围绕主干道对周边地区交通的细化与建设。最终通过陆路交通和空中航线的布局，实现中国与丝绸之路经济带沿线国家和地区的便利交通往来。在经贸合作方面，首先应推进贸易和投资的便利化，然后再逐步深化经济技术与人才合作，最终实现区域经济一体化发展。而在丝绸之路经济带文化旅游方面，首先是要充分发挥现存区域性国际组织的作用，同时以政府合作为后盾支持，其合作模式采用自由组合为主。然后根据发展需要，再逐步谋划文化交流合作的深入，最终通过有效的合作机制形成紧密的利益共同体、命运共同体。国家层面在丝绸之路经济带建设事项的推进顺序，为中国丝绸之路经济带沿线省份，提供了指示性的信号，为国内丝绸之路经济带沿线省份规划融入丝绸之路经济带建设，提供了参考。

对于青海在丝绸之路经济带建设中的现实选择，则是将国家层面的“先易后难，逐步深入”的方法运用到青海融入丝绸之路经济带的建设中。在综合运输通道定位方面，青海在交通建设方面，可采取“先易后难，逐步深入”的策略，首先开展省内丝绸之路交通线路的规划与实施，包括公路、铁路和航空。其次是开展与周边省份交通建设的连通，进行跨省交通建设的合作与协调。最后是逐步展开与丝绸之路经济带沿线国家和地区交通往来的规划与建设，主要通过航线连接，包括增加航线数和航班次数。青海在经贸合作平台建设方面，仍采取“先易后难，逐步深入”的方法。首先搭建丝绸之路经济带（青海）经贸合作平台，为双方贸易交流提供便捷的平台支撑，便利化双方贸易投资洽谈，以及双方的人才交流。其次是逐步深化双方贸易经济交流的层次，由简单的贸易合作，到利益共同体的建设。最后是不断巩固和加深双方在实物经贸和人才经贸两方面的交流，形成，命运共同体。青海在文化旅游长廊的建设中，首先需要将青海省内的丝绸之路遗迹进行定位和保护，避免省内同性质的文化旅游资源相互恶性竞争。其次是谋求与周边丝绸之路经济带省份的文化旅游合作，使之共同成为丝绸之路旅游带的子部分，各具特色又相互依存。最后青海与丝绸之路经济带沿线国家和地区，就丝绸之路文化旅游，进行国际合作。共同打造丝绸之路旅游带品牌，建成整条丝绸之路文化旅游带，共同受益，共同维护，建成丝绸之路文化旅游共同体。青海在区域安全框架建设方面，也需通过青海省内部区域安全着手规划建设，再进行跨省跨国的区域安全建设，由易到难，逐步深化区域安全合作建设。青海在文化交融纽带的建设中，首先应选择双方共同认可的文化点着手，由点及面，逐步深入双方文化交流。再逐步向双方存在差异的文化，进行拓展与交流，相互尊重的基础上，相互借鉴学习，实现不同民族，不同区域的文化交融。

四、结论

青海在丝绸之路经济带建设中的定位和选择，事关青海融入丝绸之路经济带建设的程度，以及促进青海经济发展的关键之举。故本文在综合分析国内外现实情况的基础上，结合青海省情的前提下，尝试性地提出了青海在丝绸之路经济带间中的战略定位，包括综合运输通道，经贸合作平台，文化旅游长廊，区域安全框架和文化交融纽带。第一，综合运输通道是青海与丝绸之路经济带沿线国家和地区建立交通往来的基础，也是首先需要政府主导规划建设的。第二，经贸合作平台是青海与丝绸之路经济带沿线国家和地区，进行友好经济贸易往来的后盾支持。第三，文化旅游长廊是青海与丝绸之路经济带沿线国家和地区，进行丝绸之路旅游带共同建设的关键，是发展青海省内文化旅游的有利推手。第四，区域安全框架是青海与丝绸之路经济带沿线国家和地区，共谋区域安全发展的重要保障，通过构建丝绸之路区域安全框架，来保障彼此间的经济和文化交融发展。第五，文化交融纽带是青海与丝绸之路经济带沿线国家和地区，建立互信互爱文化交流氛围的关键。以文化交融为推手，能加快彼此间文化产业经济的交流与合作。

在确立青海在丝绸之路经济带中的战略定位后，提出了青海实现在丝绸之路经济带中战略定位的现实选择，包括“以点带面，从线到片”“轴心主导，由近及远 ”和“先易后难，逐步深入”。“以点带面，从线到片”主要是论述综合交通通道的现实规划与实施，具体探讨了青海省内铁路、公路和航行的规划与设计。“轴心主导，由近及远 ”主要论述综合交通通道和经济贸易两者相结合的发展思路，以轴心城市为经济发展中心，向周围辐射带动周边经济的发展；以交通路线为轴线，向两边辐射带动道路沿线地区经济的发展。“先易后难，逐步深入”对青海在丝绸之路经济带五个战略定位，分别进行了具体的操作论述。包括综合运输通道，经贸合作平台，文化旅游长廊，区域安全框架和文化交融纽带，均按照先易后难，逐步深入进行了逐一策略论述。

参考文献

[1] 王保忠，何炼成，李忠民，王铁山. 金融支持“丝绸之路经济带”建设的重点分析及对策研究 [J]. 经济纵横，2015，5：61-65.

[2] 严维青，吴铮. 金融支持青海参与丝绸之路经济带建设思考 [J]. 青海金融，2015，10：4-7.

[3] 庞岩，张勇. 新疆在“丝绸之路经济带”建设中的战略定位与布局 [J]. 新疆农垦经济.2016，4：66-71.

［4］廖世锋．我国西北五省与中亚五国产业互补性研究—基于丝绸之路经济带建设视角［J］．现代商贸工业，2016，4：1–5.
［5］综合处．青海省 2015 年国民经济和社会发展统计公报［EB/OL］.http：//www.qhtjj.gov.cn/tjData/yearBulletin/201602/t20160229_39207.html，2016–02–29 /2016–05–31.
［6］青海省发展和改革委员会．青海省国民经济和经济发展第十二个五年规划纲要［EB/OL］.http：//www.ztzl.qhfgw.gov.cn/srwgh/ghqwzl_03.shtml，2015–08–15/2016–05–31.
［7］马桂芳．论青海丝绸之路旅游业的新发展［J］．攀登，2014，33（6）：111–115.
［8］刘万华．论“丝绸之路经济带”建设的目标定位与实施步骤［J］．内蒙古社会科学（汉文版），2014，35（6）：1–4.
［9］李勇．青海融入丝绸之路经济带建设的战略构想［J］．青海社会科学，2015，5：67–70.
［10］高东新，程丽辉．丝绸之路经济带建设的西安策略研究［J］．城市观察，2015，1：13–21.

（撰稿人：李毅，夏红梅）

报告三　青海科技在丝绸之路经济带建设中的战略地位和作用

摘要：作为陆上“丝绸之路经济带”节点省份的青海省，其特殊的生态、政治、资源地位，在丝绸之路经济带建设中战略地位和作用非常突出。本文通过科技在经济建设中的作用分析为基础，进一步分析青海科技在丝绸之路经济带建设中的地位和作用，较为清晰地梳理了青海科技当前所存在的主要问题，并提出了相应的对策。本文以青海科技在丝绸之路经济带建设中的战略地位和作用作为研究对象，希望通过对表象层问题的研究和梳理，为学者们更进一步的研究做铺垫。

关键词：科技；丝绸之路经济带；战略地位

一、引言

伴随经济全球化的飞速发展，区域经济融合度日渐增高，1000 多年前，东起长安、西达罗马、曾是连接中国与亚欧各国的贸易通道——“古丝绸之路”，又一次进入了公众视野。2013 年 9 月，习近平总书记访问中亚四国期间，在哈萨克斯坦纳扎尔巴耶夫大学演讲时提出了“丝绸之路经济带”的重大战略构想。丝绸之路沿线各国与我国在产业结构、资源禀赋、发展水平方面具有很强的互补性，加强丝绸之路经济带建设不仅可以带动丝绸之路沿线各国的经济发展，也有利于化解我国产能过剩矛盾、推动结构调整和产业升级。[①] 因此，这一旨在促进欧亚各国经济密切联系、构建中国与西亚之间的经济合作区域的伟大构想，“是我国顺应经济全球化趋势和国际地缘战略新态势，破解西方一些国家冷战思维对我国的围堵，全面扩大我国对外开放空间，互利共赢，惠及沿线国家，构建国际政治经济新秩序所做的重大战略部署”[②]。将进一步开拓中亚各国消费市场，使之成为拉动我国出口增长的重要渠道和化解我国产能过剩的重要途径[③]。当今世界，科学技术作为第一生产力的作用日益突出，科学技术作为人类文明进步的基石和原动力的作用日益凸显，科学技术比历史上任何时期都更加深刻地改变着经济发展、社会进步和人民幸福。没有科学技术的共同

---

① 贵浩，张建伦．推动丝绸之路经济带产业合作探讨［J］．亚太经济，2014，（6）：106.

② 孙九，林董锁．成关于加快制定并推进“丝绸之路经济带’建设科技支撑行动计划”的建议［J］．中国科学院院刊，2015（1）：25.

③ 贵浩，张建伦．推动丝绸之路经济带产业合作探讨［J］．亚太经济，2014，（6）：107.

发展就没有“丝路”的复兴，我们必须依靠科学技术，依靠科学精神，才能实现惠及“丝路”沿线46亿人口的全面复兴①。因此，充分发挥科技在丝绸之路经济带建设中的战略地位和作用，是一个值得理论界广泛关注的重要议题。

一直以来，青海省在国家战略实施过程中扮演着极其重要的角色，其重要的生态、矿产地位影响着全国乃至全球格局的平衡。2013年12月14日，国家发展与改革委员会在编制“丝绸之路经济带”倡议时，对所辖的省份进行了重新测定，陆上“丝绸之路经济带”涵盖陕西、甘肃、青海、宁夏、新疆西北五省，以及重庆、四川、云南、广西西南四省市。陆上“丝绸之路经济带”涵盖省份身份的确定，更进一步突显了青海省在丝绸之路经济带建设中重要的战略地位。基于科学技术是第一生产力的共识，青海科技在丝绸之路经济带建设中的战略地位和作用问题，以及如何突破经济与教育水平滞后障碍、推动青海科技水平的更进一步提高、促进青海战略优势地位的发挥和区域经济的总体进步问题，受到越来越多的学者关注。

二、国内外文献综述

（一）国外相关研究综述

人类社会发展的历史表明，科技是经济社会发展的重要引擎，是经济社会发展的革命性推动力，国外学者关注科技是经济社会进步的源泉由来已久。

亚当·斯密在其经典巨著《国富论》（1776）中对于科技的论述主要集中于对分工的重要性及价值的分析，认为分工能催生包括技能提高在

① 孙九，林董锁.成关于加快制定并推进“丝绸之路经济带’建设科技支撑行动计划”的建议［J］.中国科学院院刊，2015（1）：25.

内的一系列劳动生产力的提高。大卫·李嘉图则进一步认为增加资本和劳动的投入可能导致投入要素的收益递增，因此，为了保证经济的持续增长，技术进步便是不可缺少的因素。马克思指出，“生产力里面包括科学在内”“社会的劳动生产力首先是科学力量”①，恩格斯说，“在马克思看来，科学是一种历史上起推动作用的、革命的力量”，“是历史的有力杠杆”，“是最高意义上的革命力量”，“现代自然科学和现代工业一起变革了整个自然界”②。熊彼特则确认，创新能够导致经济增长，创新是产业运动、经济周期发生的根源，而创新活动之所以引发经济波动，是因为“新的组合不是像人们依据一般的概率原理所期望的那样，从时间上均匀分布的……，如果一旦出现，那就会成群成组地不连续地出现”③，由于创新的扩散掀起更大的创新浪潮，从而使经济走向高涨。

二战后，现代经济增长理论的学者对科技促进经济增长有了更直观的认识，学者哈罗德（1939）和多马（1946）在把凯恩斯短期经济模型中的乘数原理及加速原理进行结合，引入长期的经济增长模型，用短期工具解释长期经济增长现象，构建哈罗德—多马增长模型，将人口、资本、技术等因素视为在长期内变化的量，分析它们在连续的时间内与其他变量一起在经济增长中的作用和相互关系。虽然模型本身存在很大的局限，但是是最早将经济增长理论进行模型化处理的经济学家。为了消除哈罗德–多马模型中经济增长的“刀刃”性质，索洛（1956）和期旺（1956）提出了索洛–斯旺模型，在一系列假设条件下，该模型认为稳态的人均收入增长率仅仅取决于技术进步的增长率，而与其他变量无关。科斯（1965）和库普曼期（1965）的研究对索洛的结论进行了完善和扩展，应用了消费者最优化条件分析，实现了储蓄率的内生化。

① 马克思、恩格斯．马克思恩格斯全集，第 46 卷［M］．人民出版社，1975：285.

② 马克思、恩格斯．马克思恩格斯全集，第 46 卷［M］．人民出版社，1975：92–307.

③ 熊彼特．经济发展理论［J］商务出版社（1990）：67.

（二）国内相关研究综述

我国学者对科技在经济社会发展过程中重要作用、战略地位研究起步较晚，研究思路多借鉴国外的研究经验再结合本国国情进行研究，研究领域主要集中于科技与经济的融合和科技促进经济增长两个方面。

在科技与经济融合研究过程中，吴宗杰等（2007）认为科技与经济协调发展是实现经济增长模式转换的必然要求，技术进步对经济增长的贡献率不高、经济发展的技术对外依存度大、资源生态问题严重是制约这一目标实现的几个突出问题①。仵凤清等（2008）提出科技与经济是现代社会进步的两大驱动力，促进二者的协调发展是实现可持续发展的关键②。董晔等（2010）及刘尚希等（2013）分别就科技与经济融合发展在不同省区内具体的表现及不同的评价指标体系作了分析研究，认为科技与经济社会进一步协调发展应该根据各地情况和特点分类引导，同时，体制机制创新是推动科技与经济融合的前提，新增科技投入应致力于引导存量科技资源、提高其利用率和使用效率③④。

就科技促进经济增长的研究方面，许长新（1996）提出了衡量相对概率前沿生产函数技术效率的方法，并对我国区域经济增长进行技术效率分析和评价⑤。丛林等（2002）分别就技术进步、产业发展与经济发展等问题进行研究，揭示了技术进步对产业发展和经济发展的影响机制⑥。王荣等（2007）运用 Cobb-Douglas 生产函数模型，以 1980—2004 年的 GDP 为被解释变量，资本投入、劳动投入、技术进步的时间序列为解释变量建立计量模型，分析了我国技术进步对经济增长的影响⑦。周绍森等（2010）运

---

① 吴宗杰、李建民．中国科技与经济协调发展的约束条件分析［J］．科学管理研究，2007（5）：43-46.

② 仵凤清、李玉仙、张玺才．中国科技与经济协调度的研究［J］．统计与决策，2008（16）：41—42.

③ 董晔、安尼瓦尔·阿木提．区域科技与经济社会发展协调度评价——基于新疆的实证研究［J］．经济问题探索，2010（12）：82—88.

④ 刘尚希、韩凤芹．科技与经济融合：陕西的探索及其启示［J］．地方财政研究，2013（2）：53—59.

⑤ 许长新．我国区域经济增长的技术效率分析［J］．财经研究，1996，（3）：21-24.

⑥ 丛林．技术进步与区域经济发展［M］．成都：西南财经大学出版社，2002.

⑦ 王荣，杨晓明．科技进步对我国经济增长贡献的实证研究［J］．价格月刊，2007，（2）：42-45.

用人力资本、研究开发、单位能源经济效益、产业结构调整、市场化程度等五个主要因素反映科技进步水平，实证分析了我国 1980—2007 年各因素对经济增长的贡献份额[①]。文汇（2014）认为，科技创新指的是运用创新方式创造新的知识、技术，改革新的生产方式，创造新产品，我们可以通过重视技术进步、落实素质教育、统筹城乡发展等方式促推动科学技术创新，更进一步推动经济发展。[②] 葛金田（2014）通过科技创新推动山东经济转型升级问题的研究，对地方如何加快科技创新步伐，推动循环经济的建设与发展提出了可行的建议[③]。

国内外学者通过跨越百年的研究，立足于不同的视角对于科技在经济社会发展中的作用研究已经逐渐形成一个完整的体系，较为全面地解释了人类经济社会发展中科技的战略地位和作用，为后继者的研究打下了坚实的基础，但仍然存在下列问题：

（1）西方学者绝大多数研究都是以西方发达国家为背景进行的，对于发展中国家，尤其是对于一些欠发达国家地区相关问题的关注度偏低。

（2）我国学者相关问题的研究起始时间晚于西方，总体的研究起点较高、研究内容涉及广泛，但是针对“一带一路”经济带构建过程中区域科技发展对其产生的作用问题的研究有待深入。

本文以丝绸之路经济带构建为背景、以“青海科技在丝绸之路经济带建设中的战略地位和作用”为题，拟在前人研究的基础之上对青海省科技在促进一带一路经济带构建中的地位作用问题研究做有益的补充。

三、科技在经济建设中的作用原理解析

透过世界经济增长与变化现象探寻，“科技是第一生产力”这一科学

① 周绍森，胡德龙．科技进步对经济增长贡献率研究［J］．中国软科学，2010，（2）：34-39.

② 文汇．科技创新推动经济发展方式转变的理论分析［J］．财经界（学术版），2014（11）：22.

③ 葛金田．科技创新推动山东经济转型升级研究［J］．东岳论丛，2014（12）：144—147.

论断已经成为广受认同的规律，科技已然成为经济增长贡献的重要来源。以美国为例，“科技要素在 1992—2010 年这段时期内的经济增长总平均贡献度为 54.6%，可见美国作为经济高度发达的现代化国家，其经济的发展很大一部分上依靠科学技术的进步拉动。”① 对于科技在经济建设中的战略地位与作用，理论界的探讨由来已久。

（一）科技在经济建设中作用的相关理论

1. 亚当・斯密的古典经济增长理论

古典经济学的创立者亚当・斯密认为，生产规模的扩大在很大程度上取决于投入生产中的劳动力的数量和质量、资本的积累、土地的使用，劳动力是最重要的生产要素。在亚当・斯密看来，劳动分工是技术进步的主要内容，正是由于劳动分工的发展，才促进了新机器的发明，从而促进了劳动生产率的提高和生产规模的扩大，因此，技术进步对经济增长产生着重要的影响。同时，他对经济增长中资本积累重要性的论述使资本积累成为了经济增长理论的一个基本要素。

大卫・李嘉图继承了亚当・斯密的观点，强调资本积累的重要作用，同时在实证研究中也发现了经济学中重要的规律——边际报酬递减规律。因此对经济长期增长持有悲观态度。李嘉图认为国民财富的增加可以通过两种方式来实现，即要求社会的纯收入中有更大比例用于再投资以增加社会资本存量，或者不增加任何劳动量、劳动的生产率提高，但这只有通过农业技术的改进和机器的运用才能实现。

古典经济学家已经初步认识到了科学技术在经济增长中的作用，但是由于它们所处的时代的限制，使他们对技术在经济增长中的作用认识上存在一定的差异。斯密主要考察劳动分工以及机器的发明和运用所产生的后果，而李嘉图着眼于劳动工具、劳动对象的变革，但是对于科技的地位与

① 冯玉明 . 科技进步对中美经济增长贡献率的比较［J］. 考试周刊，2015（65）：192—193.

作用的认同基本上是一致的。

2. 马克思的技术进步相关理论

马克思对科学技术在物质生产及由此决定的经济关系中的重大作用进行过深入系统地分析，认为生产力的发展水平是由科学技术发展的程度决定的，“生产力里面包括科学在内”，“社会的劳动生产力首先是科学力量”。[①] 恩格斯说：“在马克思看来，科学是一种历史上起推动作用的、革命的力量”，“是历史的有力杠杆”，“是最高意义上的革命力量”。[②] 马克思认为“劳动生产力是随着科学和技术的不断进步而不断发展的”，“生产力的这种发展，归根到底总是来源于发挥着作用的劳动的社会性质，来源于社会内部的分工，来源于智力劳动，特别是自然科学的发展”，因此，近代科学技术对经济社会的发展起到了决定性作用。马克思和恩格斯揭示了科技进步使财富的创造更多地取决于科学在生产上的应用，正确评价了工业经济时代科学技术的推动作用。

3. 熊彼特的创新相关理论

1912 年，美籍奥地利经济学家熊彼特在其论著《经济发展的理论》中首次将创新视为经济增长的内生变量，之后在《经济周期》（1939 年）、《资本主义、社会主义与民主主义》（1943 年）中进一步加以应用和发挥。熊彼特指出，资本主义经济的运动过程之所以表现为生产技术常有所改进、生产经常有所增长，其根本动因在于少数有着企业天才的企业家的创新活动。他把“创新”一词定义为“建立一种新的生产函数”即“企业家对生产要素的新的组合”，通过对“创新”的概念解析，提出经济增长的过程是经济从一个均衡状态向另一个均衡状态移动的过程，经济的均衡状态是通过企业家的创新来打破的，创新是经济发展的动力，他将创新作为促进经济发展的关键，突出了创新在经济发展过程中的主导作用。

---

① 马克思、恩格斯．马克思恩格斯全集（第 46 卷）［M］．人民出版社，1975：285.

② 马克思、恩格斯．马克思恩格斯全集（第 46 卷）［M］．人民出版社，1975：292 — 307.

4. 罗彼特·索罗的新古典经济增长理论

20 世纪 30—40 年代，在古典经济增长模型的基础上吸收凯恩斯的收入理论之后，哈罗德——多马经济增长模型形成，这一模型分别由罗伊·哈罗德在 1939 年的论文《动态理论论文》和埃弗赛·多马在 1946 年的论文中分别提出，模型将人口、资本、技术等因素视为在长期内变化的量，分析强调资本积累是经济增长的决定性因素，但却未能解释各发达国家迅速发展的科学技术对经济增长所起的重要作用。

作为新古典经济增长理论的代表，罗彼特·索洛关注到了哈罗德——多马模型的不足，认为传统的经济增长模型遗漏了两个重要的因素：技术进步和规模经济，提出了加速技术决定作用的增长模型。该模型表明，经济增长不仅取决于资本增长率和劳动增长率，以及资本和劳动对收入增长的相对作用的权数，而且还取决于技术进步。在这里，技术进步第一次被视为一个单独的因素，纳入到经济增长理论中给予系统地研究，从而比较完整地描述和解释了经济增长的原因。此后，丹尼森等经济学家在经济增长的实证分析中进一步证实了索洛模型的结论，并进一步提出，在经济增长计量中总的经济增长远远大于资本和劳动等要素投入增长率，即出现了一个增长的“余值”，丹尼森等明确地把这个无法用要素投入来解释的“余值”归结到技术进步上，并由此得出技术进步是经济增长的主要源泉。

5. 罗默、卢卡斯的新经济增长理论

新古典经济增长理论向人们证明了技术进步在经济增长中的作用，但认为技术进步是外生的，天上掉下来的、经济体系之外的产物。20 世纪 80 年代，以罗默和卢卡斯为开端，新的经济增长理论研究高潮中的经济学家们认识到，经济增长不是外部力量，而是经济体系的内部力量推动，特别是内生的技术进步是经济实现持续增长的决定因素，重新阐释了经济增长的源泉，由此形成了新经济增长理论。该理论认为，如果储蓄率和人口增长率保持不变，那么长期生活水平的提高是技术进步的结果，所有的要素积累都是由技术进步引起的。这一理论很好地解释了各国经济增长的差异，人力资本水平越高，总人力资本越丰富的国家，其经济增长率就越高。而在一些落后的国家，由于人力资本总水平太低，没有足够的人力资本投入研究开发（R&D）活动，这些国家就被锁在“低收入陷阱”里，甚至根本不发生经济增长。这一模型同时还强调了人力资本所持有的特定知识与一般知识的区别，认为知识是人力资本的一种形式，而人力资本是增长的源泉。卢卡斯认为，对人力资本投资具有内部效应和外部效应。

（二）科技在经济建设中的作用

1. 科技促进生产力水平全面提升

生产力包括三个基本要素：具有一定生产经验与劳动技能的劳动者、以生产工具为主的劳动资料、引入生产过程的劳动对象。生产力水平的提升有赖于劳动者综合素质的全面提升、劳动资料配置的优化和劳动对象结构的改善。在当代，科学技术对推动生产力的发展起着越来越重要的作用，已经成为第一生产力[①]，在推动劳动者综合素质的全面提升、劳动资料配置的优化和劳动对象结构的改善实现方面都发挥着重要作用。

（1）科技促进劳动者综合素质的全面提升

劳动者素质，是人本质核心要素劳动的存在形式，劳动者素质包括身体素质、技能素质、思想素质三方面。[②]科技进步无论在劳动者身体素质提升、技能素质优化还是在思想素质提高中都发挥着积极作用。近百年来，医疗科技进步大幅提升了劳动者先天身体素质和后先天身体素质，1981 年至 2015 年间，我国平均婴儿死亡率从 34.7‰下降到了 8.1‰，而平均寿命从 67.9 岁增加到了 76.34 岁。科技进步及先进教育手段的运用，不断地缩短着地区间、层级间教育设备、资源及水平的差距，现代的教育手段也极大地提高了优质教育资源的传播力与渗透力，使得更多的劳动者可得优质教育资源增加，有利提升了以受教育程度、

① 郑文范、温飞 . 准确理解和把握科学技术是第一生产力［J］. 中国高校社会科学，2015（3）：21

② 浩晓龙 . 欠发达地区产业技术进步对劳动者素质提升的关系研究［D］. 昆明理工大学，2005：5

教育文化结构、教育水平等为主要内容的劳动者技术素质水平。先进的大众传播工具扩大了劳动者思想受影响的范围半径，更多的新思想新观念改变着劳动者的思想观念，正确的宣传和引导促使劳动者思想素质得到极大提升。

（2）科技促进劳动资料全面升级

马克思说："在劳动过程中，人的活动借助劳动资料使劳动对象发生预定的变化。"[①] 因此，劳动资料是生产过程中人们用以改变或影响劳动对象的一切物质资料和物质条件，其中最重要具有决定意义的是生产工具。[②]而在以生产工具为核心的劳动资料中，凝结着大量的人类科技成果。马克思曾举例说："例如，劳动过程的技术条件可以大大革新，以致过去10个工人用10件价值很小的工具只能加工比较少的原料，现在一个工人用一台昂贵的机器就能加工100倍的原料。"[③]这里"昂贵的机器"所指即为科技进步成果。人类的劳动工具经历了从手工工具——蒸汽工具——电动工具——智能工具的深刻变化，每个阶段的更替无不以先进的科技进步成果作为奠基石。因此，马克思认为"生产过程成了科学的应用，而科学反过来成了生产过程的因素即所谓职能"[④]科技技术水平的不断提高、劳动工具催生不断变革，必然大大提高生产力水平，以当前最先进的计算机为例，2016年6月20日，在德国法兰克福举行的国际超算大会发布的中国"神威·太湖之光"计算机，其一分钟的计算能力相当于全球72亿人同时用计算器不间断计算32年。[⑤] 科技进步不断促进劳动资料优化与升级，也不断地推进着生产力水平的不断提升。

（3）科技促进劳动对象全面扩大

劳动对象是劳动者在生产过程中对之加工的一切物质资料[⑥]。马克

---

① 马克思、恩格斯．马克思恩格斯全集（第2卷）［M］．人民出版社，1975：172—173.

② 郑文范、温飞．准确理解和把握科学技术是第一生产力［J］．中国高校社会科学，2015（3）：22.

③ 马克思、恩格斯．马克思恩格斯全集（第2卷）［M］．人民出版社，1975：185.

④ 马克思．机器自然力和科学的应用［M］．人民出版社，1978：6.

⑤ 本刊综合．"神威·太湖之光"问鼎世界超算冠军［J］．发明与创新，2016（7）：17—18.

⑥ 崔焕青．论劳动对象在生产力发展中的作用［J］．河北学刊，1985（1）：29.

思把劳动对象分为两类：一是没有经过人们加工“天然存在的”[①]，如矿藏、原始森林、未开垦的处女地等。另一类是“已被劳动滤过的劳动对象，我们称为原料。例如，已经开采出来正在洗的矿石”[②]。从劳动对象来看，科学技术使劳动对象不断扩大化和高级化。[③]一方面，劳动对象范围不断扩大，劳动者劳动的对象从土地扩大到了太空，从良田扩大到了沙漠、戈壁。如地处沙漠深处的以色列在与恶劣条件长期的斗争中，以“先进的理念、管理和技术，使这个国家利用不到3% 的农业从业人口在养活800万国民的同时，还使其农业产品占据了40%的欧洲蔬菜、水果市场”[④]。以色列的“滴灌”高科技为后盾，融合了信息技术、生物技术、新材料技术，使农田节水率达到50—70%，粮食自给率达到90%以上，新中国成立以来耕地面积从16.5万公顷增加到43.5万公顷，这产品产量增长了12倍，创造了一个又一个农业神话。另一方面，科技进步使得劳动对象横向产业链加长、纵向精细化加工增强，劳动对象附加值不断增加。

2. 科技持续推动经济增长

萨缪尔森在认为，所谓经济增长，“代表的是一国潜在GDP或国民产出的增加。也可以这样说，当一国生产可能边界向外移动时，就实现了经济增长”[⑤]。从世界经济发展的历程来看，科技进步在推动经济增长中扮演着重要角色，并且其影响力还在持续上升——“科技进步贡献率”在不断提高。而所谓科技进步贡献率，是指广义技术进步对经济增长的贡献份额，它反映在经济增长中投资、劳动和科技三大要素作用的相对关系，其

---

① 马克思、恩格斯．马克思恩格斯全集（第23卷）[M]．人民出版社，1975：205.

② 马克思、恩格斯．马克思恩格斯全集（第23卷）[M]．人民出版社，1975：206.

③ 王之波．关于“科学技术是第一生产力”的两点看法[J]．福建师范大学学报（哲学社会科学版），1992（4）：12.

④ 霍金鹏．以色列缔造的农业奇迹[J]．中国经济报告，2016（12）：114.

⑤ 保罗·萨缪尔森、威廉·诺德豪斯．宏观经济学[M]．华夏出版社、麦格劳·希尔出版公司，1999：168.

基本含义是扣除了资本和劳动后科技等因素对经济增长的贡献份额①。就全球而言，20 世纪 50—70 年代，世界各主要资本主义国家科技进步对经济增长的贡献率大都超过了劳动力和投入资本的总和，达到 50% 以上②。而我国在 21 世纪初达到 50% 以上，并保持了较为平稳的增长态势，2010—2015 年度平均科技进步贡献率为 55.3%，到年 2016 已经增至 56.2%。虽然相较于发达国家科技进步贡献率水平还存在一定的差距，但是科技在持续推动经济增长方面贡献日益突出，已经成为推动我国乃至全球经济持续增长的巨大动力。

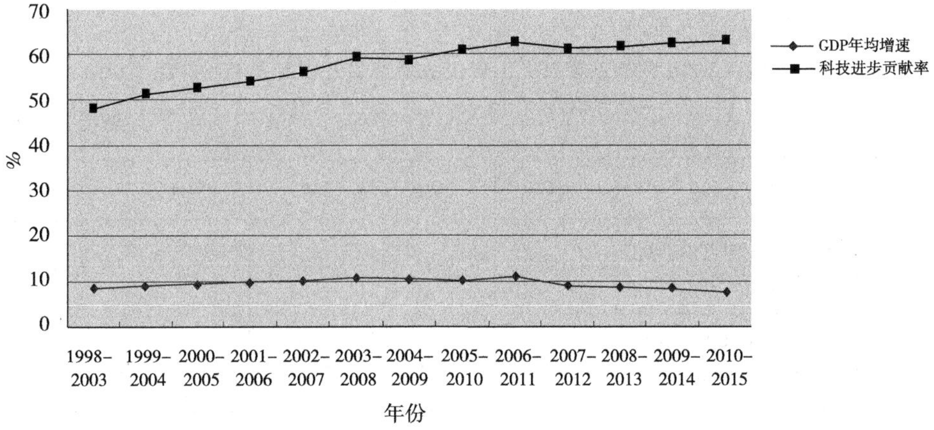

图 1　1998–2015 年我国平均科技进步贡献率、平均 GDP 变动图

资料来源：《中国科技统计年鉴》（2015、2016）

3. 科技促进组织资源效能发挥

因固定资产和存货可由资金购买获得，所以，对于社会经济组织而言，最重要的资源包括两部分：人员与资金。科技进步可引发企业技术变革，通过新产品和新工艺的开发、设备的更新、能耗节约、物资使用率提高等渠道，提升人员与资金的投资的收益率，增加社会组织利润，进而

① 国家统计局、科学技术部 . 中国科技统计年鉴［J］. 中国统计出版社，2015（11）：272.

② 赵丽 . 科技对经济发展由支撑进入引领的作用机理研究［D］. 东南大学，2006：16.

促进社会总体经济效益的提高。以我国“规模以上企业”[①]为例，2011年至2015年间，企业新产品开发经费支出占比主营业务成本呈现逐年增加态势，说明我国企业新产品开发投入逐年增加的同时，在企业主营业成本中占比不足1%，但是新产品销售收入在主营业务收入中所占比重均处于10%以上，且逐年增加趋势明显（见表1）。充分说明技术改进派生的新产品因其成本更为低廉、工艺更为先进、设计更为新颖等优势，在企业主营业务收入中做出的贡献明显优于一般产品，使得企业投放在新产品开发中的资金发挥出更大的效能，进而增加企业利润、提升企业及社会整体经济效益。

表1 2011—2015我国规模以上工业企业新产品开发经费支出贡献情况表

（单位：%）

项目	2011	2012	2013	2014	2015
规模以上工业企业新产品开发经费支出主营业务成本占比	0.88	0.92	0.95	0.97	0.98
规模以上工业企业新产品销售收入主营业务收入占比	11.95	11.89	12.37	12.91	13.59

数据来源：依据《中国统计年鉴》2012—2016整理计算。

同时，从人均主营业务收入与R&D人员人均新产品销售收入对比中可以看到，2011年至2015年间，我国规模以上工业企业人均主营业务收入平均为100万元/人·年左右，但是R&D人员人均新产品销售收入为500万元/人·年（见表2）。接近5倍的差距足以说明科技在促进组织人员效能发挥中的巨大作用。

从组织管理方面看，现代科技应用于生产的组织管理之中，可以形成一套科学的组织管理方法，从而全面提升整个社会组织的生产效能，因

① 我国规模以上工业企业的统计范围：1998年至2006年为全部国有和年主营业务收入500万元及以上的非国有工业法人单位；2007年至2010年为年主营业务收入500万元及以上的工业法人单位；从2011年开始，为年主营业务收入2000万元及以上的工业法人单位（《中国统计年鉴》（2016））。

此，科技进步是一项高回报投资，近年我国规模以上工业企业 R&D 经费支出与主营业务收入之比持续升高，比重从 2011 年的 0.71% 快速上升到 2015 年的 0.90%。2011 年只有 11.5% 的企业有 R&D 活动，到 2015 年，这一比重上升到了 19.2%。

表 2　2011—2015 我国规模以上工业企业 R&D 人员与一般人员工作效能对比表

（单位：万元）

项目	2011	2012	2013	2014	2015
R&D 人员工作效能	518.71	492.08	515.09	540.95	571.80
一般人员工作效能	91.83	97.13	106.08	110.96	113.54

数据来源：依据《中国统计年鉴》2012—2016 整理计算。

4. 科技推动经济增长方式的转变

迄今为止，人类社会已经经历了四次重要的产业形态：劳动密集型产业、资金密集型产业、技术密集型产业、知识密集型产业。总体而言，随着产业形态的更替，全球经济增长方式都在从单纯追求数量和速度的粗放型向追求质量和内涵价值的集约型转变，第一、二产业比重持续下降，第三产业比重持续上升。产业形态的每一次更迭都伴随着重大的科技变革。科技变革催生新技术的产生、新产业的出现，取代和淘汰能耗、性能、价值落后的产业，最终实现总体的产业转型和升级、推动经济增长方式发生根本性的转变。就全球而言，经济发展过程中各个国家和地区均表现为科技含量相对较低的、传统的劳动密集型产业——第一产业，伴随着科技的进步解放了更多的劳动者，其在国内生产总值中所占比重逐年下降。而以科技进步要载体或为工作内容的第三产业在国内生产总值中所占比重呈现逐年增长的趋势（见表 3）。科技推动产业结构转变，最终推动推动经济增长方式的转变。

表 3　2000、2015 世界各主要国家产业构成变化情况表

国家或地区	农业增加值占国内生产总值比重（%）		工业增加值占国内生产总值比重（%）		服务业增加值占国内生产总值比重（%）	
	2000	2015	2000	2015	2000	2015
中国	14.8	9.0	45.4	40.5	39.8	50.5
日本	1.6	1.17	31.1	26.86	67.4	71.97
印度	23.0	17.39	26.0	30.01	51.0	52.60
美国	1.2	1.33	23.2	20.69	75.7	77.98
英国	0.9	0.7	27.1	20.2	72.0	79.2
德国	1.1	0.6	30.9	30.4	68.0	69.0
澳大利亚	3.4	2.4	26.8	27.1	69.8	70.5

资料来源：世界银行 WDI 数据库

四、青海科技在丝绸之路经济带建设中的战略地位和作用分析

“丝绸之路经济带”是在古丝绸之路概念基础上形成的一个新的经济发展区域，东接亚太经济圈、西连欧洲经济圈，被认为是“世界上最长、最具有发展潜力的经济大走廊”。2013 年 12 月 14 日国家发展与改革委员会在编制“丝绸之路经济带”倡议时，将青海省测定为陆上“丝绸之路经济带”国内涵盖省份，其重要的生态、政治、矿产地位更进一步受到重视。与此同时，青海科技在丝绸之路经济带建设中的战略地位和作用亦日渐显现。

（一）青海省在丝绸之路经济带建设中的战略地位和作用

1. 独有的生态地位

2016 年 8 月，习进平视察青海期间强调：“青海最大的价值在生态、最大的责任在生态、最大的潜力也在生态，必须把生态文明建设放在突出

位置来抓，尊重自然、顺应自然、保护自然，筑牢国家生态安全屏障，实现经济效益、社会效益、生态效益统一。”青海省地处青藏高原东部，被誉为“亚洲水塔”“我国重要生态屏障”“世界大气水分循环的重要生态调节区”等等，青海省政府历经4年的调查结果显示，青海省“生态资产总值高达18.39万亿元”，其中三江源地区是我国最重要、影响范围最大的生态功能区，其生态变化对全国、甚至全世界的气候都有不可估量的影响，保护三江源不仅是青海省、我国、甚至是全球经济与社会可持续发展的需要。因此，青海省独有的生态地位显得尤为重要。

2. 特殊的政治地位

青海省是我国多民族聚居的地区之一，共有54个民族成分，2011年青海省第六次人口普查统计结果显示，全省少数民族人口已经占到46.98%，民族区域自治面积占全省总面积的98%。同时，青海省地理位置特殊，承载着西藏与新疆的大后方重任，因此，青海省的政治地位特殊，促进民族团结、推进区域稳定是青海省必须处理好的一项特殊使命，青海省务必以各民族的和谐稳定，保障安定团结的政治局面，同时利用极其丰富的民族文化资源优势，推动地区健康平稳发展，其民族团结、民族和谐对丝绸之路经济带的建设具有十分重要的意义。

3. 重要的资源地位

青海省矿产资源优势十分突出，目前已发现各种矿产125种，“已探明储量的有88种，在已探明的矿产保有储量中，有50种居全国前10位，11种位居全国首位。其中有潜在价值的62种矿产保有储量潜在价值约17.3万亿元，占全国矿产保有储量潜在价值的19.2%”①。一系列数据表明，青海省是我国最重要的资源接续地区之一，也是21世纪整个中国经济与社会发展的重要保障。重要的矿产资源地位使得青海省在丝绸之路经济带建设中也有着极其重要的地位，具有优势的地理位置使其成为丝绸之路经

---

① 本刊编辑．青海省矿产资源概况［J］．中国土地资源经济，2015（6）：52

济带建设中重要的矿产资源提供者。

（二）青海科技在丝绸之路经济带建设中的战略地位和作用

1. 青海科技促进青海生态价值显现

生态环境的保护以及价值的显现离不开科技的支持，科技进步有力地辅助产业结构调整与升级，有力地促进能源的节约与循环，有力地推动生态保护新技术的产生与发展，是青海省生态价值显现和经济社会可持续发展的重要保障，也是丝绸之路经济带建设的重要保障。

2. 青海科技促进青海政治地位发挥

科技打造的现代化有利地促进了不同宗教、文化背景群体形成统一的价值认同体系，现代化作为社会发展的不可逆转的趋势辅助形成了不同背景群体共同的经验范围，有效地减少了分歧，推动了不同民族的融合与共处，为丝绸之路经济带区域经济体的打造发挥了重要作用。

3. 青海科技促进青海资源意义凸显

资源的富足与资源的枯竭并非完全负相关，用循环经济的理念统领资源开发、打造资源的可循环利用模式才是资源价值最大化的基本保障。科技进步有利于青海省资源可循环利用模式构建与实现、有利于加快转变发展方式、有利于青海资源大省地位、资源主要提供者身份在丝绸之路经济带建设中有效巩固。

五、青海省科技发展不足分析

（一）科技人才配比不足且流失严重

人才是发展科技事业、提升科技综合实力与水平的决定性因素。青海科技发展离不开科技人才队伍的建设与打造。数据显示，2015 年我国平均每万人 R&D（研究与试验发展）人员配比达到 39.88 人、接近 40 人，同期西北五省区每万人 R&D（研究与试验发展）人员配比达到 22.67 人，而青海省仅有 11.35 人，不足全国平均水平的三分之一、西北省区平均水平的二分之一（见图 2）。

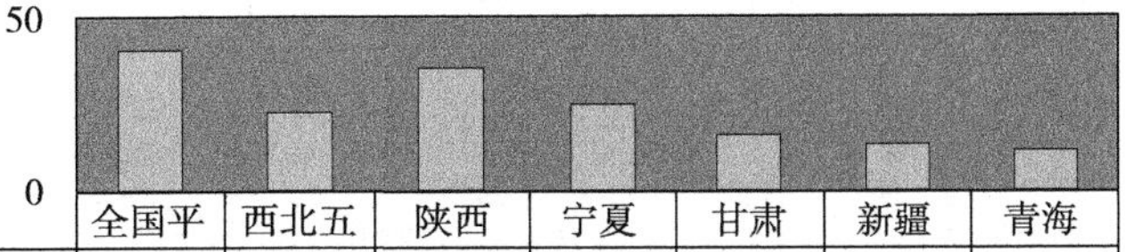

	全国平	西北五	陕西	宁夏	甘肃	新疆	青海
每万人R&D人员配比数（人/万人）	39.88	22.67	34.94	24.15	15.69	13.06	11.35

图 2　2015 年每万人 R&D 人员配比图

数据来源：依据《中国统计年鉴》(2016)、《中国科技统计年鉴》(2016) 整理计算。

科技人员配比不足的同时，青海省科技队伍人员流失倾向明显。近年来，全国 R&D（研究与试验发展）人员总数不断增加，从 2009 年的 3183687 人增长到 2015 年的 5482528 人。每万人 R&D（研究与试验发展）人员配比同样不断提升，从 2009 年的 23.86 人 / 万人增加到 39.88 人 / 万人。西北诸省区中，R&D（研究与试验发展）人员总数与每万人 R&D（研究与试验发展）人员配比数均有所增加，但是青海省却出现无论总数还是每万人配比数皆“稳中有降”现象。2009 年，青海省 R&D（研究与试验发展）人员总数为 7510 人、每万人 R&D（研究与试验发展）人员配比为 13.48 人 / 万人，到 2015 年分别下降为 6675 人和 11.35 人 / 万人。（见图 3）科技人才的不断流失是一个值得多方深思的严重问题，这一现象的存在给青海省科技发展设置了诸多障碍。

（二）研究与试验机构设立数量偏少且效益偏低

研究与试验机构为研究活动提供场所与平台，也是研究项目的主要载体，在科技活动中发挥着举足轻重的作用。受多方因素的影响，青海省研究与试验机构开办数量普遍偏少。2015 年，全国规模以上工业企业数量为 383153 家，其中有 52833 家设立了研究机构，设立企业占比达到了 13.79%。西北五省区的水平也达到了平均有 7.8% 的规模以上工业企业设立了研究与试验机构。其中陕西省这一数字高达 10.85%，较为接近全国平均水平。但是青海省 575 家规模以上工业企业中仅有 28 家企业设立了研究与试验机构，占比仅为 4.87%，远远低于西北平均水平与全国平均水平（见表 4）。

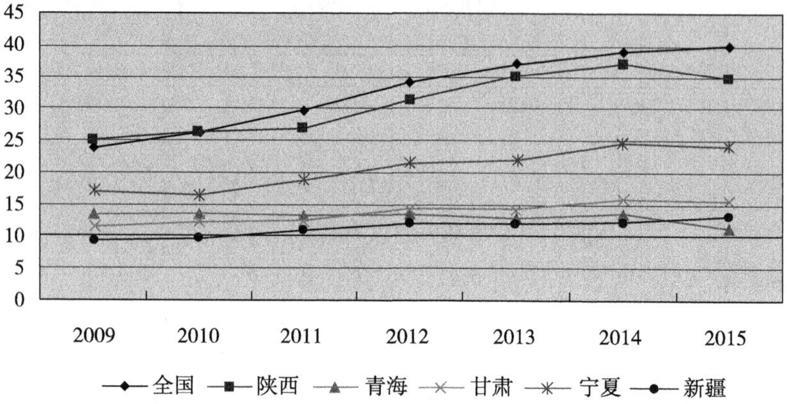

单位：人 / 万人

图 3　2009-2015 年西北五省区每万人 R&D 人员配比变动图

数据来源：依据《中国统计年鉴》（2010—2016）、《中国科技统计年鉴》（2010—2016）整理计算。

表 4　2015 年规模以上工业企业设立研究机构情况

	全国	西北	甘肃	宁夏	陕西	新疆	青海
规模以上工业企业数	383153	12081	2148	1245	5413	2707	575
规模以上工业企业办研发机构	52833	942	233	122	400	159	28
设立研发机构企业比重（%）	13.79	7.80	10.85	9.80	7.39	5.87	4.87

数据来源：依据《中国科技统计年鉴》（2016）整理计算。

与此同时，在对 2011—2015 年全国及西北五省区规模以上工业企业新产品开发情况梳理过程中看到，近五年来，单位规模以上工业企业新产品开发销售收入均呈现下降趋势，全国平均水平从 2011 年的 32114.54 万元下降到了 2015 年的 23962.98 万元。而青海省规模以上工业企业新产品开发销售收入平均水平连续 5 年都处于西北五省区最低水平，不足 5000 万元。（见图 4）2010 的因统计数据中未就“规模以上工业企业”作专门的统计，不能很准确地做比较，但是2009、2008、2007、2006数据显示出同样的特征，即青海省研究与试验机构效率普遍偏低，创收能力较弱。

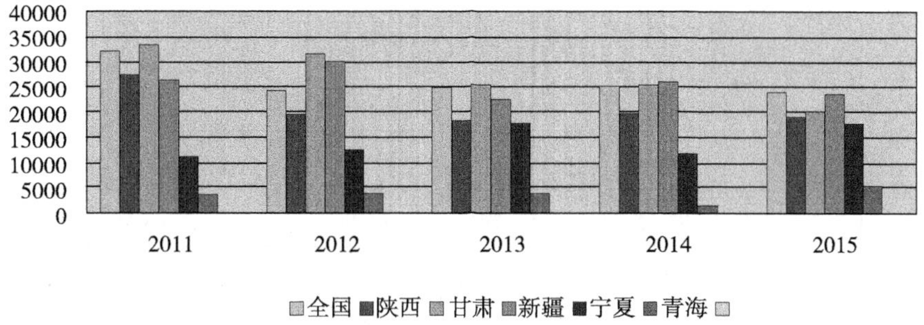

单位：万元

图4　2011-2015年规模以上工业企业新产品开发销售收入平均水平变化情况图

数据来源：依据《中国科技统计年鉴》(2012—2016)整理计算。

（三）研究与试验经费投入能力有限

受限于经济发展水平，青海省研究与试验资金投入能力与全国平均水平及经济发达省区相比存在很大的差距。2006—2015年度，全国R & D(研究与试验发展)经费投入强度基本保持1.5以上，且逐年增长。西北五省区中陕西省经费投入优势明显，小幅的波动后基本维持在2.0以上。青海省与新疆维吾尔自治区保持在一个较低水平，有所不同的是，新疆维吾尔自治区研究与试验经费呈现缓慢地上升态势，但是青海省却在2011年以后呈现出明显的下降趋势（见图5）。2015年，青海省人均R&D开发试验发展经费内部支出①远低于全国1030.82元/人的平均水平，只有197.01元/人。也低于西北五省区平均水平（见图6）。规模以上工业企业平均R&D开发试验发展经费内部支出也低于全国平均水平、在西北五省区中处于最低位

① R & D经费内部支出：指调查单位在报告年度用于内部开展R & D活动的实际支出。包括用于R & D项目（课题）活动的直接支出，以及间接用于R & D活动的管理费、服务费、与R & D有关的基本建设支出以及外协加工费等。不包括生产性活动支出、归还贷款支出以及与外单位合作或委托外单位进行R & D活动而转拨给对方的经费支出。——《中国科技统计年鉴》2016。

（见图 7）。

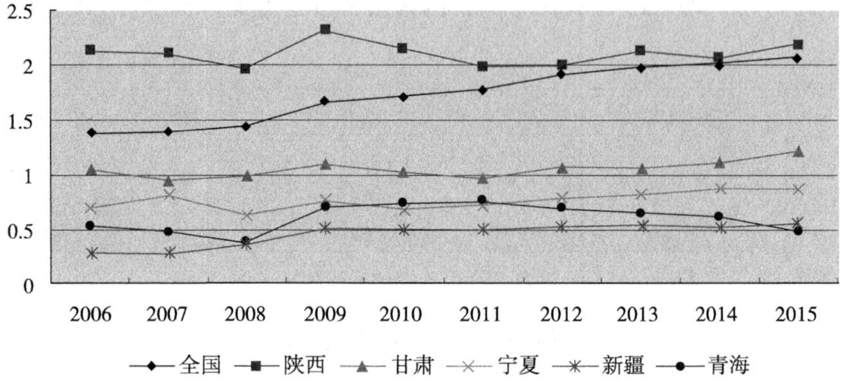

单位：%

图 5　2006–2015 年度研究与试验发展（R&D）经费投入强度

数据来源：依据《中国科技统计年鉴》（2012—2016）整理计算。

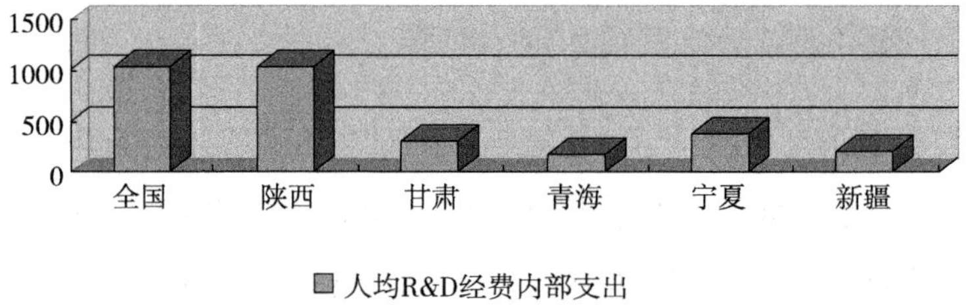

单位：元/人

图 6　2015 年各地人均 R&D 经费内部支出情况

数据来源：依据《中国科技统计年鉴》（2012—2016）整理计算。

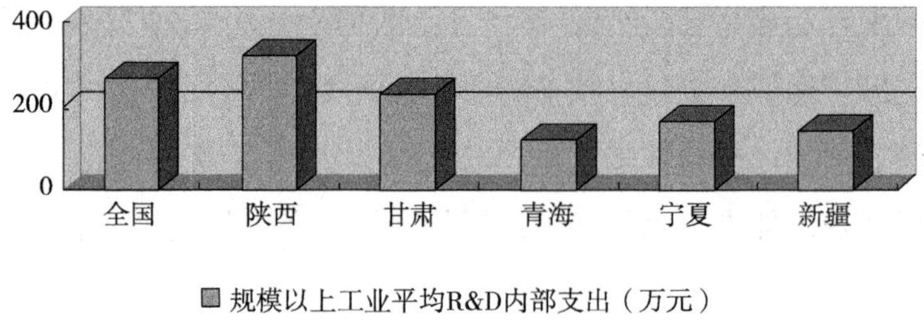

单位：元/企业

图 7　2015 年规上工业企业平均 R&D 内部支出

数据来源：依据《中国科技统计年鉴》（2012—2016）整理计算。

（四）科技成果数量偏少

人员不足、机构偏少、经费有限，最终导致青海省科技明显少于全国平均水平以及西北地区各省区。2006—2015 年间，西北五省区国内有效专利数持续增长，尤其是陕西省从 2006 年的 6689 件快速增长，到 2015 年已经达到 86053 件，10 年间增长了近 12 倍。但是青海省一方面有效专利拥有量持续低位徘徊，且增长态势不明显（见图 8）。

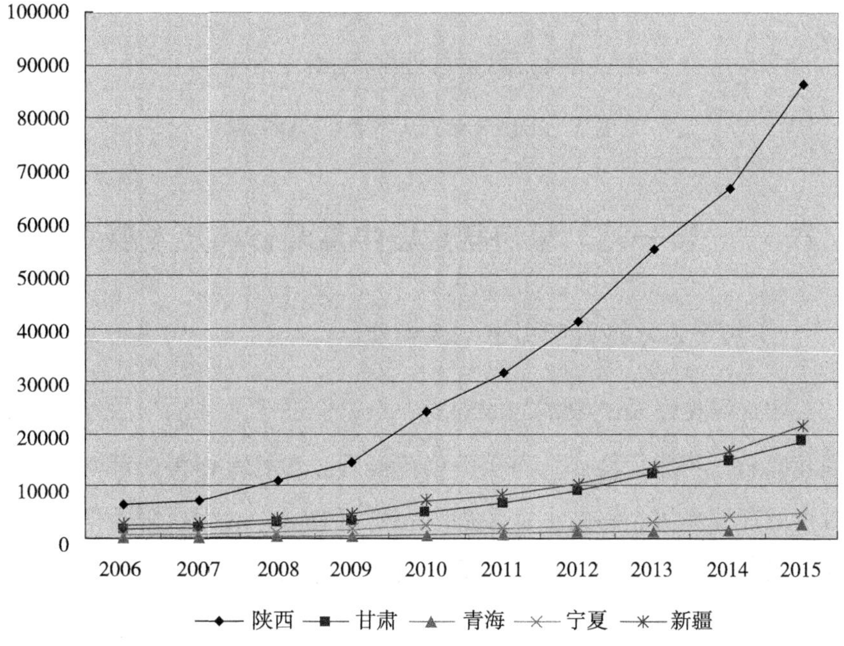

图 8　2006-2015 年西北五省区国内有效专利变动图

同时，就 2015 年各地每万人国内有效专利拥有量而言，青海省人均只有 5.06 件 / 人，远远低于全国人均有效专利拥有量为 34.86 件 / 人，及西北五省区 13.44 件 / 人的平均水平。与陕西省 22.69 件 / 人的水平也相去甚远（见图 9）。

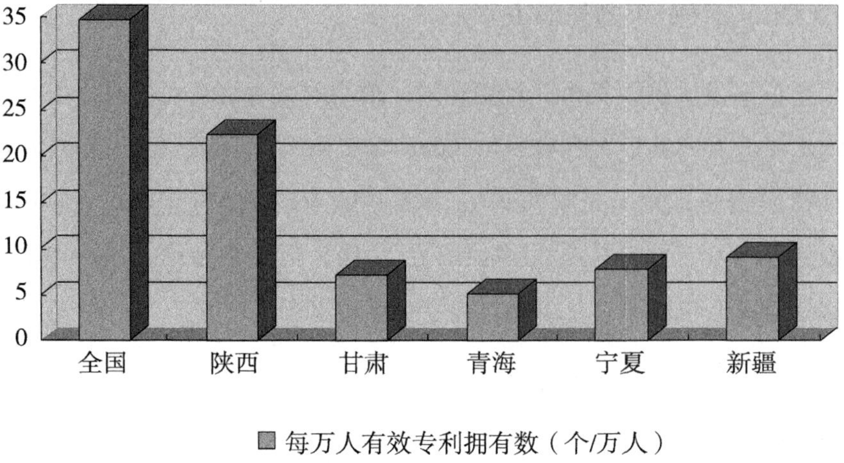

图 9　2015 年每万人有效专利拥有量

六、“一带一路”经济带建设中青海省科技发展对策

（一）加强人才挽留与引进制度构建

人才是科技发展的根本与原动力，只有保证了人才队伍的稳定与健康更替和成长，才能最终保证科技的稳步提升。青海省作为西部落后省份，面对自然环境恶劣、科技人才发展平台尚需健全、财力有限、信息相对闭塞等一系列困难，必须拿出有价值的政策挽留和吸引人才，做好人才队伍稳定与传承工作。

1. 制定优惠政策，稳定现有人才队伍

青海省客观存在气候条件恶劣、经济社会发展水平低、信息沟通渠道狭窄、研究平台起点低等劣势，尤其是诸多需要在高海拔地区开展实施研究项目，除了条件、信息等方面的障碍外，还对科技人员形成身体健康方面的巨大挑战，长年的高海拔区域的工作经历会严重影响其健康与寿命。因此，制定相应的优惠政策，通过诸如收入水平提高等实际手段辅助解决科技人才柴米油盐困难，并给予职称晋升、国内外进修、项目资金倾斜等特殊政策支持，以稳固的人才队伍，减少科技人才队伍的流失。

2. 加大资助与宣传力度，吸引优秀人才来青

在青海省现有人才培养与储备有限的条件下，通过提升资助水平加大对外宣传力度，吸引更多优秀科技人才来青工作是一个见效较快的选择。东南部发达地区人才需求空间大，但是同时人才竞争激烈、晋升渠道狭窄、工作压力较大，在能够提供优厚待遇条件与晋升机会的前提下，西部地区不失不一个良好的个人职业生涯选择。因此，制定优厚的待遇政策同时加大宣传，提升地区知名度，吸引更多优秀人才共谋青海科技发展大计不失为一个好选择。

3. 构建共建机制，与发达省区、国家合作打造科技人才队伍

对天不便于接受优惠政策、享受优厚待遇来青工作的科技人才，应该尝试通过构建共建机制，利用东南部发达地区、发达国家人才优势，采取兼职、特聘、项目合作等方式吸引优秀人才来青，一方面解决青海省人才缺乏困难，另一方面解除优秀人才不愿意舍弃现有工作单位的困扰，采取更为灵活的方式解决人才欠缺方面的燃眉之急。

（二）制定政策鼓励研究开发机构的设立与效率提升

1. 积极鼓励社会组织兴办研究开发机构

传统上我国的研究开发部门属于事业单位，依传统设立势必增加地方财政负担。但是目前研究开发机构的市场化运营是大势所趋，市场化运营在提升研究开发机构活力的同时不会增加财政负担，因此，积极鼓励青海省有条件的社会组织兴办市场化运营的研究开发机构，对于增加研究开发资金投入、扩大研究开发机构主体可选择范围、提升研究开发机构总体市场灵敏度，起着至关重要的作用。鼓励中涉及资金方面的扶持，也涉及政策方面的倾斜，通过多举措尤其是增强规模以上工业企业开办研究开发机构的积极性。

2. 加强研究开发机构的引导

青海省研究开发机构数量较少的同时其工作效率偏低、创收能力较

弱。是不争的事实。因此，对研究开发机构实行有效的引导，提升其新产品研究开发及销售收入是一项重要工作。相关部门可以尝试设立研究开发机构协会、联合会，通过社会团体的方式与平台对研究与试验机构行为进行影响，最终提升其工作与创收效率显得尤为重要。

（三）增加科技开发资金投入

1. 拓宽资金筹措渠道

目前，西北各省区研究与试验经费来源多以政府投入为主，而东南部发达省区及全国平均水平中均以企业投入占主导地位，增强企业研究与试验自主性的同时，降低政府行为风险、使研究更贴近于市场需求。应该适当进行研究与试验项目分类，对于基础性研究以外的研究更多地交给企业及营利机构参与从事，并出台相应的奖励政策予以激励，以此吸引更多的社会资金进入研究与试验领域，从而有效扩大研究开发资金筹措渠道。

2. 增加研究与试验资金投入强度

近年来，青海省研究与试验资金投入一直维持在一个较低水平，明显低于全国平均水平及陕西省水平。资金投入强度偏弱导致项目配套资金投入严重不足、科技水平驻足不前。适当增加研究与试验资金投入强度，一方面增加研究与试验资金投入资金、增强科技实力的同时，通过资金强度上的重视，增强科技价值认同度、科技关注度，最终提升青海省科技水平。

（四）加大奖励，鼓励科技成果的不断涌现

青海省现有科技成果数量有限、每万人拥有专利数明显低于全国平均水平与西北相对发达省区水平，增加科技成果使用成本的同时，挫败研究与试验人员的工作积极性与自信心。通过奖励的方式，鼓励青海省研究与试验人员积极参与有针对性的科研项目立项与研究，并促成研究成果的专利化实现，对于减少科技成果使用成本、增加机构收益，同时增强研究与

试验人员科研自信心具有积极意义。受限现有研究与试验人员、机构有限的前提下，可以通过政府相关部门或第三方牵线的方式，与发达省区、国家的联盟与合作，共同立项共同研究，最终共同形成专利成果、共同享有专利成果的法律权力，不失为一种有效的选择。

参考文献

[1] 吕立志. 论科技创新在新型工业化发展中的地位和作用 [J]. 中国软科学，2003（12）.

[2] 崔书锋、杨思磊、曹珅珅. 企业技术创新在世界科技强国建设中的地位和作用 [J]. 中国科学院院刊，2017（5）.

[3] 翟杰全. 建设世界科技强国的重要支撑——科技创新与科技传播的协同互动机制研究 [J]. 人民论坛·学术前沿，2016（16）.

[4] 李翠. 科技进步对上海市经济增长作用的测算研究 [D]. 上海海事大学学位论文，2004.

[5] 黄乐军. 科技进步对中国经济增长影响的实证研究 [D]. 湖南大学学位论文，2009.

（撰写人：李燕，李毅）

报告四　丝绸之路经济带建设中青海科技创新体系构建

摘要：2015 年 3 月 27 日在海南博鳌亚洲论坛上，中国国家发展改革委、外交部和商务部联合发布了《推动共建丝绸之路经济带和 21 世纪海上丝绸之路的愿景与行动》这标志着对中国发展将产生历史性影响的“一带一路”倡议进入全面推进建设阶段。“一带一路”倡议的提出，惠及中国 17 个省，其中西部共占有 12 个省。对中国国内而言，这是一个引领中国西部大开发的升级版。本研究选取“一带一路”倡议沿线中的一个重要省份——青海省作为研究对象，探究基于“一带一路”倡议下青海省的科技创新体系构建。

建设创新型国家是我国面向未来的一项重大战略抉择。省份作为国家或一定区域内的政治、经济、文化中心，在整个国家创新体系中处于最为重要的地位。构建区域科技创新体系，对于促进现代经济社会的持续发展和建设创新性国家，起着至关重要的作用。近年来，国内外许多国家、区域都在积极进行区域科技创新体系建设的探索。作为“一带一路”沿线和西部地区重要的省份，青海省一直重视创新发展。那么，如何来定位青海省的科技创新体系，从哪些方面来构建青海科技创新体系，通过什么样的方式来推进科技创新体系建设，如何有效运作和管理区域科技创新体系？

这些问题是青海省在推进科技创新体系建设中亟待解决根本性问题。本文从理论和实践相结合的视角，对青海省科技创新体系的构建及其运行机制进行了全面、深入的研究，从而充实和拓展科技创新理论的研究。

本研究在对青海省科技创新体系构建进行理论分析和现状考察的基础上，从推进动力、运作机制和实现机制三个层次，深入地探讨了青海省科技创新体系的构建，揭示了青海省科技创新体系的特质、构成及其运行规律，解决了青海省科技创新体系由什么构成、如何去推进、怎样去运作、如何有效把控等重要问题。

关键词：一带一路；青海省；科技创新；体系构建

一、导论

（一）研究背景

2013年9月7日，习近平主席在哈萨克斯坦发表演讲时首次提出建设“丝绸之路经济带”的战略倡议；同年10月3日，在印度尼西亚国会发表演讲时提出建设“21世纪海上丝绸之路”的战略建议，此后将“丝绸之路经济带”和“21世纪海上丝绸之路”合并称为“一带一路”。“一带一路”倡议在中国古代“丝绸之路”这一历史符号的基础上，充分利用中国与周边国家现存的、行之有效的区域合作平台，借助双边、多变机制，一起实现共同发展。“一带一路”所涉及的国家不仅包括古丝绸之路上的国家，还新加入了其他的一些国家。发展前期，将会选择在中亚、俄罗斯、南亚和东南亚国家的一些国家开展，因为这些国家跟中国有着良好的合作基础和现实条件；未来“一带一路”经贸合作的交汇之地是中东和东非国家；后期也会将欧洲、独联体和非洲的部分国家吸纳融合进来。

“一带一路”倡议的提出，惠及中国17个省，其中西部地区占有12个省。对中国国内而言，这是一个引领中国西部大开发的升级版。西部地区拥有中国72%的国土面积、27%的人口，与13个国家接壤，陆地边境线长达1.85万公里，但对外贸易的总量只占中国的6%，利用外资和对外投资所占的比重不足10%。其中，青海省作为西部地区的重要省份之一，此次“一带一路”倡议的实施为其经济发展提供了前所未有的机遇。青海省是我国西部一个自然资源和储量非常丰富的省份，其中有60余种矿产储量可以排在全国前十名，而且因其独特的地域和气候特点，造就了其独特的人文和自然旅游资源。然而青海省在其近年的发展中，也表现出了诸如区域和产业经济发展不平衡、产业结构不合理、基础设施建设滞后、经济发展过度依赖投资拉动、科技进步贡献不足等方面的问题，所以研究“一带一路”倡议下青海省的发展具有很强的现实意义。

现代社会的经济发展离不开科技创新，科技创新对社会经济起到了巨大的驱动作用，它不仅有助于发达地区的经济更好更快增长，而且可使经济欠发达地区实现真正意义上的“经济起飞”。科技创新是提高社会生产力和综合国力的战略支撑，党的十八大报告中，“创新”一词提到了58次，报告同时指出，“要完善科技创新评价标准、激励机制和转化机制”。我国转变经济发展方式，要以“科技创新”来替代“要素投入”，实现经济的健康、高效、可持续发展。“十二五”期间，我国将加快转变经济发展方式，发展战略性新兴产业，运用高新技术改造提升传统产业，引导各地区加大科技创新力度。

“一带一路”倡议的实施对青海省来说是前所未有的机遇与挑战，因此如何将自身有限的资源得到真正的利用，发挥最大的效果、如何实现科技创新从而促使当地转变经济发展方式、调整产业结构等，这些问题需要我们深入研究探讨。

（二）研究目的

青海省具有广袤的土地和丰富的资源，在这种背景之下，如何立足于自身的优势，借助优势产业获得长期稳定的发展是其一直致力于解决的问题，而以科技创新为主导的区域创新体系建设将是决定未来区域经济社会发展的关键因素之一。但由于相关研究开展时间较短，理论研究尚处于初始阶段，对部分外围区域、边远地区和经济衰退地区科技创新体系构建的实证研究较为薄弱。青海省是典型的资源型工业基地，只有加快实现由要素驱动型向创新驱动型转变，提高科技竞争力和持续创新能力，才能真正实现转型跨越发展。本研究基于“一带一路”倡议的视角，针对青海省科技创新能力的现状及特点，试图构建青海省科技创新体系，探索促进青海省科技创新进入良性发展的路径与方法。

（三）文献综述

1. 创新

随着人们对创新活动理解的不断深入，“创新”这个词汇已经成为中国目前出现频率最高的词汇之一。所谓创新是指通过人的复杂性思维的过程所创造产生的还未存在的事物或观念，以及这种事物和观念形成的创造性的活动。一般情况下，创新都是主动的、有目的的行为，是对旧事物的本质性变革或改进，它对经济发展、社会进步起着直接和间接的推动作用，科技创新是一个民族不断发展和进步的根本和灵魂，是一个国家兴旺发达繁荣壮大的不竭动力。创新的重要性随着经济和社会的变迁和发展显得越来越重要，有关创新的相关研究，近年来数量增长显著。尤其在社会科学领域的学术研究中，题目涉及创新的学术论文的增长速度已经开始远远超过了其他社科类论文的增长速度。

最早研究“创新”这一概念的是亚当·斯密（1776），他认为劳动生产力的最大增进，以及运用劳动时所表现的更大的熟练、技巧和判断力，似乎都是分工的结果。熊彼得在斯密的基础上，开创性地提出了创新理论，他认为在具体的生产过程中，如果技术因素同经济因素相冲突，那么前者必须让位。创新的表现形式就是新的组合，表现为采用一种新产品、新方法、开辟新市场、控制原料来源、实现新组织。索罗于 1951 年提出：技术的变化，包括现有知识被投入实际应用所带来的具体的技术安排、技术组合方面的变化，可称为创新；创新来源于精神活动，如概念、构想及对尚未出现的新产品、新事物的发展计划等。

关于创新的具体概念，国内外学者给出了不同的定义。Rogers

（1995）认为创新就是众人或采纳方眼里的新思想、新实践或新事物。DTI（2004）认为创新就是成功地运用创意。Betje（1998）认为创新是将新的元素应用在生产、分销和消费产品与服务中。Freeman&Soete（1997）提出创新是第一次将新的工艺和产品投入生产或使用。OECD（2005）将创新定义为在产品（服务）、工艺、市场策略或者组织方式的首次采用或是重大改进，强调其实际的应用与实施。国内学者对创新理论的研究大都借鉴国外研究成果，并结合我国的实际情况进一步进行理论研究。俞可平（2000）认为，创新是社会进步的动力源，是将新的观念和方法诉诸实践，创造出与现存事物不同的新东西，从而改善现状。张凤等（2002）认为创新是指在结构。功能、原理、性质、方法、过程等方面，第一次引入新东西、新概念、制造新变化的过程、行为和结果。易杰雄等（2008）提出了全面创新，认为发达国家之所以发展迅速，并能保持稳定，主要是从观念到制度，从科学到实践，不断进行全面创新，我们面临的一切挑战也只有通过创新去解决。

综上所述，本文认为创新是指企业运用相关资源，在产品、工艺市场或组织管理方面实施一种新的方案或对原有方案进行改进的行为和过程，以引导或满足市场的需求，实现顾客的价值。

创新的类型按照熊彼特的《经济发展理论》（1912）的观点，可以分为五个类型，即：（1）新的产品；（2）新的工艺；（3）新的供应源；（4）新的市场；（5）新的创新主体组织方式。Freeman 和 Soete（1997）基于熊彼特理论的创新分类，根据已有技术和新技术的差异程度，把创新分为增量性（渐进性）创新和根本性创新（技术革命）。根本性创新（技术革命）可以对经济和社会的变革产生巨大且直接的影响，而要实现根本性创新（技术革命）的经济和社会收益，则需要不断长期的增量性（渐进性）和改进。

创新的职能是通过创新主体的发明和创造，将革新性的变化引入到经济社会领域，并通过这种创新来促进经济和社会的长期快速平稳增长。创新对于长期的经济发展而言及其重要，创新是经济发展的源泉，是社会进步的动力。创新的内容与学习有关，同时其研究领域中很多方法都与交叉学科相关，因此创新的综合性是创新的特征之一，同时创新还具有随着时间和空间的变化而产生的多样性的特征。

2. 科技创新

20 世纪 90 年代以来，科技创新成为我国经济社会发展所关注的热点问题。袁晓东（2003）认为科技创新的过程是一个将知识、技能和物质转化为顾客满意的产品的过程。张浩等（2004）在论述高校科技创新能力时指出科技创新能力是通过一系列技术、经济和管理的活动，进行知识创造、知识传播，技术发明、转化和扩散，以提升整个社会的知识构成和技术水平的能力。王乃明（2005）认为科技创新是指整个经济社会中，在科学技术上有所创新，并在实际中具有显著效益的社会实践。科技创新突破了把科技创新仅狭于技术范畴上的问题，解决了科技创新不能解决自身所涉及到的知识增长和科学发展观等问题，贯穿于人类社会进步的整个过程。常东坡等（2005）认为科技创新是科学创新和科技创新的统称，科学创新以认识自然规律为主要目标，科技创新则以利用已有规律改造世界。

综合国内外外学者的研究，本文认为科技创新是科学研究和技术创新的总称，是创造和应用新知识、新技术和新工艺，采用新的生产方式和经营管理模式，开发新产品，提高产品质量、提供新服务的过程。知识社会环境下的科技创新包括：知识（理论）创新、技术创新和现代科技引领的管理创新。

我国被称为“制造业大国”，这一地位是靠生产要素的扩张，增加人财物的投入来实现的。以这种方式实现的经济增长，消耗高、成本高，产品质量难以提高、经济效益较低，在国际市场竞争中其劣势日显突出。要想使中国真正实现经济腾飞，科技创新是提升核心竞争力、推动经济健康发展的根本出路。只有依靠科技创新推动经济发展方式转变和产业升级，才能提高国家应对危机的能力，才能保证经济持续快速健康发展。在现阶段，我国转变经济发展方式，是以“科技驱动”来替代“物质投入推动”，实现经济的健康、高效、可持续发展。先进的科学技术是经济发展方式根本转变的必要条件，所以增强国家或区域的创新激励，形成有效的创新机制，加快推进科技进步，是目前推进经济发展方式转变的重要推手。

3. 科技创新体系

科技创新、知识创新以及当代科技引领的管理创新，这三大创新体系结合在一起构成了科技创新体系。发明和创造新的科学技术并实现其价值是科技创新的最核心的内容，其直接结果是使社会生产力的水平得以提高，社会经济实现高幅度的增长，科学技术与应用创新形成一种良性的互动；科学研究是知识创新的核心内容，新的概念范畴、新的思想观念以及新的理论学说的阐说，不断推进人类用新的世界观和方法论来认识世界和改造世界；现代科技所引领的管理变革是管理创新的核心内容，管理创新包括宏观管理和微观管理两个层面上的创新，其直接结果是能够合理配置社会资源，使人类的积极性和创造性得以激发，进而推动科学社会的进步。这三个体系之间的关系是相辅相成、密不可分的。科技创新为知识创新和管理创新提供了必要的物质保障，知识创新反过来又为科技创新和管理创新铺垫了扎实的理论文化基础，而管理创新则为科技创新和知识创新提供了必要的生存土壤，及微观与宏观的环境。社会的发展既不能缺少科技创新这个“硬件”，也不能缺少知识创新和管理创新这两个“软件”，它们是社会发展与进步的动力源，对推动我国创新型国家的建设起着至关重要的作用。科技创新体系按照实施范围的不同分为国家科技创新体系、区域科技创新体系和城市科技创新体系，因本报告的研究对象为青海省，所以在此重点介绍区域科技创新体系的概念和研究现状。

（1）国外关于区域科技创新体系的研究

建立在国家创新系统研究的基础上，很多学者开始对区域创新系统（Regional Innovation System，RIS）进行研究。自英国学者 Cooke（1990）

在《通过网络化进行学习：区域创新及巴登——符腾堡的教训》的研究报告中首次提出区域创新系统这一概念以来，国内外学者对其理论方面的研究积极性很高，但是由于区域创新体系的多样性，导致它的概念到现在还没有哪一个定义得到国内外学者普遍认同。

Autio（1998）认为区域创新系统有知识应用和利用、知识产出和扩散两个子系统构成，其中企业居于“知识应用和利用子系统”的中心，顾客、供应商、合作者和竞争者在其周围，而“知识产生和扩散子系统”则由技术中介机构。劳动中介机构、公共研究机构和教育机构组成。Kaufman 和 Todtling（2000）以比较观点研究了斯泰利亚、威尔士、坦佩雷和巴斯克，研究发现，在斯泰利亚和巴斯克创新过程中合作相当频繁，而在坦佩雷和威尔士合作却相对较少，而且在所有调查区域，顾客和供应商都是占优势的创新合作伙伴。但是其他合作伙伴的区域之间却有很大的区别，在斯泰利亚大学是主要的创新合作伙伴，在巴斯克则是技术转移机构和政府机构，而在威尔士主要是政府机构；Cooke（2002）认为在区域社会经济文化环境和区域外部环境的影响下，区域创新系统主要由“知识应用和开发”“知识产生和扩散”两个子系统组成，通过这两个子系统之间知识、资源以及人力资本的不断流动和作用，促进了区域竞争力的不断提高；Fromhoid-Eisebith（2004）对创新环境与社会则本的差异性和一致性进行了研究，结果发现，亚深地区的创新环境与社会资本是相互联系和相互促进的，并认为创新环境可以刺激产业发生变化，刺激企业进行创新并实施新项目，而社会资本主要是为企业的交流和合作提供一种相互信任、稳定的社会关系。

（2）国内关于区域科技创新体系的研究

国内关于区域科技创体系的研究始于 90 年代，王辑慈（1996）在其《硅谷和 128 公路的对比看高技术产业创新力的保持》的文章中引进了区域创新系统和理论，并阐释了区域科技创新系统与区域经济发展的关系；盖文启等（1999）系统阐明了区域创新网络对于高新区中小企业发展的重要意义，同时指出区域科技创新网络是指地方行为主体（企业、大学、科研院所、地方政府等组织及个人）之间在长期正式或非正式的合作交流过程中关系所形成的相对稳定的系统；谭清美（2002）认为，区域科技创新系统是区域范围内的创新要素构成的科技创新功能系统，是区域范围内的一种社会经济系统；邹再进（2006）认为区域科技创新系统是指在特定的行政区域内，各创新主体（包括企业、大学、科研机构、中介服务机构和地方政府等）彼此密切联系，依靠各种创新资源（如资本、人才等），借助各种创新条件（如基础设施、政策、法律等），利用各种创新手段（如制度、组织、管理等），建立起来的有利于推动知识创新、科技创新、知识传播和知识应用的开放、复杂的社会经济网络系统。

（四）研究意义

1. 理论意义

科技是人类智慧的结晶，创新是文明进步的动力，科技创新已经成为地区、行业、企业、国家乃至全球的主旋律。当今世界，科技创新更加广泛地影响着经济社会发展和人民生活，科技发展水平更加深刻地反映出一个国家的综合国力和核心竞争力。

国内外对区域创新体系的研究文献有不少，但大部分都是停留在一般性的理论阐析，运用科学方法进行深入具体的实证研究的很少，更没有针对青海省的深入研究。本文选择我国西部地区重要的中心省份——青海省的科技创新体系作为研究对象，一方面是基于青海特殊的现实和历史条件，探讨其科技创新体系构建的特殊路径和模式，为青海省推进科技创新体系构建提供决策依据；另一方面也为国内其他地区科技创新体系构建提供参考。

2. 实践意义

青海省无论从人口、经济总量还是发展程度上看，都在国内处于相对较低的水平，但其自然资源丰富，“一带一路”倡议又为其提供了前所未有的机遇，因此如何立足于科技创新，将自身资源优势等转化为社会经济发展的动力，是其亟需解决的问题。本研究期望结论不仅能够对青海省来说是一种借鉴，也可以为其他省份的经济发展提供一种可资参考的样本。研究结果有助于加快青海省经济发展方式的转变。青海省科技创新能力不强，产业结构不合理，经济增长受资源环境约束，投资与消费关系失衡；转变经济发展方式关键在于科技创新，具体到某一地区而言，只有将科技创新纳入该地区的综合体系中，才能更好地引导和激励其加强科技创新能力。同时，也有助于客观评价青海省的科技创新能力，有利于科学配置社会资源、实现财政资金的合理使用。

（五）创新点

1. 对青海省这一特定对象的科技创新体系进行了创新性研究。目前青海省的创新水平还比较低，科技创新体系构建的初级阶段。如何去定位和构架青海省的科技创新体系？选择什么样的科技创新战略和模式？通过什么样的路径和机制来推进科技创新体系的构建，怎样对科技创新系统进行有效治理？这些都是有待深入探讨的问题。本文把已有的科技创新理论创造性运用于青海这一特定省份，对以上问题进行了创新性的研究，得出了一些符合青海省实际的有价值的研究结论。为青海省科技创新体系的发展提供可供参考的决策建议。

2. 提出了一系列基于“一带一路”倡议下，针对青海省科技创新体系的具有创新性的见解和政策建议。如基于青海科技创新面临的条件和环境，我们提出青海省应选择“市场主导、政府扶导、企业主体，协同推进”的科技创新推进模式，以及“产学研”相结合的科技创新体系的组织方式；特别强调科技创新中的中介服务作用，全面地阐述和提出了构建青海省科技创新体系的对策建议。

二、青海省科技创新体系构建的理论分析

随着经济社会的发展，科技创新的作用日益突出，科技竞争成为综合国力竞争的战略制高点。自2006年初的全国科学技术大会以来，党中央全面部署并实施了《国家中长期科学和技术发展规划纲要（2006年—2020年）》，提出加快推进国家创新体系建设的奋斗目标。青海省作为国家实施“一带一路”倡议的重要区域，其发展离不开科技创新体系的构建和创新能力的发挥。报告以《中国统计年鉴》、《中国高新技术产业统计年鉴》、《中国科技统计年鉴》、青海省统计公报以及《青海省统计年鉴》数据进行研究，构建青海省科技创新体系。

（一）区域科技创新体系的界定与构成

1. 区域科技创新体系的界定

鉴于学术界，本研究报告认为区域科技创新体系是与区域科技创新相关的主体、要素、条件及其运行机制的综合系统。区域科技创新体系是企业、科研院所及高校、科技创新支撑服务体系和政府紧密联系且有效互动的社会系统。

区域科技创新体系研究以加强科技创新、促进科技成果转化和产业化为目标，在理论构建、现状分析和经验考察的基础上，以人才培育机制、创新主体行为及其激励机制、创新体系组织模式为重点，从而建立起政府调控机制和市场调节机制相耦合的创新体系。

区域是一个国家政治、经济、文化的中心，是第二、三产业的重要载体，区域科技创新体系的功能在于：

第一，作为区域持续发展的基本动力，区域科技创新体系通过聚集区域内各种创新资源，对设备、技术、人才等创新要素进行优化配置，并进行有针对性、有特色性的创新活动，从而提高区域经济的发展水平。

第二，作为提升区域竞争力的有效途径，区域科技创新体系有利于发

展高新技术产业，降低创新资源消耗，促进产业结构调整，帮助科研成果产品化、产业化，从而提成区域的创新能力和整体竞争力。

第三，作为联结国家创新体系与城市科技创新体系的纽带，科技创新体系连接着宏观层面与微观层面的科技创新。国家科技创新体系以增强国家综合国力为目的，从国家整体出发，是宏观层面上的科技创新。城市科技创新体系以追求城市发展为目的，以城市为单位，是微观层面上的科技创新。只有通过区域科技创新体系这一纽带将二者链接起来，才能从宏观领域和微观领域综合起来推动科技创新。

区域科技创新体系是区域科技活动的集合，科技创新活动是科技创新体系的实质构成，科技创新体系是一系列科技创新活动的系统集成。同时，区域科技创新体系不仅包含科技创新活动，还包括科技创新活动的一系列机制和条件，是科技创新活动的依托系统。区域科技创新活动推动着区域科技创新体系的发展和完善，科技创新体系完善为区域科技创新活动的发展提供良好的机制和条件。

2. 区域科技创新体系的构成

区域科技创新体系是一个网络状的结构体系，体系内各行业主体（企业、科研院所及高校、中介机构与政府等）之间在长期正式与非正式的合作与交流中形成了相对稳定的网络体系。在科技创新体系网络中，企业、高校、科研院所、政府、中介组织等是网络的结点，技术、人才、资金、信息以及政策等创新资源的流向则构成了结点之间的“连线”。区域科技创新体系通过构筑上述网络结构，使区域内的城市能够获得相促进的协同作用和技术产品的交叉繁殖，因而增强了区域竞争力，推动区域经济的持续高效发展。

（1）区域科技创新体系的主体系统

①企业

在区域科技创新体系的网络结构中，企业既是主体又是核心，其它要素和组织都是为企业科技创新服务的。在市场经济体制下，主要是由制造产品的企业来完成由知识到商品的价值实现过程。因此，企业不仅是科技创新投入的主体，还是科技创新行为的主体、科技创新决策的主体、承担科技创新风险与收益的主体。

②科研院所及高校

科研院所及高校是指专门从事科学研究、知识创新、技术开发及知识传播和技术扩散的社会组织，是重要的知识源和科技创新源。它们的主要作用如下：第一，为企业科技创新提供技术员。通过技术转让、咨询服务为企业提供技术与信息服务，还可以通过企业委托研究，与企业合作研究等方式为企业创造出大量科研成果。第二，科研成果产品化、产业化科研成果的同时，催生了大批科技创新性企业，形成了科研成果产品化、产业化的孵化器。第三，为社会输送创新型人才。为创新主体提供教育，培养高素质人才，还可以为创新主体提供新知识和技术的培训与再培训。在知识经济时代，科研所及高校在科技创新中的作用显得越来越突出。

③科技创新中介与支撑服务体系

科技创新中介与支撑服务体系是指为科技创新活动的正常运行提供信息、技术、资金等创新要素支持的服务机构。科技中介与支撑服务机构主要分为以下三大类：第一大类是为科技成果提供设计和中试等方面服务的组织，如技术开发中心、工程技术研究中心等；第二大类是为解决科技创新过程中遇到的各类问题提供信息咨询与解决办法的创新咨询公司、生产力促进中心等；第三大类是为科技创新活动提供设备、场所等硬件服务的创新中心、孵化器、高科技园区等。根据所提供支持的科技创新要素还可以细分为：提供信息支持的信息中介。提供技术支持的技术中介、提供资金支持的资金中介、提供人才支持的人才中介。由此可见，在区域科技创新体系中，科技中介与支撑服务体系不仅是企业的得力帮手、政府的重要助手，还是促进各创新主体间进行交流的桥梁与纽带。

为促进技术中介机构更好地实现服务和连接价值，政府应大力鼓励中介组织的发展，要为中介组织提供公开、公平、公正的外部环境，具体措施包括：加强立法和宏观调控，规范中介机构管理；降低门槛，鼓励竞争；加强人才队伍建设，协助提高服务质量。

在区域科技创新体系中，企业是创新行为的主体，中介机构是各个节点的粘合剂，为创新活动在体系内顺利进行提供服务。因此在企业进行将创新成果过渡到市场活动的过程中，结合中介机构的信息和价值实现职能，企业应与中介机构建立战略联盟。具体实施方式一方面与技术开发、研究中心等进行企业内合作，为解决科技创新各类问题的过程减少连接和沟通成本；另一方面通过高新技术开发区招商引资的形式，引进科技项目和企业，形成集群效应，提升创新能力，为各类创新企业提供优越的基础设施和环境。

④政府

政府职能是区域科技创新体系的必备要素和关键变量，对区域内的科技创新活动起着主导作用。政府作为区域科技创新体系网络结构中的一个重要结点，是整个体系高效运行的重要保障。凭借自身的特殊地位，政府肩负着组织和优化科技创新体系结构，激励各创新主体活力，规范各创新要素行为的使命。随着经济体制转型，政府也由完全参与企业的创新活动转变为以宏观调控为主，即利用政策引导、市场规划、产权保护、行为激励等行政的、法律的、经济的手段对区域科技创新过程进行直接和间接的宏观调控。

以上四类行为主体之间的相互合作构成区域科技创新体系的基础，决定着区域科技创新体系的有效运行，其关系结构的基本特征是：

1）各行为主体内部机制的高效运作是决定区域科技创新体系整体运行效率和竞争能力的基石。区域科技创新体系是由各要素相互作用组成，各个要素的自身优化是提升系统整体实力和效率的基础，企业、科研院所及高校、中介组织、政府自身都运行良好，才能保证区域科技创新体系整体效率的提高。

2）行为主体之间有效的互动与合作是区域科技创新体系有效运行的

保障。信息、技术、资金等创新资源在行为主体之间高效流动，有利于降低创新风险、节约创新资源、加速创新速度、提高创新效益。因此，各行为主体之间的密切联系与合作，有利于区域科技创新体系整体运行效率的提升。

（2）区域科技创新体系的功能系统

区域科技创新体系的主要功能是促进与协调城市产学研之间的合作，致力于科技创新成果的科学研发、传播扩散、技术转化和推广应用，最终完成价值实现。具体来说，区域科技创新体系功能系统包括科技知识创新系统、科技应用与传播系统，科技价值实现系统。

①科技知识创新系统。科技创新是区域科技创新体系的核心功能与直接目的。区域科技创新体系内部有效运转，以企业为核心，各行为主体优势互补，合作进行跨界跨领域的科学研发。以提高创新效率，进而推动城市经济发展为目标。

科技创新功能不仅主导区域内部各类资源重组分配和组织协调，而且能在一定低于范围内产生显著的影响力和吸引力，科技创新已经成为区域经济增长、产业升级和社会进步的最主要动力。

②科技应用与传播系统：科技创新成果的传播扩散、技术转化和推广应用是创新活动的中间过程，此功能能否有效发挥取决于该创新成果是否适应当时的市场环境，也决定了该创新成果能否有效实现价值，是不可或缺的子功能系统。区域科技创新体系的这一功能的实现，主要通过推动全局性、带动性技术的超前研究和重大瓶颈技术的集中攻关，增加技术储备，增强技术支撑，加强科技成果的转化能力建设，开展国际交流与合作等，加快科技成果的推广应用和产品化、产业化。

③科技价值实现系统。科技成果是区域科技创新体系内部产学研合作而来的产品，从市场营销学的角度来看，它不仅包括实体产品（如优良的高科技产品），还包括服务（如科研人员对生产经营的培训、指导）和创意（如科技成果中所运用的新技术。新理念）。上述三个方面共同构成了

一个比较完整的科技成果的内涵。当科技成果（产品）从生产者向消费者转移时，形成了一个产品实物流、资金流和价值流的流通过程。价值实现功能体现在开发科技成果这一起点上即紧密联系市场需求，考虑科技成果转化的经济效益，防止中途脱节，后劲不足的状况。产学研三大主题环环相扣，共同把关产出可开发、可利用的科技产品，形成以效益促开发、以开发带动效益的良性循环，实现产品实物流、资金流尤其是价值流的有效运行，切实创造出经济效益与使用价值，服务于广大消费者与社会生产。

（二）构建青海省科技创新体系的必要性

一个国家的经济发展水平越来越取决于该国的科技及科技创新水平，要想成为经济强国，必须先成为科技强国。由于科技创新的巨大作用，各国政府都不约而同地把科技创新作为本国经济发展的一项十分重要的战略。国家科技创新体系石油各个地区科技创新体系组成的，没有各个地区科技创新能力的能力，就不可能有国家整体科技水平的增强。

青海省作为“一带一路”倡议下核心枢纽的省份，具有至关重要的地理位置。西北地区因其空间区位、历史积淀、资源人口市场、长期对外开放基础而成为构建中国“一带一路”倡议核心枢纽的首选区域。为了突破西北地区核心枢纽中的“瓶颈”，应在明细省区枢纽定位、推进城市集群战略、构建综合交通网络、打造对外开放高地、创新体制政策机制等方面实施战略新举措。青海省处于欧亚大陆桥重要支点的关中城市群，是西北地区经济和人口的重要集聚地，也是西北经济发展的区域经济增长极。应着力发展新兴服务业，以构建“四区两带”一线中心城市为目标。

“一带一路”倡议的提出有助于推动青海省经济转型，促使传统的粗放型经济发展模式予以改变。传统的“引进来”与“走出去”应更好地结合起来，逐步发挥“走出去”的优势，推动企业走出国门，开拓海外市场，增强自身竞争力，寻求新的发展空间。另一方面，从国际来看，这符合新形势下全球化发展态势的需要。“丝绸之路经济带”连接着欧亚最具活力的两大经济圈，但以青海省为代表的中部腹地基础设施建设滞后，丰富的资源优势并没有得到充分开发，因此中国同这些国家合作的潜力巨大。“一带一路”的建设以共商、共建、共享为原则，实现了其在经济发展、区域合作以及全球化发展方面的理论创新，力图通过“五通”——政策沟通、道路联通、贸易畅通、货币流通、民心相通的形式，构建命运共同体，以极大的包容性与开放性促使世界各国的交流合作，有利于实现沿线各国的共同发展，普惠共赢。具体来看，“一带一路”的建设将东亚经济圈与欧洲经济圈联系在一起，同时辐射周边区域，加快了国别乃至区域之间财富、资源与人才的流动，深化了各国在政治、经济乃至安全等领域内的合作。同时，在开展基础设施建设的过程中，促使了资源的整合，在和平与发展的时代背景下，惠泽无数。

“一带一路”倡议视角下的科技创新主张经济、政治和科技的协调发展，是在科技创新、政治沟通、社会稳定和谐的前提下促进经济的增长。基于“一带一路”倡议视角下的青海省科技创新既要注重前面提到的内容，更要体现出根植性。也就是说要围绕地区发展特点来进行沟通协作，因此要对区域内的经济发展模式充分认识，对沿线的变化充分了解，从而做到有针对性的构建科技创新体系。

青海省是一个发展模式特殊的省份，传统的经济发展模式已迫不及待需要转型，科技发展价值观也亟待转型。按照发展经济学的理论，一个国家或地区在经济发展过程中，其第一产业的产值比重和就业人数均会呈现下降的趋势；而第三产业的产值和就业比重均会出现上升的趋势，第二产业的产值和就业比重会略有上升或基本保持不变。而青海省2002-2012年的变化情况是：第一产业比重逐年下降，第二产业比重最大，且逐年上升，第三产业发展居中，比重有所下降。这种发展趋势与经济学中的理想发展模式显然不同，说明青海省经济发展速度虽然比较快，但是产业结构存在一定程度的不合理性，并且可以判断出青海省处在工业进程之中。

（三）构建青海省科技创新体系的可行性分析

构建青海省科技创新体系不仅是必要的，具有重大的意义，而且也是可行的。本研究报告从青海省的经济基础、人力资源、政策环境、文化观念等方面入手，分析其推进科技创新体系构建的可行性。

1. 构建青海省科技创新体系的经济基础

科技创新既是经济发展的根本动力，也是以一定的经济发展为基础的。只有形成比较客观的经济规模和实力，拥有了专业化程度较高、分工较细、写作较强的社会化生产和布局合理的产业结构，才有可能实现高效率的科技创新。经济发展与科技创新能力的高低紧密相关，在与“一带一路”沿线国家双边或区域性贸易投资制度构建中既要顺应世界贸易投资自由化、便利化及高标准。全面性的发展新趋势，又要适应沿线及周边国家经贸发展的具体国情及发展需要，构建起互惠双赢的地区性贸易投资安排。因此，依托“一带一路”建设，积极发挥中国在区域经济合作中的引领作用，有利于助力沿线国家经济发展，推进国际区域经济的分工、合作与融合，形成以中国为主导的国际区域经济合作的新局面。

近年来，青海省的经济实现稳步增长，至2015年末，青海省实现地区生产总值（GDP）2417.05亿元，按可比价格计算，比上年增长8.2%，增速比全国平均水平高1.3个百分点，居西部十二省（市、区）第6位，位次与上年持平。2013年至2015年青海省的GDP增速均保持在9%到12%之间，均高于全国水平1到3个百分点。分产业看，第一产业增加值208.93亿元，增长5.1%；第二产业增加值1207.31亿元，增长8.4%；第三产业增加值1000.81亿元，增长8.6%。第一产业增加值占全省地区生产总值的比重为8.6%，第二产业增加值比重为50.0%，第三产业增加值比重为41.4%。人均地区生产总值41252元，比上年增长7.2%。完成全社会固定资产投资3266.64亿元，比上年增长12.3%。实现社会消费品零售总额690.98亿元，增速高于全国平均水平（10.7%）。进出口总值119.89亿元，比上年增长13.6%。公共财政预算收入381.13亿元，比上年下降1.1%。其中，地方公共财政预算收入267.12亿元，增长6.1%；上划中央“四税”收入114.01亿元，下降14.6%。从主要税种看，消费税比上年增长57.5%，营业税增长15.1%，增值税下降32.9%，个人所得税下降9.2%，企业所得税下降4.9%，资源税下降5.3%。青海省经济水平的发展和产业结构的升级对科技创新提出了更高的需求，必须加快青海省科技创新能力的提升以适应经济发展速度和产业结构调整的要求。

2015年年末金融机构本外币各项存款余额5227.96亿元，比年初增加677.65亿元，同比多增加237.25亿元，同比增长14.8%。其中，住户存款余额1823.02亿元，增长7.6%；非金融企业存款余额1640.90亿元，增长29.9%。金融机构本外币各项贷款余额5124.10亿元，比年初增加820.67亿元，同比多增加38.41亿元，同比增长19.1%。其中，住户贷款余额449.86亿元，增长18.3%；非金融企业及机关团体贷款余额4548.62亿元，增长19.8%。说明青海省的人才环境持续健康发展。金融市场持续活跃，为科技创新提供了智力支持和资金支持。

经济实现逆势增长。规模以上工业增加值增速高于全国平均水平（6.1%），比上年增长7.6%，居西部十二省（市、区）第8位，位次与上年持平。地区生产总值中第三产业增加值增速（8.6%）高于全省地区生产总值增速0.4个百分点，三次产业结构由2014年的9.4：53.6：37.0调整为8.6：50.0：41.4，第三产业比重较上年提高4.4个百分点。高技术产业和装备制造业增加值比上年分别增长26.6%和22.0%，分别高于规模以上工业增加值增速19.0和14.4个百分点。第三产业项目投资（不含房地产和农户）中，信息传输、软件和信息技术服务业投资比上年增长4.2倍，占全部项目固定资产投资额的比重为2.8%，较上年提高2.2个百分点；金融业、科学研究和技术服务业投资分别增长83.1%和69.9%，比重比上年有所提高。惠民生投资比上年增长14.7%，增速较全社会固定资产投资高

2.4 个百分点，占全社会固定资产投资的比重为 39.5%，比上年提高 0.8 个百分点。新开工亿元及以上项目投资快速增长。全年全省亿元及以上项目 723 个，比上年增加 61 个，增长 9.2%，完成固定资产投资 1951.91 亿元，比上年增长 7.6%。金融状况运行平稳，12 月末，金融机构本外币各项存款余额 5227.96 亿元，比年初增加 677.65 亿元，同比多增加 237.25 亿元，增长 14.8%。

居民人均可支配收入 15812.70 元，比上年增长 10.0%。其中，人均工资性收入 9191.51 元，增长 10.9%；人均经营净收入 2444.97 元，增长 2.0%；人均财产净收入 802.55 元，增长 14.8%；人均转移净收入 3373.67 元，增长 13.0%。全体居民人均生活消费支出 13611.34 元，增长 8.0%。

2. 构建青海省科技创新体系的人力资源基础

人力资源，是区域科技创新体系的第一资源，人力资源的素质和知识密集程度，是决定城市科技创新成效的第一要素。因此，研究青海省科技创新体系建设的环境，应重点分析其人力资源基础。

（1）青海省区域创新人力资源供给利用状况

青海省有青海大学、青海师范大学、青海民族大学三所本科院校，其中青海大学为 211 工程大学。2014 年国有企事业单位共有工程技术人员、农业技术人员、科学研究人员、卫生技术人员和教学人员等五类专业技术人员 13.87 万人，比 2010 年增加 2.1 万人，增长 17.8%；全省科技活动人员 22968 人，比 2010 年增长 12.5%，其中，大学本科及以上学历科技活动人员 10716 人，比 2010 年增长 16.0%。R&D 人员 7860 人，比 2010 年增长 2.8%。研究机构高素质研发人员比重提高：从 R&D 人员学历构成看，博士毕业研发人员 457 人，占 R&D 人员的比重为 5.8%，较 2010 年提高 2.0 个百分点；硕士毕业研发人员 1102 人，占比为 14.0%，较 2010 年提高 3.8 个百分点。其中，研究机构博士毕业 R&D 人员占研究机构 R&D 人员的比重为 10.5%，较 2010 年提高 4.4 个百分点；硕士毕业 R&D 人员占比为 20.3%，比重较 2010 年提高 7.0 个百分点。科技园区是一个区域中创新环境条件总体最好的区域，也是区域创新活动的前沿平台。青海生物科技产业园区是省内唯一的国家级高新技术产业开发区。

（2）青海省区域创新人力资源科研成果现状

2015 年度青海省共登记科技成果 445 项，较上年增长 10.7%。从 2011 至 2015 年，科技成果登记数量五年增幅明显，如下图 1 所示，2015 年较 2011 年登记成果增加 132 项，增幅为 42.17%。

445 项科技成果中，参与项目研究的科研人员共 5480 人次，平均每个项目 12 名科研工作者。从学历构成来看，图 2 表明，我省的科技工作者队伍仍主要以大学本科及以上学历构成。博士研究生、硕士研究生、本科生共 4857 人次，占 88.63%；大专为 452 人次，占 8.25%；大专以下文化程度为 171 人次，占 3.12%。从年龄结构来看，图 3 表明，中青年是科技成果研究人员的主体。55 岁以下的科研人员 5333 人次，占 97.32%，其中 35 岁以下的科研人员为 1824 人次，36–45 岁之间的科研人员为 1877 人次，46–55 岁之间的科研人员为 1632 人次，56 岁以上科研人员为 147 人次，仅占 2.68%。从技术职称来看，图 4 表明，具备中级以上技术职称的科研人员为 4418 人次，达 80.62%，占据了科研人员的主要比例，初级职称者为 755 人次，占 13.78%，其他科研人员 307 人次，仅占 5.6%。

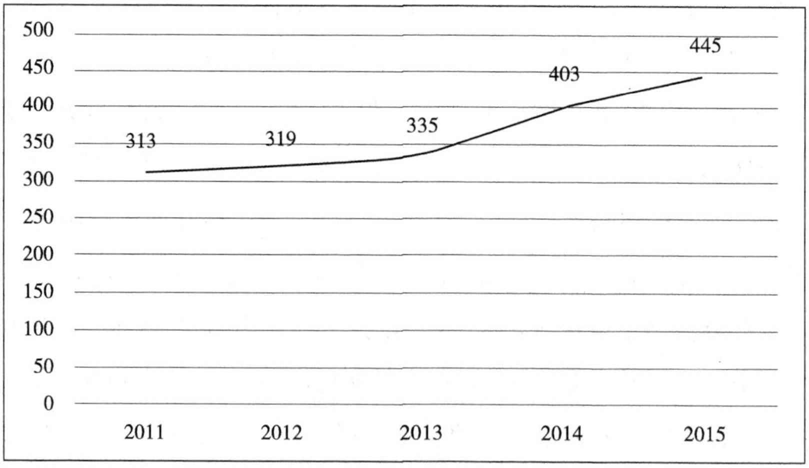

图 1　2011–2015 年青海省科技成果登记趋势图

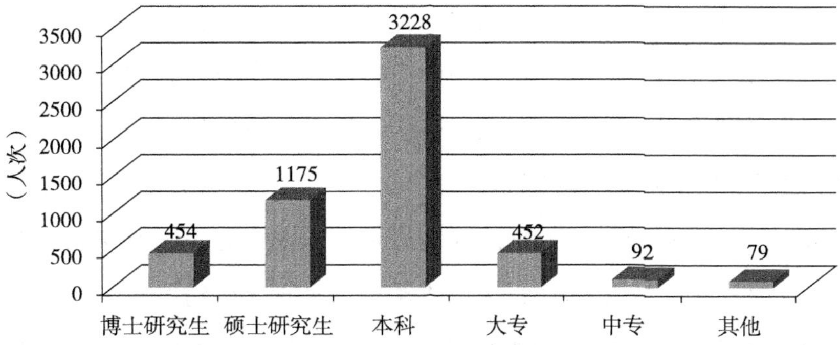

图 2　2015 年科技成果完成人员学历构成

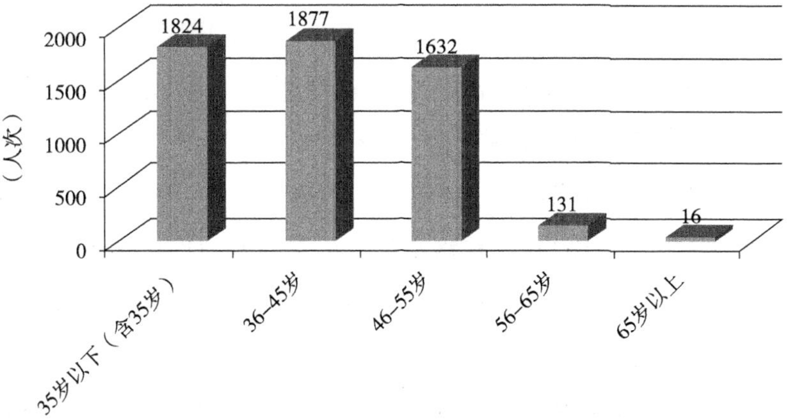

图 3　2015 年科技成果完成人员年龄构成

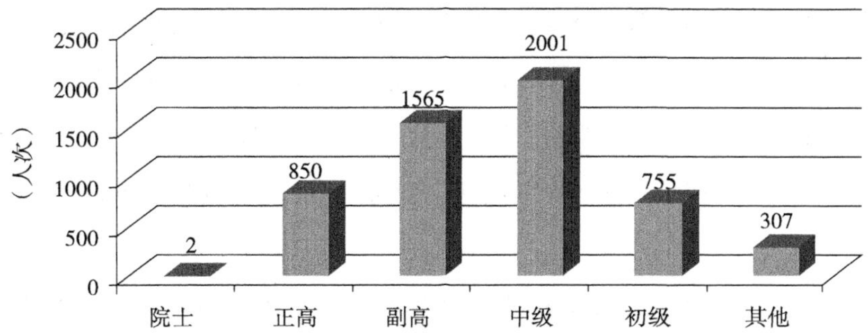

图 4　2015 年科技成果完成人员职称构成

3. 构建青海省科技创新体系的政策制度环境

区域创新制度是区域发展的区域性创新规则，当地政府政策对一个省的科技创新体系的支持与重视程度直接影响区域创新方向与创新进程，对区域创新体系起到强有力的激励与推动作用。因此，政策制度环境是研究构建和完善青海省科技创新体系的可行性分析中不可或缺的一部分。本研究报告就是从“一带一路”倡议入手，研究青海省科技创新体系构建，可见国家对西部地区的扶持政策很多。例如“一带一路”倡议沿线及周边国家和地区的外资政策，鼓励内陆沿边企业积极到这些国家和地区承包工程、设立加工厂、制造基地、并购或建立技术研发机构以获取技术资源，到能源国家和地区开展开采和深加工业务，通过企业的沿线布局，为扩大中国与“一带一路”沿线国家和地区之间在生产、加工、销售、研发等领域的合作交往奠定基础。同时可以推进合作型产业园区建设，依托现有开发区和高新技术园区，通过合作、合资等灵活方式，在境外合作建立产业园区、境外经贸合作区等各种类型产业合作区。

中央财政用于节能环保、新能源、教育、人才、医疗、社会保障、扶贫开发等方面已有的专项转移支付，重点向西部地区倾斜。通过多种方式筹集资金，加大中央财政资金支持西部大开发的投入力度。中央财政加大对西部地区国家级经济技术开发区、高新技术产业开发区和边境经济合作区基础设施建设项目贷款的贴息支持力度。另外，国家对设在西部地区的人才政策也有相当力度的扶持。重点强调要完善留住人才、吸引各类人才到西部地区基层工作的优惠政策，在职务精神、职称评定、子女入学、医疗服务等方面给予政策倾斜。而“一带一路”倡议又开始在中国稳步推进，青海省正好处在“丝绸之路经济带”之中，是连接内地到新疆到西亚甚至欧洲的重要通道，完全可以借此东风实现经济起飞。

国家科技发展战略规划体现了科学技术发展的主导方向和整体布局，对科技资源的优化配置以及最终科技成果的掌握起到重要的统领和引导作用，青海省政府积极组织实施国家级和省级国际科技合作计划。涉及牦牛遗传繁育、高原体育与人体健康、冷水鱼养殖等，实施项目 3 项，项目总投资 1420 万元，国家资助经费 620 万元。省级国际科技合作项目 12 项，总经费1996万元，申请资助经费364万元，拟资助经费304.75万元。项目合作国家有美国、新西兰、加拿大、澳大利亚、法国、德国、日本、意大利、芬兰等9个国家。项目预期产出成果14项，申请专利7项，发表论文27篇（其中SCI发表论文8篇），人才培养41人。加大科技项目管理力度，对已到期的项目进行及时验收。受中国工程院委托，积极开展“三江源生态补偿长效机制研究”和“青海盐湖资源综合开发利用及可持续发展战略咨询研究”两个国家重大战略咨询项目协助工作。配合中国工程院，在西宁举办了“生态保护科技项目座谈会”，在黄南州举办了“三江源生态补偿机制研究现场调研会”，并进行盐湖资源的环评调研。对于进一步修订完善课题报告，提供了决策参考。与省委组织部、中科院大学在北京联合举办了“青海省县（市、区）领导干部科技创新与区域战略培训班”，培训县处级领导干部41名。中科院兰州分院专家组对“西部之光”人才培养计划2009年度入选者进行了终期评估，2011年度入选者进行中期检查。2013年度我省申报“西部之光”计划项目“青海地区藏汉族H型高血压患者基因多态性研究”和“珍宝类藏药仁青芒觉中重金属存在形态及体内代谢组学研究”2个项目获得批准立项，中科院将对每项资助10万元。

4. 构建青海省科技创新体系的创新文化环境

青海省在高新技术产业的支撑下，创建了具有浓郁的藏民族文化特色和现代化都市风味的海南州藏文化产业创意园，这一综合性文化园以文化服务为依托，集游、购、娱、玩为一体，将“安多风情”的文化产业与现代商业相结合，以文化服务经济、以经济振兴文化，成为藏文化的信息、交流、展示、交易、旅游中心，也是青海文化产业与科技特别是信息产业融合发展的典型。但总体来看，青海省科技文化产业发展还处于起步阶段，影响力与竞争力还有待提升。因此要借助现代高科技元素，发展高端文化产业，着力培育具有民族特色和生态文化及高科技于一体的文化产业园，充分激发文化资源的“内生动力”，拓展青海省文化产业发展的空间，促进文化产业发展从粗放型向集约型转变，从文化资源大省向文化产业大省转变。

青海省通过与“一带一路”沿线的中亚、南亚、欧盟等国家或地区签订相关双边或区域性贸易协定，实现双方在国际经贸文化方面的政策沟通，可以为“一带一路”的建设创造良好的文化环境。

三、青海省科技创新的动力机制分析

要研究青海省区域科技创新体系的构建和运行，有必要先对其的动力机制进行研究，探讨是靠什么和如何推进科技创新体系的构建的，分别从市场、科技、区域、企业和政府五个角度分析了青海省区域科技创新体系形成的动力。本文以帆船形阐释青海省科技创新的动力机制，如图 5 和表 1 所示。

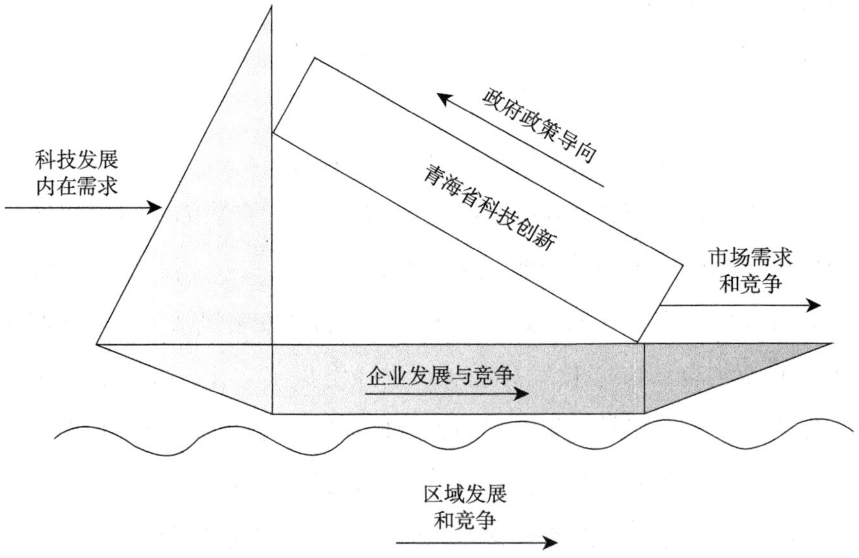

图 5　青海省科技创新帆船形动力机制模型

表 1　青海省科技创新帆船形动力机制模型（动力因素）

序号	动力因素	作用机理	描述	对应
1	市场需求和竞争	拉动力	市场需求和竞争决定了青海省科技创新的方向并拉动其向前发展	舵
2	科技发展内在需求	推动力	科技发展的内在需求推动青海省科技创新的层次和规模	帆
3	城市发展和竞争	促进力	城市发展和竞争等促进青海省科技创新	水流
4	企业发展和竞争	自动力	科技创新的主体和基础动力，无主体与基础动力则无科技创新的必要	引擎
5	政府政策导向	掌控力	政府政策提供掌控力，使得科动力技创新获得	轴带

（一）市场需求和竞争的拉动力

市场需求和竞争的拉动是青海省科技创新形成最基本的动力。在市场经济条件下，科技创新起始于市场需求，市场对创新产品和服务的持续不断需求，推动了科技创新的进行；市场竞争的压力，也促使着企业必须不断创新，才能立于不败之地。

市场既是科技创新的出发点，也是科技创新的着落点。科技创新是满足市场需求的基本手段，市场需求拉动力是科技创新的长久和主要动力。市场需求拉引模式认为，科技创新起始于市场需求，是由市场需求的拉动和牵引的作用而引起的，从宏观层面上可以表示为：市场需求—应用研究与开发研究—科技创新。市场需求包括落后的生产技术导致的市场竞争力下降、产品改进的压力和新的市场机会等等，其拉动科技创新的动力机制可以简单表述为：市场需求对科学技术提出具体的需求，通过应用与开发研究可以解决这一需求，从而产生科技创新。在实际的创新活动中，这种模式的例证随处可见，特别是一般的积累性或改进性创新，大多都是由需求拉动而引起的。

竞争是市场经济的主要调节机制之一，市场竞争的优胜劣汰规律也是促进科技创新的动力。如果说市场需求是科技创新的原始动力要素，那么市场竞争则是科技创新的促进动力要素。市场竞争主要通过以下几种方式来促进科技创新：第一，竞争迫使企业准确及时掌握市场信息，为技术开发做好前期准备；第二竞争迫使企业开发适销对路、价廉物美的产品；第三，竞争能使人改变观念，增长技术开发者的才干。

（二）科技发展内在需求的推动力

科技发展内在需求的推动是青海省科技创新体系形成的又一重要动力。近年来，青海省科技创新投入持续增长，科技创新资源日益丰富，科技创新中介服务体系发展迅速，科技法制建设不断进步，这些都为青海省的科技发展创造了条件，科技发展的内在需求推动科技创新。

青海省提出大力开展科技创新，把全面推进科技创新作为青海省经济增长的根本动力、推动知识经济发展的有效途径和深入实施科教兴省的战略重点。近年来青海省在科技事业上不断取得新成就，到 2015 年全省取得省部级以上科技成果 445 项，比上年增加 43 项，其中，基础理论成果 63 项，应用技术成果 370 项，软科学成果 12 项。专利申请 2590 件，比上年增加 1056 件，其中发明专利申请 1103 件，增加 443 件。专利授权 1217 件，比上年增加 598 件，其中发明专利授权 207 件，增加 97 件。签订技术合同 953 项，成交金额 46.9 亿元，比上年增长 32.5%。青海省拥有以青海大学为代表的三所本科院校，其中青海大学是 211 重点工程院校；青海生物科技产业园区是省内唯一的国家级高新技术产业开发区，未来科研平台建设也如火如荼地进行；科技成果和奖励继续保持良好发展势头，科技合作与交流频繁：包括青海省科技厅等省属科研院所在内，承担多项国家级科技计划项目，执行科技政策咨询、科技服务以及科技平台建设多项智能，确保青海省科研工作有序展开。

“青藏高原地质理论创新与找矿重大突破”项目获 2011 年度国家科技进步特等奖；“盐湖钾镁资源高效与可持续开发利用关键技术”“重大水利水电工程施工实时控制关键技术及其工程应用”“测绘基准和空间信息快速获取关键技术及其在灾害应急测绘中的应用”3 个项目获 2011 年度国家

科技进步二等奖。“中国生态系统研究网络的创建及其观测研究和试验示范”项目获2012年度国家科技进步一等奖。青海科技成果多次获得国家科技进步奖，标志着青海科技创新得到国家认可，在国家重大工程建设以及国民经济建设的共性和关键技术攻关方面发挥了重要作用。“藏药安全与质量控制关键技术研究及应用”“青藏铁路沙害形成机理及防治技术研究”等5项成果荣获2014年度青海省科学技术进步一等奖；“青海铁路西格二线高海拔（3600米）电气化工程技术研究”“高原环境严重烧伤特点分析及延迟复苏对脏器损害转化医学研究”等10项成果荣获2014年度青海省科学技术进步二等奖；“无人机航测技术在青藏高原矿区的应用”等15项成果荣获2014年度青海省科学技术进步三等奖。338项应用技术成果中，从成果属性看，属于原始创新的成果占应用技术成果数的59.5%，达到201项；属于国内二次技术开发成果111项，占32.8%；属于国外引进消化吸收的创新成果26项，占7.7%。从成果水平看，达到国内领先水平的成果，有120项，占应用技术成果数的35.5%。

（三）区域发展和竞争的促进力

市场需求是科技创新的原始动力，市场竞争是科技创新的促进动力要素，科技发展的内在需求是科技创新的初发动力，是推动科技创新的根本原因。而区域的发展与区域间的竞争也会促进科技创新。与市场需求、市场竞争和科技发展内在需求推动科技创新相比，区域的发展与竞争同科技创新更明显的表现为一种双向的互动机制，即区域的发展为科技创新提供良好的创新环境，区域发展的硬环境和软环境的全面升级促进科技创新；区域间的相互竞争对科技提出新的要求，刺激该区域努力提升科技创新能力。

“一带一路”倡议的实施可以提升基础设施的互联互通水平，紧紧抓住新一代信息技术、高铁、新能源等第三次工业革命兴起的机遇，在利用和完善现有本地交通基础设施的基础上，提升或扩大“一带一路”通道的运载能力、运行速度、运行效率和运载内容，提升基础设施的互联、互通水平。依托“一带一路”中的大通道建设，可以进一步放宽“一带一路”沿线国家和地区外资对华的投资准入。扩大国内企业及个人对“一带一路”沿线国家的对外投资，打造跨境投资、生产和贸易网络及跨境产业链条，提升与丝绸之路沿线国家境内外、产供销、上下游、内外贸、产业内与产业间经济贸易一体化的效率。在自身优势方面，青海省有包括青海中关村高新技术产业基地、国家级重点实验室 52 所等科研机构，R&D 人员 7860 人，重点项目硕士和博士 293 人，为科技创新体系提供坚实的科研基础。外部条件上，青海省为科研机构从事科技创新活动提供充足的科技支撑和保障，为省内各高等院校。科研机构和各类企业的科研活动提供了资金支持、平台支持和各类保障。

（四）企业发展与竞争的自动力

企业是区域经济的主题，也是区域创新的重要主题。企业的发展与竞争，是推动区域创新的重要动力之一。企业的发展和竞争的自动力表现为实现自身价值的自动力。企业价值自动力是企业的内动力，是每一个企业都有自己追求的价值，企业自身具有的价值观会自觉促进企业进行科技创新。这里所说的企业价值不仅仅是指经济价值，还应该包括企业的文化价值、社会责任和历史使命等。

深入了解“一带一路”沿线及周边国家和地区的外资政策，鼓励内陆沿边企业积极到这些国家和地区承包工程、设立加工厂、制造基地、并购或建立技术研发机构以获取技术资源，到能源国家和地区开展开采和深加工业务，通过企业的沿线布局，为扩大中国与“一带一路”沿线国家和地区之间在生产、加工、销售、研发等领域的合作交往奠定基础。推进合作型产业园区建设。鼓励国内企业和沿线内陆沿边地区依托现有开发区和高新技术园区，通过合作、合资等灵活方式，在境外合作建立产业园区、境外经贸合作区等各种类型产业合作区。“一带一路”倡议可充分利用国际金融危机后全球产业新一轮大转移以及高新技术产业跨国公司进行新一轮价值链与供应链布局的新机遇，以增强外资的技术溢出效应为考量，鼓励外资企业投资内陆沿边地区的高新技术产业。对于技术含量高、技术溢出多，能够带动相关国内企业发展的外资项目给予政策倾斜；鼓励外资向内陆沿边地区投资，如适当放宽技术标准等。

1. 青海省科技创新企业发展现状及问题分析

2015 年，青海省在不同行业的企业科技创新方面均有显著成果。这一年全省共登记科技成果 445 项，较上年增长 10.7%。445 项科技成果中，企业居成果完成主体的首位，达 118 项（其中科研转制型企业完成 9 项），占 26.52%，较上年增长 12.38%；共形成知识产权 287 件，较 2014 年下降 17.07%。横向看，从主体划分，企业形成知识产权 174 件（占 60.63%）；高新技术企业 19 家，占全省高新技术企业总数（68 户）的 28%；科技型企业 27 家，占全省科技型企业总数（140 户）的 19.3%。2015 年上半年，高新区高新技术企业和科技型企业累计完成产值 47.6 亿元，占高新区整体产值比重的 37.8%，高新区工业企业研发投入占销售收入比重达到 2.4%，成为科技投入比最为突出的区域。

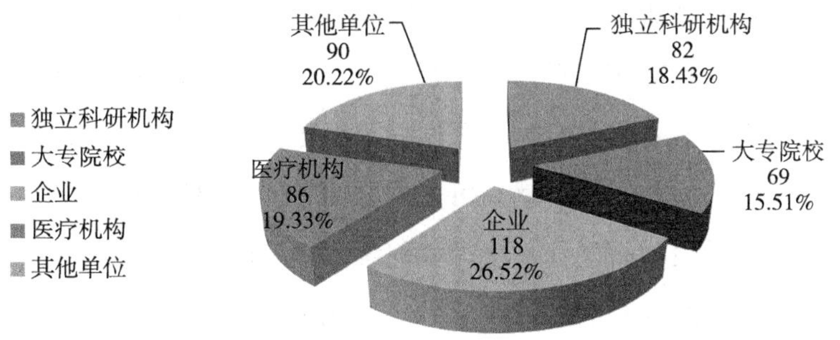

图 6　2015 年科技成果完成单位构成

尽管青海省各类创新型企业发展迅速，带动各产业实现跨越发展，但是与北京上海等城市相比，大部分企业目前仍然存在科技创新能力和转化能力低下等现象，制约了企业的进一步发展，具体问题有：第一，科技创新能力低。据统计，我国技术对经济的增长贡献率只有 30%，远低于发达国家的 80%，多数行业的核心技术仍以引进为主，青海也不例外，高新技术产业在工业总量中占到的比例只有 10% 左右，科技创新能力有待提高。第二，成果转化率低。据统计，我国每年有 2 万项重大科技成果和 5000 多项专利，但最终转化为工业产品的成果不足 5%，而欧美等发达国家的成果转化率则为 45%。科技成果转化问题一直是制约我国经济可持续发展的瓶颈之一，成果难以工程化或质量不成熟的问题已经亟待解决。

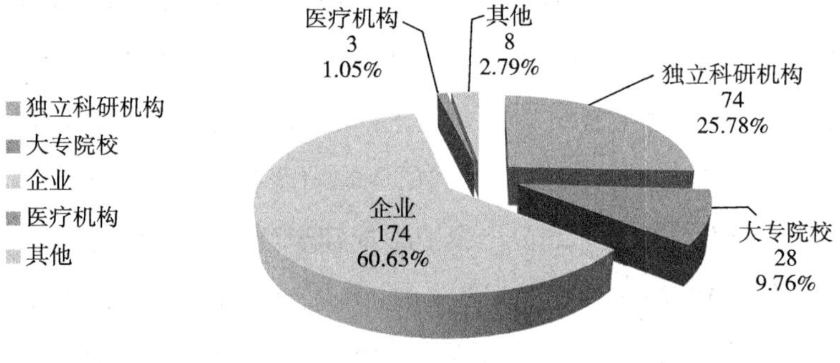

图 7　科技成功知识产权主体构成

2. 企业实现科技创新自动力的表现形式

（1）科技创新活动的收益预期

在开展科技创新活动之前，企业首先会对创新活动可能带来的收益情况进行估计，以确定该创新活动能否进行。企业经营目标的周期长短在一定程度上决定了企业的创新收益预期能否转化为创新内在动力。如果企业追求的是短期利润最大化，就有可能不愿面对因大幅调整或改进生产技术而带来的潜在风险，而偏向于考虑如何维持现有的产品格局，挖掘现有技术及其他现有生产要素的潜力，努力降低成本，继续开发现有市场，难以产生通过科技创新追求更高效益的要求。而如果企业追求的是中长期利润最大化，为了未来的长远发展，企业会大力改进生产技术和工艺，在降低产品成本的同时努力提高产品质量，开发新产品、新技术，从而获得价格优势、产品优势和规模优势。由此可见，谋求中长期利润的稳定增长是产生科技创新内在动力的最佳目标，创新活动开展的目的之一就是通过科技创新来实现企业的经济价值，这也是企业进行科技创新的根本动力。

（2）科技创新成功率的预期

科技创新的预期收益与现实收益往往存在较大差距，即使企业对科技创新活动的预期收益很高，而创新成功的可能性极小，企业仍然会失去创新动力。创新动力的大小还取决于企业对其创新能力与创新风险的预测和评估。从创新能力的角度来看，创新能力与创新动力之间存在一种必然内在联系。没有创新能力的创新要求只能成为幻想，创新要求只有在具备创新能力的基础上才有现实意义。企业的创新能力包括创新决策能力、创新技术能力、创新信息能力、创新资金能力及正常的生产经营能力，这些能力都是保障创新活动顺利开展的现实基础。创新活动开展之前，企业会对自身所有的创新人力、创新资金、创新物质、创新信息等资源进行估计，对自己的创新决策、组织能力进行评估，并将这些创新资源与能力与竞争者相比较，判断其能否获得竞争优势、创新活动能否成功，最终决定创新活动是否进行。

（3）企业家精神和全员参与

企业家精神是企业科技创新发生的动力之一。概括地说，企业家精神应该包括领袖精神、冒险精神和创新精神。“领袖精神”是创新型企业的凝聚核心，同时也是企业最宝贵的无形资产；“冒险精神”是企业家驰骋现代商海、捕捉良好商机，使新技术成功转化为新产品进而成功投放市场的决策能力；“创新精神”是企业家面对变化的市场需求和自身生产实际状况，敢于创造性地对生产要素进行重新组合，对生产体系进行完善，进而重新赢得竞争先机的作为。企业家精神是企业家自身的一种反馈调节行为，它构建了企业创新的行动系统，正是这种以高度的创新精神为核心的企业家精神激励着企业家在市场经济的风口浪尖进行义无反顾的搏击，领导着企业持续不断地进行科技创新。

企业创新不仅仅是企业家个人的事情，也不是源于个别“敢吃螃蟹”的孤胆英雄。实际上，一个企业的成功与否关键是企业员工创造性的全员发挥。创新来自每个人的头脑，每个人都具有创新的能力，每一位员工都蕴藏着创新的潜能，这是企业创新的不懈动力。在许多成功企业里，创新精神更多地表现为一种团队精神。在任何工作岗位，企业的员工都有权利和义务开展创新活动，创新成为他们工作职责的一个重要组成部分。强烈的权利感和义务感诱发员工的创造热情，从而形成一种激励环境和激励机制，将员工创新的被动行为转化为自觉行动。这样一来，企业的创新活动就不仅仅是研发人员和技术人员的专利，而是全体员工的共同职责。无论是普通员工还是企业的管理者，每个人都有可能成为杰出的创新者。全员创新并不是企业科技创新过程中的偶然事件，而是在诸多创新动力要素支持下形成的常规活动。

（五）政府政策导向的掌控力

创新具有非独占性、高风险性、高投入性的特征，因此市场引致的创新不一定是社会最优水平的创新。为了减少这种自然引致创新与市场最优水平的差距，政府一方面可以对创新行为进行保护，另一方面可以采用经济、政策等手段对创新行为进行激励。政府往往通过开展各种教育活动和采取优惠政策引导科技创新活动。政府对科技创新的导向掌控力，主要是指政府采用宏观调控、创新政策等对科技创新产生的引导和推动能力。

1. 采用宏观调控手段推进科技创新

政府的宏观调控手段主要影响的是科技创新的整体方向，主要手段包括：制定科技和重点领域发展的趋势和方向；完善研究开发制度和科技管理制度；加强政府对创新活动的导向作用，运用经济杠杆对民间的科技开发活动进行指导；创造良好的市场经济环境，促进市场的充分竞争，从而更好地激励科技创新；进一步完善产业规划，加强对基础技术研究的投资力度，鼓励开发高技术产业；对创新资源进行更加有效的整合，将国有实验研究设备低价提供给企业使用，将国有基础技术专利无偿或低价向民间转让，促进国有创新资源的共享。

“一带一路”倡议立足全面战略伙伴关系建设，提升中欧合作水平。中欧分别位属丝绸之路经济带的两端，是亚欧两大经济体和增长极，彼此互为对方的重要贸易伙伴，在金融、环境、航天、海洋、知识产权、能源、交通、教育、医疗卫生等领域的合作空间较大，尤其是在欧债危机前景尚未明朗的条件下，欧洲需要中国这一新兴经济体扩大对其的投资力度，以促进就业和缓解财政压力。而中国在城镇化、工业转型升级、环境保护、食品安全等方面也迫切需要欧盟在技术、经验等方面的支持。当前，中欧正在积极推进涵盖投资保护和市场准入的全面中欧投资协定，双方并决定在条件成熟时签订全面深入的自贸协定。因此，中欧加强合作，在丝绸之路两端发挥引领带动作用，将能有效地推动中国丝绸之路经济带建设这一战略的实现，并推进中欧全面战略伙伴关系建设和亚欧经济一体化发展。

2. 运用创新政策推进科技创新

政府可以通过创新政策引导科技创新，扶持产业发展，进而实现城市创新能力的提升。这类政策构成了科技创新的政策动力机制的主要内容，主要体现在产业技术政策、创新资源的投入政策和创新产出政策等方面：产业技术政策包括产业的技术结构选择和技术发展政策，它规定了各个产业的技术发展方向，对不同产业的技术水平予以评价等；创新资源投入政策主要用于资助基础研究、应用研究与发展研究工作，主要包括财政的预算安排、研究与开发的投资政策、鼓励性投资政策（如对重点项目和领域的优先投资）、创新技术人才的教育和培训政策以及折旧、贷款、税收等方面的优惠政策等。创新资源产出政策有利于创新成果的转化，主要包括新技术、新产品的税收优惠政策、专利和知识产权保护政策、促进技术扩散、技术交易的政策以及保护市场公平竞争的政策等。

中共青海省委，青海省人民政府通过宏观调控为青海省科技创新活动的发展方向做出了规划，《中共中央国务院关于深化体制机制改革加快实施创新驱动发展战略的若干意见》（中发〔2015〕8 号），提出要加快普及科技知识，使科普活动的开展更加广泛、深入，推动形成有利于发明创造和科技创新的良好环境，全面深化改革，加快实施创新驱动发展战略，推动形成引领经济发展新常态的体制机制和发展方式；《关于加快建立科技报告制度的实施意见》、《青海省落实国家中长期科学和技术发展规划纲要（2006—2020 年）》提出了强化企业科技创新主体地位的具体举措。青海省市政府也先后出台了一系列政策措施，为青海省市科技创新活动的展开营造了良好氛围，按其着力点不同主要可以分为以下三类：（1）动力型政策，即为激发、强化创新主体进行科技创新的愿望和为创新活动创造条件的政策手段，如创新资源投入政策，创新成果产出政策以及对科技创新人员的奖励政策等。青海省践行《国家科学技术奖励条例》等一系列促进创新成果转化的政策条例；（2）引导型政策，主要在于引导科技创新活动的发展方向，使之与城市的宏观发展政策相一致，如《深化体制机制改革加快创新驱动发展的实施意见》、《国家高层次人才特殊支持计划》；（3）保护型政策，这类政策着力于营造一个公平竞争的创新环境，对弱势创新群体予以保护，以减轻其承受的国内外市场竞争压力。2015 年青海省政府发表了《青海省贯彻落实国家知识产权战略行动计划（2014–2020 年）实施意见》加强了知识产权行政执法与司法的合作，进一步加大了知识产权保护力度。政府制定的一系列政策措施为创新提供了制度保障，激励和推动了各行为主体的大胆创新。

四、青海省科技创新体系的运作和实现机制

在青海省科技创新体系初步形成的情况下，构建完善的科技创新体系来加快经济发展步伐成为青海目前的主要任务，而在构建科技创新体系的基础上，探讨青海省科技创新体系的运行机制，对于研究青海省科技创新体系具有重要意义。本文将从 R&D 投入产出机制、创新成果的转化机制以及创新成果的推广机制三方面探讨科技创新体系的运作机制。

（一）青海省科技创新体系的 R&D 投入产出机制

科研投入是科技创新的物质基础，是科技事业持续发展的重要前提和根本保障，其中 R&D 经费的投入是企业、科研机构和政府创新活动的重要支撑力量。政府的税收政策，直接影响纳税企业的税后利润和政府的财政收入，作为政府一项主要支出的政府拨款应该应用于 R&D 投入，同时政府自身的行为也会影响区域内风险投资的数量和质量和银行的信贷能力，进而影响 R&D 的投入总量和 R&D 的产出总量。R&D 活动能够体现一个地区的科学创造能力和水平，在我国大部分地区的企业资金是 R&D 经费的主要来源之一，企业也是 R&D 经费投入的主体和 R&D 活动的主要执行部门，而对企业影响较大的是企业利润，企业利润会直接影响企业 R&D 经费的投入量，进而影响企业自身的技术研究量和企业间的联合技术开发量，而这些又会影响 R&D 的产出量，而后影响企业利润，而企业利润的增加又会影响政府财政收入，增强政府的行为能力，进而影响 R&D 的投入量，形成一个反馈循环。所以，各级政府要制定相应的政策来鼓励科技人员创新，保障研发人员和机构的利益，鼓励企业把科技成果转化益，使得已经投入的 R&D 经费发挥出最大效益，从而促使企业加大 R&D 投

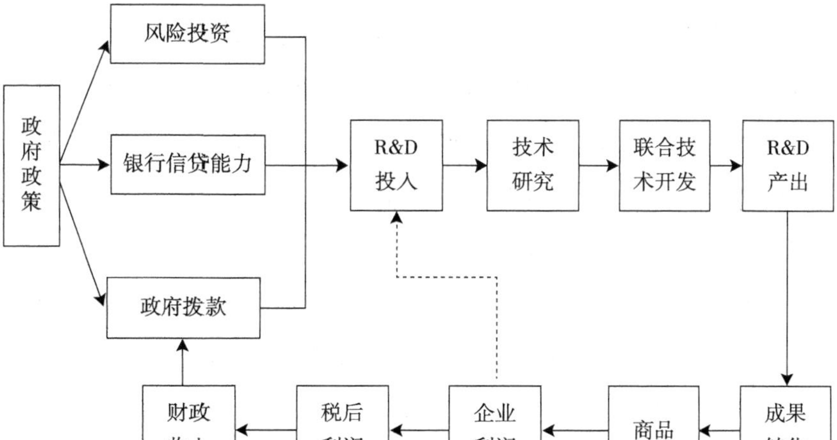

图 8　R&D 活动的投入产出机制

入，促使整个科技创新活动呈现正向循环，进而促进科技创新持续稳定的发展。

（二）青海省科技创新成果的转化机制

我们可以把科技创新成果的转化过程大致分为三个阶段，即科技创新成果的产生阶段、转移阶段和使用阶段，如图 9 所示。

1. 科技创新成果的产生阶段

根据市场需求确定科研目标这一阶段是科研的基础阶段，没有市场的科技创新成果是没有生命力的，也不可能转化为生产力。在确立了开发项目以后，就需要从理论上分析其可能性。而在整个研究过程中，基础研究是科技发展的“源头”，通过基础研究所获得的科学理论成果可以进一步进行实验研究，随着应用的不断深入，获得以专利技术为主要载体的科技创新成果。

2. 科技创新成果的转移阶段

这一阶段是中间试验和工业化的试验阶段，是从产品的雏形到完成产品批量生产，或者说完成生产工艺的可行性论证。此阶段是科技创新成果转化的关键阶段，如果能较好地完成这一阶段，产业化、规模化生产的前景就可能实现。对科技创新成果进行开发研究，首先是把实验获得的技术原理与生产过程所涉及的因素的相结合，先研制出少量样品，然后对样品进行评估论证，看是否具备了现实生产力的某种形态，如果评估结果良好，就可以开始准备进行工业化批量生产。

3. 科技创新成果的使用阶段

这一阶段是最终完成科技创新成果产业化的阶段。此阶段主要任务是不断地开拓市场，不断地扩大生产，同时还要为产品的更新换代做准备。科技创新成果转化的三个阶段是相互联系的、渐进的过程，也只有完成了这三个阶段，才能达到科技创新成果转化为现实生产力的目的。

根据科技创新成果转化过程分析，我们可以发现，科技创新成果的转化是整个社会科技经济发展链条的一个重要部分，因而要加速科技创新成果的转化，就必须树立系统的创新观点，了解科技创新成果从产生到应用的整个过程，从而实现“理论成果→技术成果→现实生产力”的连续化过程。

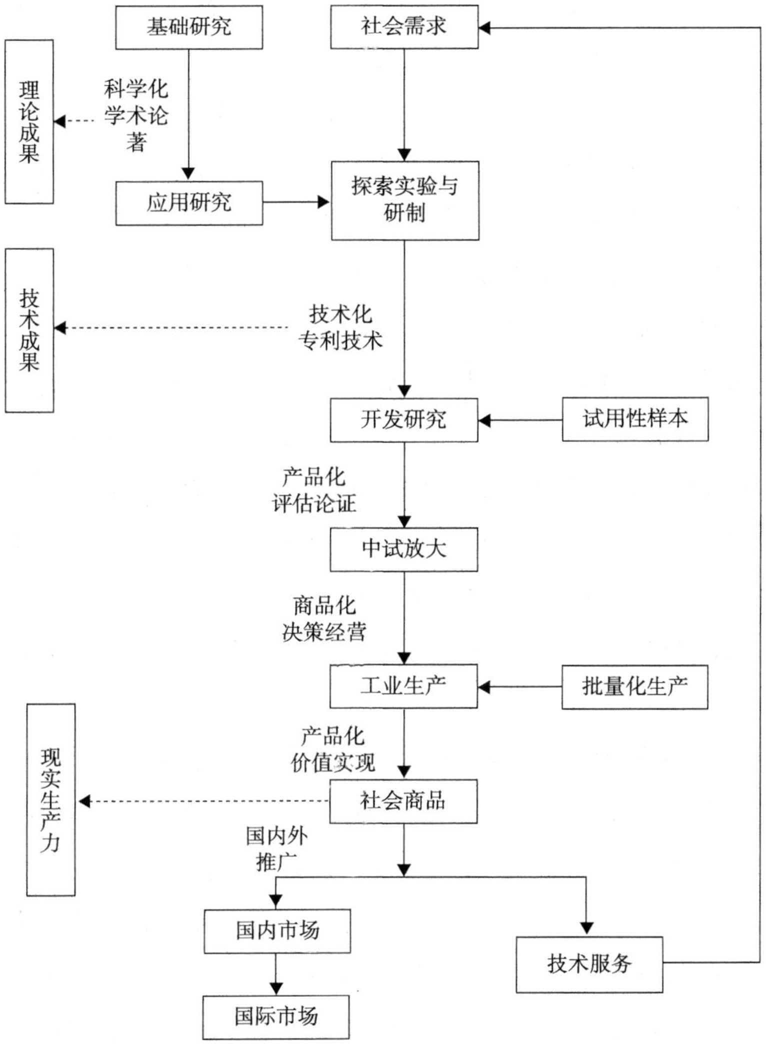

图 9　科技创新成果转化的传递机制

（三）青海省科技创新成果的推广机制

科技创新成果的推广应用广泛渗透于国家经济建设的全过程，一方面要靠市场机制的作用，另一方面也离不开政府的作用，两者缺一不可。随着青海省科技创新体系的逐步建立，构建一个适应市场经济要求、在政府宏观调控下依靠市场实现资源有效配置的科技创新成果推广机制十分重要。就目前情况来看，青海省市取得多项科技创新成果，科技资源相对较丰富，但是这些成果中真正进行批量生产并取得一定经济效益的比例较低，远远低于北京、上海等城市，其中科技创新成果的推广状况更是不容乐观，科技创新成果推广的各要素零落分散，缺乏优化组合。目前，青海省市还未建立起完全与现代科技相适应的科技创新成果推广机制，导致大量成果长期束之高阁，科技成果实际效用的发挥不理想。因此，如何提高青海省市科技创新成果的推广率，加快科技创新成果的推广速度已经成为各界学者普遍关注的问题，同时也成为了学术界研究的热点。而发达国家一些城市关于科技创新成果推广的成功经验告诉我们，要促进青海省市科技创新成果的推广，就必须建立健全的科技创新成果推广机制。科技创新成果的推广是一个由政府、科研机构、生产企业和技术市场构成的复杂过程，而且包括科技创新成果推广的投入、转化和产出等环节，我们主要从政府和市场两个方面来探讨科技创新成果的推广机制，具体过程如图 10 所示。

政府在科技创新成果推广过程中起着宏观调控的作用，它可以针对供需市场中存在的问题和矛盾，通过政策、法律、法规对供需状况进行调节，扩大技术创新成果推广量，而政府的政策也可通过质量保障制度监督、影响产品的性能质量，所以关系国计民生重大成果的推广都应该始终得到政府的资助和推动。青海省政府的作用机制主要有：1. 激励与约束机制；2. 扩散与吸收机制；3. 资源配置与承载机制；4. 利益分享机制。

在科技创新成果推广过程中，市场作用机制是核心，用户对产品的需求决定了产品生产和供给服务的提供，反过来，供给方提供的产品质量、服务、价格又影响着用户对产品的需求。所以，在技术创新成果的推广过程中，应该充分利用现有的技术市场网络和常设技术市场，以市场引导为主，行政扶持、推动为辅，使技术创新成果这一特殊的商品得到很好的推广和应用。

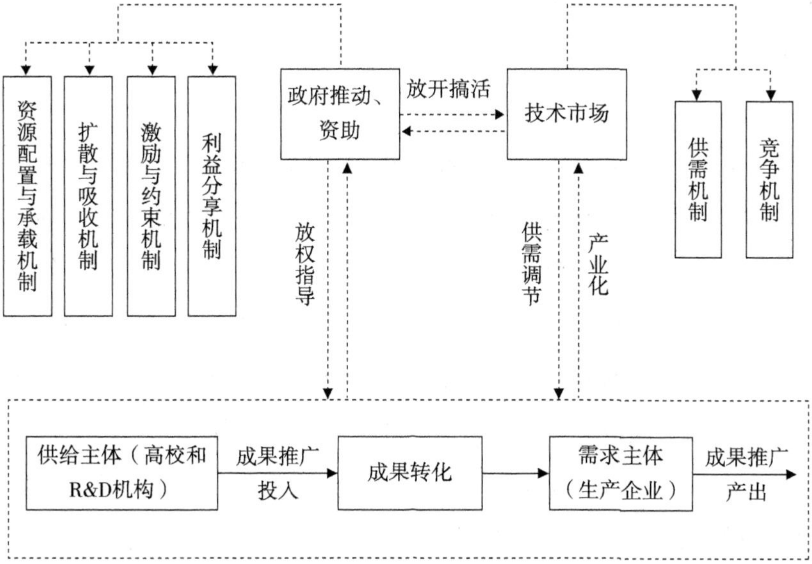

图 10　科技创新成果的推广机制

五、研究结论与政策建议

（一）研究结论

在经济全球化的 21 世纪，世界经济日益凸现区域化特征。科技创新已成为各个国家和地区获取竞争优势的决定因素，因此各个国家及地区都把创新体系的建设作为提升国际竞争力的重要战略。省份作为国家或一定区域内的政治、经济、文化中心，其发展同样依赖于创新体系的构建和创新能力的发挥。一个省的发展与创新，需要聚集相当规模的资本、资源、人才、技术和信息，需要形成具有相当数量的创新能量并将其扩散出去，而所有的这些都离不开区域创新体系的构建。2013 年 9 月和 10 月，中国国家主席习近平在出访中亚和东南亚国家期间，先后提出共建“丝绸之路经济带”和“21 世纪海上丝绸之路”的重大倡议，得到国际社会高度关注和有关国家积极响应。共建“一带一路”的重点在于促进区域合作，因此需要有关国家和地区合作互助，而科技创新能力对于促进区域合作交流有重大意义。本研究基于“一带一路”倡议的视角，对“一带一路”倡议沿线的其中一个省份——青海省进行研究，探究青海省科技创新体系的构建，得出如下结论：

第一，青海省借由“一带一路”倡议可以深化与中亚、东南亚、南亚等周边国家的合作，发挥自身在资金、技术、人才和产业等方面的优势，推进与周边省份和国家在基础设施、能源、实体经济等方面的合作，增强中国经济对周边的影响力。诚如习近平主席在亚信会议上指出的：“中国将同各国一道，加快推进丝绸之路经济带和 21 世纪海上丝绸之路建设，尽早启动亚洲基础设施投资银行，更加深入参与区域合作进程，推动亚洲发展和安全相互促进、相得益彰。”本研究报告通过对国内外区域科技创新理论与经验进行系统的归纳和总结，从青海省科技创新的实际情况出发，构建了青海省区域科技创新体系，给出了以动力机制、运作机制和实现机制为主要研究内容的新思路和新方法，对于“一带一路”沿线其他国家和省份构建自身科技创新体系，具有十分重要的理论意义和实践指导。

第二，本研究报告为经济发展程度较为薄弱，缺乏技术和经验的欠发达地区构建科技创新体系提供了一定的参考与借鉴。应提高创新资源利用效率，优化创新资源结构，缩短创新周期，降低创新成本，提高创新效率。科技创新是一国经济发展不可或缺的核心要素，从目前来看，无论是印度等南亚国家，还是印尼等东南亚国家及哈萨克斯坦等中亚国家，在制造业和基础设施等领域均面临着缺乏资金、技术和经验，发展能力较弱等问题。因此，依托“一带一路”建设，可以在产业发展上积极发挥青海省的科技创新能力，从而释放其带动的生产能力。青海省科技创新体系的构建充分利用了现有创新资源，减少了创新资源的闲置与浪费，促进科技与经济的有效结合。组织和引导了产、学、研的联合，优势互补与合作创新，快速提高科技引进的消化吸收能力和自主创新能力。

第三，研究结论对于增强国家整体科技水平有重大战略意义。区域科技创新体系是联结国家与科技创新主体——企业的纽带，是宏观领域和微观领域综合起来推动科技创新的结合点。发挥青海省的科技创新优势，扩大对沿线周边国家的贸易进口和投资额度，弥补沿线周边国家经济发展在科技上的不足。同时，依托“一带一路”建设，积极鼓励周边国家科技创新产品进入青海，扩大对华投资，分享中国改革发展的新机遇。国家科技创新战略必须通过下属省各级管理部门传达与履行职能，各区域科技创新体系建设的好坏将直接反映出国家科技创新体系建设的完善程度。因此，青海省结合自身特点，制定出科技创新发展战略，是将国家科技创新战略落实到位的重要步骤之一。

当前，青海省正在积极构建适应自身区域经济发展特点的区域科技创新系统。青海省区域科技创新系统是一个复杂的社会经济系统，该系统由技术、人才、资金、企业和科研机构、服务体系、政策环境、创新文化氛围等多种要素组成。本研究报告深入研究区域科技创新系统理论，对于指导青海省科技工作，优化整合区域创新资源，提高区域创新能力，促进区域经济的持续稳定增长具有重要的理论和实践意义，同时也可以为当前正在建设的区域创新系统提供可供参考的政策建议。

（二）研究建议

基于“一带一路”视角探索青海省科技创新体系构建既符合时代发展需要，又是理论界研究相关问题的要求，本研究结合“一带一路”倡议从科研经费投入、科技人才培养、政府政策鼓励与监督和产学研合作等方面提出青海省科技创新体系构建的相关管理建议。

第一，加强科研经费的投入力度。根据青海省的相关数据表明，专利产出会随着 R&D 经费和人员投入的增加而增加，特别是对于青海省而言，R&D 经费投入对专利产出作用更加明显。实际上，投入总量不足一直是制约青海省自主创新能力提高和专利产出能力增强的非常重要的因素。

青海省 R&D 经费投入强度与北京的 5.82%、上海的 2.81%、天津的 2.49% 相比还有相当大的差距。所以，青海省在加大科技投入的基础上，也要加强知识产权管理，注重科技创新成果的转化，把成果转化作为评价的重要指标。由于青海省的 R&D 经费使用效益不高，科研成果转化率较低，所以各级政府要采取各种手段来调动科技人员的积极性，最大限度地把科技创新成果转化为经济效益，促进企业的发展，使已经投入的 R&D 经费发挥出最大效益，从而使各级政府和企业进一步坚定加强 R&D 投入强度的决心。总之，加大科研经费的投入力度应该成为青海省改进和加强专利工作的重点。近些年来，随着人民币升值、国内生产成本上升、人口红利的逐步消失以及“刘易斯拐点”的到来等，中国出口产品的竞争力在不断被削弱，转型升级已经成为外贸竞争力重塑的必然之路。因此，通过“一带一路”建设，可以优化区域开放格局，利用新一轮国际产业转移的新机遇，为中国内陆、沿边地区提升利用外资规模和质量、扩大对外开放创造新的外部条件，青海省就可以受益于“一带一路”倡议对内陆地区的好处，实现开放，更好地刺激青海省经济发展。

第二，重视科技人才的培养。按照习近平总书记关于丝绸之路经济带建设的“政策沟通”“道路联通”“贸易畅通”“货币流通”“民心相通”五个方面的要求，“一带一路”沿线国家与地区同中国进行科技人才交流的可能性、开放性大大增加。而科技研发人员是自主创新和专利创造最直接、最积极的因素，其潜力的发挥关系青海省自主创新能力的提高和专利创造能力的增强。青海省要强化专利工作，就必须加强人才队伍的建设，加快原创人才的培养和造就，大力引进优秀的创新人才，改革和完善单位的人事制度，积极建立有利于激励自主创新的人才评价和奖励制度。总之，一方面要为研发人员营造良好的内在激励机制，另一方面要为研发人员创造良好的外部条件，比如加强专利人才培训体系的建设，通过专利和产权知识的讲授，来提高研发人员的专利和产权保护意识，进而提高他们的工作效率和投入水平，为青海省专利战略的推进打造一支能打攻坚战的研发队伍。

第三，加强政府政策引导，推动科技创新成果向生产力转化。“一带一路”倡议通过与沿线及周边国家在政策、基础设施、法律规章和文化等领域的对接，可以为中国企业及个人扩大对外投资，推动过剩产业和劳动密集型产业向外转移，在全球范围内配置和利用资源提供良好的基础条件。青海省在“一带一路”倡议下刺激过剩产能的转移，更好地实现科技创新的推进。另外，“一带一路”倡议通过与沿线国家和地区签署双边或区域性贸易投资协定，一方面有利于中国规避与其他国家的贸易摩擦，一方面通过双边或区域协定建立起安全保障合作机制，确保中国在海陆两方面对外经贸交往的安全性和稳定性，提升政治经济影响力，而安全和稳定的环境有利于青海省进行科技创新体系构建。

由于我国正处于社会转型时期，市场机制仍有待进一步完善，所以政府行为是推动科技创新成果转化的主要动力。针对目前青海省科技创新成果转化率较低的情况，省政府应进一步转变职能，为促进科技创新成果快速转化做好各项宏观方面的工作，倡导产、学、研相结合，发挥各部门的协同作用。

第四，加强产学研紧密合作，提高技科创新成果转化的效率。产学研合作不仅可以降低科技创新成果转化的交易成本，而且可以优化供给结构，刺激科技的有效需求，提高科技创新成果的转化效率。具体而言，青海省要促进科技创新成果的转化，满足市场的需求，就需要转变观念，使产学研合作的方式由简单的单向成果转让向双方联合研发，由单一的资金投入向多元化的创新投入，由低层次的短、平、快向高层次的自主创新和规模效益等方向发展。比如可以由政府投资成立多种形式的科技创新成果转化基地，加强高新技术产业开发区的建设，使其成为高新技术成果孵化基地，也可以以股份制形式联合研发，促进产学研结合，在企业资金有限的情况下，高校或科研机构以其研发力量，科研资源，科技创新成果作为资本入股与企业联合成立股份有限公司，建立起产学研紧密结合型的运作机制，既解决企业资金短缺，又能加速科技创新成果转化。总之，青海省政府应该紧扣“转方式，建两型”这根主线，努力推进产学研结合创新工作持续、健康、快速发展。

参考文献

[1] 王丹宇. 甘肃省区域创新体系建设实证分析［J]. 甘肃社会科学.2014（5）：225.

[2] 高孝伟. 青海省经济发展战略研究［D]. 中国地质大学.2015.

[3] Rogers E.M. Diffusion of Innovation[M]. NY：The Free Press，1995.

[4] DTI. Succeeding Through Innovation，Creating Competitive Advantage Through Innovation：A Guide for Small and Medium Sized Businesses［M]. London：Department of Trade and Industry，2004.

[5] Betje P.Technological Change in the Modern Economy：Basic Topics and New Developments［M]. Cheltenham：Edward Elgar，1998.

[6] Freeman C.Soete L. The Economics of Industrial Innovation［M]. London：Continuum，1997.

[7] 俞可平. 创新：社会进步的动力源［J]. 马克思主义与现实，2000（4）：30–34.

[8] 张凤，何传启. 创新的内涵、外延和经济学意义［J]. 世界科技研究与发展，2002（3）：55–62.

[9] 易杰雄，刘荣. 全面创新：构建和谐社会的决定性前提［J]. 理论前沿，2008（1）：8–10.

[10] 袁晓东. 影响企业科技创新的主要因素及其法律规制［J]. 科技进步与对策，2003（3）：9–11.

[11] 张浩，冯林. 主成分分析法在高校科技创新能力评价中的应用［J]. 武汉理工大学学报，2004（26）：157–161.

[12] 常东坡，赵国杰，王树恩. 当代科技创新的特点与科技创新人才的培养［J]. 自然辩证法研究 2005（21）：67–69.

[14] 陈丹宇. 区域创新系统研究的回顾与评述［J]. 科技进步与对策，2007，8：205.

[15] 弗雷特.M. 罗杰斯，朱迪恩.K. 拉森. 硅谷热［M]. 北京：经济科学出版社，1985：76–78.

[16] Michael Fritsch. Enterprise–university co–operation and the role of public research institutions in regional innovation systems［J].Industry and Innovation，1999：22–26.

[17] C.K.Sankat，K R Pun & C.B.Motilaf. Science，Technology and Innovation in Caribbean Countries：Performance Indicators of a Generic Model West Indian Journal of Engineering［J].Technical Paper，2006，28：13–26.

[18] R.R.Nelson. National innovation systems：a a comparative analysis [M]. Oxford University Press，1993.

[19] Furman J，Hayes R. Catching up or Standing Still? National Innovative Productivity among Follower Countries [J].Research Policy，2004.33：1329–1354.

[20] 邱均平，牛培源. 国家创新体系与创新能力测度研究 [J]. 评价与管理，2007，2：6–9.

[21] 沈菊华. 我国区域科技创新能力评价体系的研究和应用 [J]. 经济问题，2005，8.

[22] 王永康. 论沿海开放城市创新系统建设 [J]. 中国软科学，2002，(11)：90–92.

[23] 廖德贤，张平 . 区域创新系统中的城市创新系统 [J]. 科技情报开发与经济，2005，(5)：181–182.

[24] 马胜春，黄基鑫. "一带一路" 战略与中国区域经济发展 [J]. 中国工业经济.2015 (6)：156–160.

[25] 储殷，高远. 中国 "一带一路" 战略定位的三个问题 [J]. 国际经济评论.2015 (2)：91.

[26] 刘岩. 科技创新体系对我国创新型国家建设的启示 [D]. 渤海大学.2015.

[27] Erkko Autio. Evaluation of RTD in regional systems of innovation [J].European Planning Studies，Apr 1998，131.

[28] Kaufmann，Todtling. Systems of innovation in traditional industrial regions：the case of Styria in a comparative perspective [J]. Regional Studies，2000，34 (1)：21–25.

[29] Cooke. Regional innovation systems：General findings and some new evidence form biotechnology clusters [J]. Journal of Technology Transfer，2002，(27)：85–90.

[30] Martina Fromhold–Eisebith. Innovative Milieu and Social Capital Complementary or Redundant Concepts of Collaboration—based RegionalDevelopment? [J].European Planning Studies，2004.12 (6)：747–765.

[31] 盖文启，王缉慈. 论区域创新网络对高新技术中小企业发展的作用 [J]. 中国软科学，1999，(9)：77–79.

[32] 谭清美. 区域创新系统的结构与功能研究 [J]. 科技进步与对策，2002，(8)：74–104.

[33] 邹再进. 对区域创新系统内涵的再认识 [J]. 云南财贸大学学报，2006，(3)：54–68.

[34] 刘清平. 青海省市区域创新体系优化研究 [D]：[湖南师范大学博士学位论文]. 湖南：湖南师范大学，2010，1–17.

[35] 彭福扬，彭民安，李丽纯. 知识产权保护、科技创新与经济增长方式转变——基于我国区域面板数据的实证研究 [J]. 科技进步与对策，2012，56–60.

[36] 郑海涛. 产业集聚影响企业科技创新绩效的机理研究—基于广东产业集群案例和 458 家企业数据的实证研究 [J]. 中国科技论坛，2011，(10)：55–62.

[37] Erkko Autio. Evaluation of RTD in regional systems of innovation [J].European Planning Studies, Apr 1998, 131.

[38] Kaufmann, Todtling. Systems of innovation in traditional industrial regions: the case of Styria in a comparative perspective [J]. Regional Studies, 2000, 34 (1): 21–25.

[39] Cooke. Regional innovation systems: General findings and some new evidence form biotechnology clusters [J]. Journal of Technology Transfer, 2002, (27): 85–90.

[40] Martina Fromhold–Eisebith. Innovative Milieu and Social CapitalComplementary or Redundant Concepts of Collaboration—based Regional Development? [J].European Planning Studies, 2004.12 (6): 747–765.

（撰写人：彭佑元，李毅）

报告五　丝绸之路经济带建设中青海区域科技创新体系创新能力评价体系[①]

摘要：2013 年，习近平总书记提出共建“一带一路”的战略构想，这是国家统筹向东向西开放、协调沿海内陆发展的重大战略举措，将有力地促进沿线西部省份承接东部沿海地区产业转移，推动西部地区对外开放交流和自身改革发展，为西部地区实现跨越式发展提供新的动力。丝绸之路经济带的核心是产业体系国际化，而科技创新则是保证沿带经济体趁势而起的动力引擎。同时，通过实施科技创新实现经济增长，进而一举实现后发赶超，也正是“丝绸之路经济带”再度繁荣的核心策略。积极发挥科技创新的引领作用，提高自身的科技创新能力，才能以科技创新作为优势而达成与他国的合作，提高合作的起点，同时引领各国之间的经济发展。目前，对区域科技创新能力进行评价的文献虽多，但从丝绸之路经济带视角对沿线区域的科技创新能力进行评价的文献还鲜有。因此对丝绸之路经济带建设中区域科技创新能力进行评价既具有现实意义，又具有一定的理论价值。

青海省是位于我国西北地区的内陆省份，是贯穿南北丝绸之路的桥梁

① 本文核心内容刊登在《青海民族研究》2017 年第 2 期上。

和纽带，是连通中国与南亚国家的重要走廊和通道。青海作为古丝绸之路南线的重要通道，被誉为丝绸之路“青海道”，具有向西开放的重要节点和中转区的地域优势及战略通道价值。而今，青海省仍是新丝路经济带的重要组成部分，与古代丝绸之路的兴盛和繁荣密不可分。青海虽具有鲜明的历史、地理特征，环境资源较为丰富。但是，与中东部地区相比，青海的经济文化发展水平都远远落后，科技创新水平也相对较低。其科技创新能力能否有效支撑丝路经济带建设，对青海省又是巨大的挑战。因此，对青海省区域科技创新体系的科技创新能力进行评价是非常有必要的。

鉴于此，本文从“丝路经济”的角度，结合青海省科技创新的特点及现状，从科技创新过程视角构建了青海省科技创新能力评价体系，主要包括科技创新环境、科技创新投入、科技创新产出与科技创新效益四个方面。并通过实证研究分析发现，青海省的科技创新能力在逐年提升，而且在 2011 年至 2013 年增幅较大，主要在于科技创新投入、科技创新产出及科技创新的效益方面的明显改善。同时也找出了丝路经济带建设中青海省科技创新能力提升的“短板”所在。并针对关键影响因素，从技术、环境等方面提出了青海省科技创新能力的提升对策。

关键词：丝绸之路经济带；区域科技创新体系；科技创新能力

一、绪论

（一）研究背景

2013年9月7日，国家主席习近平在哈萨克斯坦发表重要演讲，提出了共建“丝绸之路经济带”。两千年张骞出使西域，开辟出一条横贯东西、连横欧亚的丝绸经济之路。两千年之后，中国与沿途国家交流合作不断深入，这条古老的大通道再现生机。“丝绸之路经济带”是在古丝绸之路基础上形成的一个新的经济发展区域，东连亚太经济圈，西接发达的欧洲经济圈，是世界上最长、最具有发展潜力的经济大走廊。共建丝绸之路经济带，对沿带地区经济发展具有重要的战略意义。

丝绸之路经济带横跨中亚、西亚，延伸至俄罗斯，沿线各国的经济和社会发展水平较不平衡，科技水平也参差不齐，均需在贸易兴盛的过程中依靠科技创新支撑“丝路”各国发展模式创新和实现可持续发展。共建“丝绸之路经济带”，将给国内外丝绸之路沿线地区带来巨大的发展机遇，促进丝路经济带沿线区域经济发展，缩小地区差距，推动经济均衡发展。丝绸之路经济带的核心是产业体系国际化，而科技创新则是保证沿带经济体趁势而起的动力引擎。同时在我国经济发展进入新常态的时代背景下，随着“丝绸之路经济带”建设的推进，沿线区域竞争日益加剧，而区域竞争力的提升又取决于科技创新水平。而中国在改革开放初期以及相当长的时期内，在世界经济格局中扮演着“世界工厂”的角色，由于缺乏资金和技术，只能处在产业链的底端，靠劳动密集型产业的产品出口来获得发展。但是目前，中国不仅拥有了充沛的资金，也掌握并拥有了大批可与世界领先科技水平相匹敌的科技创新成果和技术装备，逐步实现了由“中国制造”向“中国创造”的转变。目前中国可供其他国家分享的科技成果已经有很多，尤其在基础设施建设方面，如道桥、电力、通信以及其他工农业设施的建设，在能源开发与利用方面更是走在世界前列。在建设丝绸之路经济带的过程中，科技创新的纽带将引领各国之间的经济发展。通过实施科技创新实现经济增长，进而一举实现后发赶超，正是“丝绸之路经济带”再度繁荣的核心策略。因此，在共建丝路经济带过程中，中国必须充分发挥科技创新的引领作用。只有拥有高水平的科技创新能力，才能以科技创新作为优势而达成与他国的合作，提高合作的起点，同时引领各国之间的经济发展。

青海省是位于我国西北地区的内陆省份，是贯穿南北丝绸之路的桥梁和纽带，是连通中国与南亚国家的重要走廊和通道。青海作为古丝绸之路南线的重要通道，被誉为丝绸之路“青海道”，具有向西开放的重要节点和中转区的地域优势及战略通道价值。而今，青海省仍是新丝路经济带的重要组成部分，与古代丝绸之路的兴盛和繁荣密不可分。如何抓住这一百年难遇、千载难逢的战略机遇，更好地融入、推进丝绸之路经济带建设，是青海发展面临的一个重大课题。科技创新是推进丝绸之路经济带建设、引领沿带各国经济发展的关键因素。青海虽具有鲜明的历史、地理特征，环境资源较为丰富。但是，与中东部地区相比，青海的经济文化发展水平都远远落后，科技创新水平也相对较低。其科技创新能力能否有效支撑丝路经济带建设，对青海省又是巨大的挑战。因此，对青海省区域科技创新体系的科技创新能力进行评价是非常有必要的。

基于此，本研究从“丝路经济”的视角，以青海省科技创新资源和自身优势条件为基础，拟构建青海省科技创新能力指标评价体系，通过进行评价分析青海省科技创新能力的现状格局，发现其科技创新存在的局限性，以期改善其局限性，从而积极推动丝路经济带建设，同时推动青海产业结构调整和经济转型升级，提升青海省经济发展的质量和效益。

（二）研究目的与意义

随着中国将复兴“丝绸之路”提升到战略高度，学术界对其关注不断升温。丝绸之路经济带拓展了一个新的经济发展区域，如何推进丝绸之路经济带建设是沿带地区关注的焦点。在当今这个全球经济一体化的世界，科学技术发展迅猛，科技创新能力的强弱是推动经济发展的关键因素。通过科技创新推动经济快速发展，是“丝绸之路经济带”繁荣兴盛的关键。青海省作为“丝绸之路经济带”的重要组成部分，但其经济发展水平不高，集合了中国民族地区、内陆地区、高原地区和欠发达地区的所有特点，其科技创新能力能否有效推进“丝路经济带”建设，对青海省仍是巨大的挑战。本文从“丝路经济”的视角，以青海省科技创新资源和自身优势条件为基础，拟构建青海省科技创新能力指标评价体系，通过进行评价分析青海省科技创新能力的现状格局，发现其科技创新存在的局限性，以期改善其局限性，从而促使青海省积极推动丝路经济带建设。

丝绸之路的发展一直伴随着科技交流，“丝绸之路经济带”的建设亦需要科技创新的引领和驱动。各地区的科技创新能力越强，越有助于丝路经济带建设及带动沿带各地区的经济发展。本文通过评价青海省科技创新能力，明晰青海省科技创新能否支撑丝绸之路经济带建设，以期通过不断改进促使青海省积极融入丝绸之路经济带建设。同时，推动青海产业结构调整和经济转型升级，提升青海省经济发展的质量和效益。希望通过本文的研究能够对青海省科技创新能力有更为清晰的认识，促使青海省不断提升其科技创新能力，积极融入丝绸之路经济带建设，同时为科技创新支撑丝绸之路经济带建设的研究提供有意义的借鉴。

1. 丰富区域技术创新系统理论

区域科技创新能力是区域创新系统结构优化与功能发挥程度的反映，本文试图从“丝路经济”视角，对青海省区域科技创新体系创新能力进行评价与实证研究，丰富区域技术创新系统的理论。区域技术创新系统是基于市场的创新和相互联系的创新主体共同作用的结果，是分析区域创新和区域经济发展的新的理论框架。区域科技创新系统作为国家创新系统研究的一个重要内容被提出，是国内外研究的一个热点和前沿问题，经过这些年学者们的努力其基本理论已经形成，但对区域科技创新能力方面的研究大多是从微观层面对企业科技创新能力进行研究。本论文选择青海省科技创新能力为研究对象，构建了丝路经济带建设中青海省科技创新能力评价系统，选取重在衡量丝路经济带建设中青海省科技创新能力的指标，对青海省科技创新能力进行跟踪评估，找出优势与差距，探寻提升青海省科技创新能力、融入丝路经济带建设的有效措施。

2. 促进青海省自身科技创新能力的提升

科学的科技创新能力的评价体系，是丝绸之路经济带沿线各个区域发展科技创新能力的重要指导规范。通过评价，可以引导青海省按社会发展需要、丝绸之路经济带建设需要及自身科学的发展需要等方向进行创新，并对研究者的研究方向加以引导。当评价指出某些方面需要有所改进时，研究者就会集中精力探讨如何改进。通过青海省科技创新能力评价体系的建立、评价的展开、以及评价结果的分析，有助于青海省认识到自身在科技创新能力方面存在的优势与劣势所在，从而发扬优势，克服和改进劣势，进一步提高自身的科技创新能力，积极融入丝路经济带建设。

3. 保证青海省科技创新有效支撑丝绸之路经济建设

青海省是建设“丝绸之路经济带”的重点区域。在我国经济发展进入新常态背景下，不断提升青海省科技创新能力，对其在丝绸之路经济带中的战略支点作用具有重要意义。本文以丝绸之路经济带为视角，拟构建青海省科技创新能力指标评价体系，通过进行评价分析青海省科技创新能力的现状格局，发现其科技创新存在的局限性，以期改善其局限性。这有助于提升青海省的科技创新能力，促使青海省积极融入丝绸之路经济带建设，成为其重要战略基地，为丝绸之路经济带建设提供保障。同时有助于不断推动青海产业结构调整和经济转型升级，提升青海省的经济发展水平。

（三）研究内容与方法

随着“丝绸之路经济带”的提出，对其研究的文献也逐渐增多。从“丝路经济”的视角，对青海省区域科技创新体系的创新能力进行评价，促进青海省科技创新科技积极推进丝绸之路经济带建设。

1. 研究内容

本文主要通过梳理关于丝绸之路经济带及区域科技创新能力的相关文献，并结合丝绸之路经济带建设的现状及青海省科技创新的现状，拟构建青海省科技创新能力的评价指标体系，据此评价青海省的科技创新能力的强弱，是否足以支撑丝绸之路经济带建设。以下是本文的具体内容：

第一部分：绪论。简单阐述了本文的研究背景，对现阶段丝绸之路经济带建设现状和科技创新在丝绸之路经济带建设中的重要性，强调了青海省在丝绸之路经济带建设中的地位，以及科技创新对青海省融入丝路经济带建设有重要作用。在把握目前青海省现有现状的背景下，本部分进一步明晰了研究的目的与意义、研究的方法及创新点。

第二部分：文献综述及相关理论。本部分通过广泛收集青海省区域科技创新及丝绸之路经济带的有关的文献，从丝绸之路经济带建设中青海省科技创新能力评价的两个方面，即针对青海省区域科技创新能力的评价指标体系和评价方法，详细梳理了相关的国内外文献。并论述了区域科技创新系统及丝绸之路经济带的相关理论，为后续研究奠定了相应的理论基础。

第三部分：“丝路经济”视角下青海省区域科技创新能力评价指标体系构建。在第二部分的基础上，结合青海省科技创新资源和自身优势条件，在相关原则的指导下，构建青海省科技创新能力指标评价体系。

第四部分：基于 AHP- 灰色关联度的青海省科技创新能力评价。本文基于第三部分构建的青海省区域科技创新能力评价指标体系，并运用层次分析方法与灰色关联方法相结合的方法对青海省的区域科技创新能力进行了评价，从而发现其科技创新存在的局限性，并提出了一些改进的建议。

第五部分：结论与展望。本部分总结了论文的研究结论，并分析了研究的局限性，且对未来的研究方向进行了展望。

2. 研究方法

本文拟采用文献分析和实证研究相结合的方式研究“丝路经济”视角下青海省区域科技创新体系创新能力，在回顾和总结已有的相关文献的基础上，构建丝路经济带建设中青海省科技创新能力评价指标体系，通过实证的方法对青海省的科技创新能力进行评价。

（1）文献分析法

通过对科技创新的现有文献进行回顾与述评，阐述了科技创新、区域科技创新体系、丝绸之路经济带等变量的来源与发展，并着重对其研究现状尤其是现有研究存在的矛盾与不足进行了总结分析，明确本文的研究目的。同时借鉴现有区域科技创新体系创新能力评价指标体系构建的情况，分析了丝绸之路经济带建设中科技创新能力的相关影响因素，拟构建丝绸之路经济带建设中青海省科技创新能力的评价指标体系。并且也对评价方法的有关文献进行了述评，总结现有研究的缺陷，并从中明确各种研究评价方法的使用范围以及其优势，最终确定了本文的评价方法。在此基础上，构建了本文的研究框架。

（2）定性与定量相结合

定性分析主要是根据科技创新及丝绸之路经济带建设中科技创新研究的现有成果以及当前我国科技创新能力评价的现状，阐述了影响丝绸之路经济带中科技创新能力的影响因子，在此基础上构建了丝绸之路经济带中青海省科技创新能力评价指标体系；定量分析主要运用层次分析法确定了各指标的权重，以及模糊综合评价方法对丝绸之路经济带中青海省科技创新能力进行评价，从而保证了本文研究的评价指标体系的科学性，以及评价方法的有效性。与此同时，可以明晰青海省的科技创新能力可否积极支持丝绸之路经济带建设，促使青海省积极融入丝绸之路经济带建设。

（3）理论研究与实证分析相结合

从理论角度回顾科技创新及丝绸之路经济带的相关文献，寻找相应的理论支撑，从而构建了丝绸之路经济带建设中青海省区域科技创新体系创新能力评价指标体系，并梳理了科技创新的评价方法，总结其优缺点，运用模糊综合评价方法和层次分析方法对丝绸之路经济带建设中青海省科技创新能力评价。通过实证研究明晰青海省科技创新能力的强弱及发展变化，以及其科技创新对丝绸之路经济带建设的支撑作用。

二、相关理论与文献综述

（一）基础理论

1. 科技创新

熊彼特（1912）最早提出了“创新”的概念和理论。他在 1912 年出版的《经济发展理论》中提出，创新是把一种从来没有过的关于生产要素的“新组合”引入生产体系，这种新的组合包括引进新产品、新技术、开辟新的市场、控制原材料新的来源等[①]。在熊彼特看来，生产要素和生产条件的新组合是一个“内在的因素”，经济发展也是“来自内部创造性的关于经济生活的一种变动”。熊彼特的创新理论强调生产技术的革新和生产方法的变革在经济发展中起着核心的作用。也就是说，创新就是使技术与经济相结合，以发挥技术的作用。在 20 世纪 50 年代，由美国著名管理学家彼得德鲁克在管理领域里引入了“创新”概念，这里的创新是给予资源以新的创造财富能力的行为，创新包含技术和社会两方面，这样就使创新理论得到进一步地发展。在 20 世纪 80 年代，随着资本主义国家新技

① 约瑟夫·熊彼特．经济发展理论［M］．北京：商务印书馆，2000.

术革命的兴起，创新活动越来越广泛地开展起来，并逐渐地受到了人们的重视。

Freeman（1987）提出了著名的国家创新系统，该理论主要强调在领土范围内的创新，由于科技创新对于地理空间有很强的依赖，所以相邻的各种科研组织之间的互动以及交流对科技创新的影响越来越大①。

Stern、porter 及 Furman（2000）认为一个地区能够生产的科技新产品的潜能决定了其科技创新的能力，科技创新的作用不仅限于能够创造新的技术和新的产品，还可以变革固有的生产方式，促进生产效率的提高，推动产品质量的提高，最终提高该区域的科技创新能力②。

创新理论研究大致经历了技术创新、制度创新和国家创新系统等不同的发展阶段。现代创新理论认为创新是指人的思维活动和实践活动具有创造性、具有不同于前人或超越自身的独特的途径和方法。创新不仅仅是一个发明与发现的过程，而且是一种改进和再创造的过程。从过程上看，创新是某些组织利用一定的资源，在一定的管理体制下，开展创新活动，并会产生一定的创新成果，带来一定的经济的和社会的效应。从方式上看，创新包括原始创新、集成创新和在引进的基础之上的消化吸收再创新。这里所谓原始创新指的是科学发现和技术发明，集成创新指的是将相关的科学理论和技术成果有机融合，形成有竞争力的产品和产业。

2. 区域科技创新系统

21 世纪是知识经济、信息经济的时代，各个国家和地区之间的交往日益频繁密切，国家已渐渐失去了它的作用，区域经济则慢慢取代了国家经济的角色，而世界经济的发展也越来越呈现出区域化的特征。创新是经济增长的主要途径和源泉，区域创新体系是国家经济和科技发展的重要基础，只有提高了区域创新能力才能促进区域经济的发展，并且区域经济的

---

① Christopher Freeman.Technology，Policy，and Economic Performance：Lessons fromJapan［M］.London：Pinter Publishers，1987.

② Stern S，Porter ME Furman JL. “ The Determinants of National Innovative Capacity”［R］.National Bureau of Economic Research Working Paper 7876：Cambridge MA.2000.

发展状况也越来越受到学者的关注。国内外大量研究与实例表明，创新活动的区域性特征较为明显。这是因为创新活动的构成要素，例如与国家层面的创新体系相比创新人员、创新资源、创新资金和产品等，都具有明显的时间和地域属性。另外，创新是一种社会化的活动，需要在组织中进行，这些组织包括研究开发型企业、研发机构和科研院校等，这些机构通过人才、技术和产品的交流形成紧密的合作。虽然当今社会在信息技术迅速发展的推动下，彼此之间的沟通与交流变得越来越便利，但创新活动依然存在着对地理空间上的依存性。许多成功的创新集聚区域，例如中国的中关村、美国的硅谷等，都表现出强烈的区域特征。美国硅谷崛起是区域创新体系研究得到重视的一个重要原因，硅谷的神奇让人们意识到区域在创新体系中不可或缺的重要地位。区域创新体系研究的另一个思想来源是产业集聚。

区域创新体系是指一个区域内由参与技术发展和扩散的企业、大学和研究机构组成，并有市场中介服务组织广泛介入和政府适当参与的，一个为创造、储备和转让知识、技能和新产品而形成的相互作用旳创新网络系统。因此，区域创新体系的主要理论来源有三个，包括：国家创新体系理论、现代区域发展理论和渐进经济学。区域创新体系的内涵是指一个区域内进行有特色的、与地区资源和地区发展相关联、推进区域创新的制度组织网络。区域创新体系由主体要素（包括区域内的企业、科研院校和政府机构）、功能要素（包括区域内的各项制度创新、管理创新、服务创新和技术创新）、环境要素（包括制度、法制调控、基础设施建设和保障条件等）三个部分构成，具有输出技术知识、物质产品和效益三种功能。

在过去很长的一段时间内，创新过程发生了相当大的变化。线性的创新模式已经渐渐退出历史的舞台，而相互依赖的、不断演化的创新模式正成为主流，这种创新模式下，多个主体共同参与创新，相互作用、相互影响。创新是由公司和知识提供者的相互作用而产生的，并且日益受到政策制度、技术转换中介机构、教育的支持，这些主体在不同的空间层次上构成了“系统”。对区域创新体系进行了较早和较全面的研究，在其著作《区域创新系统：全球化背景下区域政府管理的作用》中，他把区域创新体系定义为：一个交互式的学习系统，它是企业或者其他机构以制度环境为基础形成的。区域创新体系的目的是推动区域内部新技术的产生、应用、流动、更新和再生。之后，又指出一个国家和区域内的制度框架与创新的激励和执行具有很强的相关性。在创新活动中，制度框架的影响是多层次的，创新是在区域中各种主体和组织之间复杂的相互作用的结果。

之后许多学者又先后对区域创新体系进行了研究。和将创新的系统方法扩展到了多层次框架，他们认为创新的影响不仅仅是单一维度的，而是在区域、国家、乃至超国家层面扮演着重要的角色。此后又有很多研究对创新系统存在区域维度的观点提供了支持。指出创新活动需要大量具有高素质的人才，而教育机构和科研机构是提供这些人才的主要场所并且与特定区域紧密相连，当某个地区具有这种科研优势将比其它区域具有更大的优势。也提出了相似的观点，他认为产业集群经常是集中化的，在特定的地区呈现出集中的状态，企业在这个区域内相互之间的联系增多。这种联系不仅仅包括物品和服务的之间的交易，还包括无形的联系和彼此间的相互作用，正是这种相互作用和影响促进了与创新有关的信息的共享。另外，指出知识拥有者和企业之间的联系，例如大学和企业的联系也通常是地域化的，因为这些主体要素通过本地劳动力市场之间的相互沟通联系进行创新行为，这也导致了高技术在某些特定区域内的发展。并且政策创新在区域创新中扮演了重要的角色。认为区域创新体系的核心是依靠企业或者科研机构创新的能力，同时也不能忽视这些机构与公共机构之间的相互作用，这也是促进创新的关键。通过对法国制造业区域创新体系的决定因素进行分析，结果表明构建区域内外的互动、交流机制比单纯发展内部的创新能力更重要。

区域创新体系的内涵包括以下几个方面：区域创新体系具有区域性、开放性和动态性的特征。①区域创新体系是介于国家创新体系和企业创新体系之间的体系，无论从层次结构上还是运行功能上看，区域创新体系都有明显的区域特征。由于受到经济、政治、文化和资源等不同条件的影响，各地区的发展状况各具特色，因此创新活动在起点、内容和实现路径上会有所不同，由此导致创新效率也会存在加大差异。由于各地区的情况不同，创新的形成、运行都要立足本地区特有的条件，并且与区域发展现状、未来目标相适应，这样才能使得创新的效率和结果达到最优。②区域创新是一个大系统，为了使得区域中各项要素正常运行，需要保证体系中各要素与外部环境的畅通，体系的开放程度、与外界环境沟通的效率等因素都将影响到体系创新的效率。区域创新体系是一个国际化的网络体系，创新成果跨国界进行流动，与外界环境的沟通交流能够提高创新能力和水平。③区域创新体系中各个主体要素以及他们之间的相互联系处在一个动态变化过程中，而其中的人力、知识、信息也在不断地更新。动态性表现在以下两个方面：首先，体系内部主体和环境处于一个动态的变化过程中。新企业的产生、旧企业的破产和兼并、区域内企业的迁入迁出等因素导致区域系统内要素主体数量的变化。同时，各个要素主体之间的相互联系也在发生着变化。其次，区域体系外部环境也在随时变化。由于外部市场环境变化导致旳不确定性和不可预测性，引起区域体系外部和环境内部各要素之间的关系也在不断发生变化。

3. 丝绸之路经济带

历史上，丝绸之路“是起始于古代中国的政治、经济、文化中心——古都长安（今天的西安）的古代贸易路线和陆路商业通道。它跨越陇山山脉，穿过河西走廊，通过玉门关和阳关，抵达新疆，沿绿洲和帕米尔高原通过中亚、西亚和北非，最终抵达非洲和欧洲”。虽然最初仅是用来运输中国古代出产的丝绸，

但它已经成为一条连通东方与西方之间经济、政治、文化的重要主干道。

“丝绸之路经济带”是在古代丝绸之路概念基础上形成的当代经贸合

作升级版，被认为是世界上最长、最具有发展潜力的经济大走廊。“丝绸之路经济带”是贯通亚欧两大洲的经济大陆桥。一桥横跨东西，万里险阻变通途。古代，丝绸之路可以通过三条线路联通亚欧；当今，亚欧大陆桥一号线和二号线相继贯通。“丝绸之路经济带”涉及人口众多、市场规模独一无二、合作潜力巨大。共建“丝绸之路经济带”，将给国内的丝绸之路沿线地区带来巨大的发展机遇。不过，横看整个经济带，它具有明显的区段特征：“一头连着繁荣的亚太经济圈，另一头系着发达的欧洲经济圈，但是在中国—中亚地区之间形成了一个经济凹陷带”。根据该区域特征可以进行区段划分，以中国作为“丝绸之路经济带”的东端起点，向西一带划分为功能有所差异的三大层段：一是中亚经济带，包括哈萨克斯坦、吉尔吉斯斯坦、塔吉克斯坦、乌兹别克斯坦、土库曼斯坦；二是环中亚经济带，涵盖中亚、俄罗斯、南亚和西亚，包括俄罗斯、阿富汗、印度、巴基斯坦、伊朗、阿塞拜疆、亚美尼亚、格鲁吉亚、土耳其、沙特、伊拉克等以及上述中亚地区；三是亚欧经济带，涵盖环中亚地区、欧洲和北非，包括欧洲德国、法国、英国、意大利、乌克兰等地区，北非埃及、利比亚、阿尔及利亚等地区，以及上述环中亚地区。

中亚经济带是“丝绸之路经济带”的核心区。从经济发展来看，中亚地区是“丝绸之路经济带”的凹地——经济发展水平整体落后，社会波动起伏较大。中亚地区地处亚洲中心，扼守亚欧两洲陆路通道。2012 年，中亚地区（不含中国）共有人口 6500 万人，GDP 规模为 2987 亿美元。该区与中国共有 3000 多公里的边境线，共同面临“三股势力”的侵扰，具有进行地区稳定、能源资源、经济贸易合作的天然需求和开发潜力。2001 年上海合作组织成立以来，中国目前已成为中亚国家最主要的贸易伙伴和投资伙伴，但比重仍有待提高。共建“丝绸之路经济带”有助于中国西部大开发和中亚各国经济发展，深化中国与中亚地区的能源资源合作，并促进该区域和平稳定和繁荣发展。

环中亚经济带是“丝绸之路经济带”的重要区。该地区地处亚欧大陆中心区域，也是“丝绸之路经济带”的中间地段，对于打造亚欧陆路大通道具有十分重要的战略意义。该地区（含中亚、不含中国）人口数量达 19.6 亿人，GDP 规模达 7.8 万亿美元。从经济发展水平来看，除了沙特等石油资源丰富的国家外，其他国家经济发展差异较大，整体水平比较落后。从货物贸易来看，该地区主要贸易伙伴为欧盟、美国等发达国家。同时，中国与该地区的经贸往来比重较小，经济贸易合作亟需提升。特别需要指出的是，该地区富有石油天然气资源，是目前中国能源进口的主要区域之一。因此，该地区是非常重要的能源安全战略地区和经贸往来潜力区。

亚欧经济带是“丝绸之路经济带”的拓展区。该地区覆盖了亚欧大陆主要国家和地区，是“丝绸之路经济带”完全版图区。该地区（含环中亚地区、不含中国）人口规模达到 27.4 亿人，GDP 规模高达 26.7 万亿美元。其中，欧洲段作为“丝绸之路经济带”的西端，经济整体繁荣稳定，经济发展水平高，对外贸易活跃，尤其是西欧地区经济高度发达，是世界经济最集聚的地区之一。从对华交往来看，欧盟与中国作为“丝绸之路经济带”上的两端，双方互为第二大贸易伙伴，经济社会、科学技术、文化教育交流不断深化。欧盟地区是中国技术引进和留学生出国的主要地区之一。不过，中国与欧盟的经贸往来主要依靠海路通道，亟需拓展陆路通道以扩大经济贸易、科技文教合作。

与亚欧国家共建“丝绸之路经济带”，虽然目标以经贸合作发展为主，但其战略意义广泛，事关国防安全、经贸安全、能源安全、边疆安全等重要领域的全局性国家安全问题，具有极大的战略意义。在内政上，共建“丝绸之路经济带”会提供更多的发展机遇，促进带区经济发展，缩小地区差距，推动经济均衡发展；在外交上，共建“丝绸之路经济带”可以打造连通亚欧国家的陆路大通道，以经贸发展促进全面合作，着力深化互利共赢格局，积极推进区域安全合作，维护周边和平稳定大局。可见，“丝绸之路经济带”并不是要简单地重现古代丝绸之路。在性质上，它是集政治经济、内政外交与时空跨越为一体的历史超越版；在内容上，它是集向西开放与西部开发为一体的政策综合版；在形成上，它是历经几代领导集体谋划国家安全战略和经济战略的当代升级版。

（二）国内外相关研究综述

1. 科技创新能力的实证研究

国内外学者对于区域创新能力的研究并不仅仅局限于理论研究，还重视实证探索，区域创新能力理论研究在不断的实证研究中得到验证与发展：美国麻省技术联合会（MTC），自 1997 年以后一直跟踪麻省创新型经济的运行情况，每年提供一份关于麻省经济运行情况的报告，在国际范围内产生了重大的影响，受到许多国家与地方政府和学术界的关注。Klein（1998）等人在对企业的创新能力深入调查研究的基础上，通过聚类分析，找到各种能力之间的关系，并用网络结构来表征各项创新能力之间的关系以及关系的紧密程度。Feldman&Audretsch（1999），Greunz（2004）等通过长时间对企业或行业创新产出与创新能力的观察与研究，并通过行业内部结构因素对技术知识扩散的影响进行模型构建。

国内学者运用各种方法对中国各个省市的区域创新能力进行细致的研究，得出一系列的影响因素或者指标，进而构建中国区域创新能力评价体系，在此基础上，结合各省市特征，分析研究区域创新能力的差异性并提出建设性建议。如刘友金（2001）通过科技投入和产出两个因子，筛选出各区域创新能力评价指标，并运用聚类分析方法比较中国各省创新能力的差异性。刘顺忠（2002）运用数据包络分析方法，以创新投入和产出能力两个维度，对中国各地区创新系统的特点及其创新绩效进行系统评价。李习保（2007）在区域创新系统的分析框架下，基于一年各省、市、自治区的创新活动数据，以职务发明专利申请量和授权量为创新产出指标，实证分析影响中国区域创新能力差异的效率因素，以此解释导致这种差异和区域集聚的制度原因。也有相当一部分学者从某些地区或者单个地区出发，结合当地的情况，更加细致微观地研究当地的区域创新能力，并构建相关模型阐述分析。如甄峰、黄朝永、罗守贵（2000）对沿海个主要省市的创新能力进行评估和比较。谢科范（2009）构建了城市创新能力支撑结构—钻石模型和城市创新系统投入产出模型，分析了个重点城市创新能力的优势和不足. 胡明敏（2006）选取湖南区域创新系统为案例，深入分析湖南区域创新系统的现状、模式，进而提出湖南应以选择主动学习型创新系统模式为主，兼顾跨行政区域创新系统模式进行建设的思路及策略。徐大可（2005）认为原始创新、突破性创新和二次创新是浙江省提升创新能力的三个重要环节。王康等（2005）从建立和完善区域创新体系的方法和途径角度探讨了四力民族地区创新体系的建设问题。王学军（2008）运用区域创新的理论分析和实证研究方法，评估湖北省区域智力资本水平和创新能力，以及两者相关性的强弱。

总体而言，国内外学者对区域创新能力的实证研究，经历了一个单维度研究到多维度综合研究的过程，从强调客观指标向客观指标与主观指标并重的演变过程。现有的研究分别从横向（不同各省、直辖市、自治区）、纵向（跨时间区域）对区域创新能力进行分析，由于地区之间的差异性显著，评价指标体系也各具特色，但从丝绸之路经济带建设视角研究区域科技创新能力评价体系的文献鲜有。因此构建“丝路经济”视角下青海省的科技创新能力评价指标体系也应具有丝绸之路经济带及青海省的特色。

2. 区域科技创新能力评价体系研究

区域创新能力评价体系研究是区域创新能力研究中一项艰巨而又重要的工作。区域创新能力评价体系可以直观地评价一个区域创新能力，衡量区域创新能力中各子因素能力的强弱，构建各区域创新能力相互比较的平台，从而发掘区域创新能力的总趋势以及优劣势，进而有针对性提出提升区域创新能力的政策措施，提升区域竞争力，促进区域经济社会的持续发展。Furman&Hayes（2004）认为综合指标体系应该是由创新基础设施、产业集群创新环境、科技与产业部门联系所组成。然而，区域间由于自然、历史、文化以及经济社会发展的独特性，区域创新评价体系也趋于具体化、个性化以及特殊化，即区域创新能力评价体系并不普遍适用，各种具体的评价体系都具有其存在的合理性。比如，发达国家的创新能力评价体系以市场经济、法律体系为隐含条件，而发展中国家往往不具备完善的市场经济与法律体系，因此，从理论以及实践角度，不同国家或者区域的创新能力指数必须与以其相配的创新能力评价体系来测度，如世界经济论坛的《全球竞争力报告》以两套不同的评价指标体系分别测量发达国家和发展中国家的创新能力指数。据此，许多国家与区域纷纷调整区域创新能力评价指标，推出了适合本区域的创新能力评价体系。如下表 1 是国际上公认的相对典型完善的相关区域创新能力评价体系：

表 1　国际区域创新能力评价指标体系

序号	名称	来源	指标体系
1	《全球创新指数》	国际顶尖商学院英思雅德 INSEAD	制度和政策、创新驱动、知识创造、企业创新、技术应用与知识产权
2	《国际竞争力报告》	瑞士洛桑国际管理开发学院（IMD）	国内经济、国际化程度、政府管理、金融、基础设施、管理、科学技术、国民素质
3	《欧洲成员国创新记分卡》	欧盟委员会与联合研究中心	创新投入：区域创新动力、知识创造、创新与企业家精神；创新产出：创新应用与知识产权
4	《全球竞争力报告》	世界经济论坛（WEF）	全球竞争力指标主与企业竞争力指标两大类。从宏观经济环境、政府公共部门以及科技的准备程度角度评价。

中国学者也针对中国各区域实际进行了丰富的理论与实践研究，推出了一系列结合实际的具有针对性的区域创新能力评价体系。谷国锋（2003）基于区域科技创新的内涵、结构及其运行轨迹，运用模糊数学综合评判法，对影响区域创新能力起关键作用的五类指标进行分值评价。这五类指标分别为政策法规（数量）指标、科技投入（资源）指标、科技产

出（效率）指标、科技实现（效益）指标和科技促进可持续发展（综合评价）指标，包括35个具体评价指标。沈菊华（2005）以连云港市为例，采用因子分析法和层次分析法分别从纵向和横向构建区域科技创新能力评价指标。这三类指标分别为科研开发能力指标、科技成果转化能力指标和科技支撑能力指标，共41个具体评价指标。评价结果与各市科技创新能力的实际基本吻合，由此验证其所构建的区域科技创新能力综合评价指标体系及所选用评价方法的科学性和有效性。

唐炎钊（2001）等通过参考可持续发展指标体系，结合有关竞争力、科技实力指标体系等，把区域创新能力评价指标体系分为三级指标共项。一级指标包括科技进步基础（科技人力资源、科研物质条件、科技意识3个二级指标）、科技活动投入（人力投入、科技活动财力投入2个二级指标）、科技活动产出（科技活动直接产出、高新技术产业化2个二级指标）和科技对经济社会的影响（经济增长方式转变、环境保护、生活质量提高3个指标），每个二级指标又包含若干三级指标。最后通过灰色综合评估法对北京、上海等9个城市进行了能力评价。殷晓莉（2005）认为创新能力指标体系应该由科技创新潜力、科技发展能力、科技产出能力和科技贡献能力这四个指标群构成。其中科技创新潜力指标包括人力资源、科研物质条件、科技意识和技术设施能力4个二类指标；而科技发展能力指标由人力投入能力和财力投入2个二级指标构成；科技产出能力指标由知识产出能力和技术产出能力指标构成；科技创新效益指标由经济效益和环境效益指标构成。此指标体系共分为三级共包括26个具体指标，并运用了网络层次分析法对中国31个省市自治区的科技创新能力进行综合评价。范柏乃（2002）等根据城市技术创新系统运行的结构模式，初步构造了区域创新能力的理论评价模型，结合专家筛选法、相关分析法和评价指标的辨别力分析进一步开展实证分析和检验，设计出区域创新能力的评价体系。姚伟峰等（2005）在区域科技自主创新理论研究的基础上，构建区域科技自主创新体系的理论框架和评价体系，通过灰色关联分析方法提出区域自主创新体系的灰色关联分析综合评估模型，进而对国内八个城市自主创新体系进行实证研究。青海省创新能力评价体系，目前也有学者进行了研究，但未有从丝路经济带建设角度来构建区域科技创新能力评价指标体系的研究。

从国内外的研究看，区域创新能力评价体系研究已经取得了实质性的进展。从区域创新能力评价体系的内容来看，可分为三大类：一是反映区域创新能力投入指标；二是反映区域创新能力性质、来源、时间、阶段费用和影响因素等的创新过程指标；三是反映区域创新能力产出指标。这些研究成果为建立科学的区域创新能力评价体系，并对其进行实际测度，进而制定科学的对策措施提供良好的基础。但总体上看，以往研究也存在着明显的不足之处，集中体现在以下两个方面：一是在评价指标的理论遴选方面主观性和随意性较强，被选的指标缺乏一定的合理性和客观性；二是在评价指标的实证筛选方面缺乏对理论遴选的评价指标进行相关分析、隶属度分析以及辨别力分析，导致评价指标间存在高度的相关性，缺乏足够的辨别力，导致信息的重复使用，降低了评价结果的科学性。

三、青海省科技创新能力评价指标体系构建

区域科技创新能力涉及诸多因素，对其进行综合评价的基础，即要建立全方位、多角度的评价指标体系，使其成为科学反映区域科技创新活动本质、有效测评区域创新能力水平的系统工具。

（一）评价指标体系构建的基本原则

制定科学、系统、全面的评价指标体系是进行区域科技创新能力综合评价的前提。科学的评价指标体系可以对区域科技创新能力进行有效测度。为使这一评价工具达到一定效度和信度，精准、全面、客观地反映区域科技创新能力的实际情况，所选择的评价指标体系需符合以下基本设计

原则：

1. 系统性原则。评价指标体系需涵盖区域科技创新活动的各个层面，充分发挥其系统性特征，揭示区域科技创新活动的全貌。同时，应将评价指标合理划分为若干层级。各层级评价指标相互独立，每一指标对应区域科技创新能力的某一状态或特征；由若干具有一定内在联系的评价指标形成一个指标群集，反映区域科技创新能力某一层级的实质性内涵；将若干指标群集进行综合架构，进而形成完善的评价指标体系，系统评测区域科技创新能力的整体水平。

2. 科学性原则。评价指标体系的科学性是保证评价结果有效、合理的基础，因此，评价指标的设定需经反复替选和修正，其定义、范围、类别及其数据选取、收集、处理等，都需以科学为依据，既有相关理论进行有力支撑，又能真实反映我国各省级区域科技创新的实际情况。

3. 可比性原则。需明确各个评价指标的定义、统计口径、统计方法、统计时间及适用范围，从而确保区域科技创新能力的评价结果能在评价对象——各省级区域间进行横向比较，并能对某一地区不同发展阶段的创新水平进行纵向对比，提升评价结果的有效性。

4. 可操作性原则。进行区域科技创新能力评价指标选取时，需考虑指标数据的可获取性、对指标进行量化的难易性。首先，需确保数据资料可通过查阅全国及各省综合统计年鉴和各类专业统计年鉴（如科技统计年鉴）等获得，保证指标数据的正确性和权威性。其次，为使评价结果更加客观，并方便实证研究，数据资料需要能够量化，尽可能避免定性指标的使用。

5. 有效性原则。所设定的区域科技创新能力评价指标需遵循有效性原则，即指标应与评价对象的结构及内涵相对应，能够科学、真实反映某一区域科技创新能力的实际情况和本质属性。具体而言，由于本文以丝绸之路经济带建设中青海省科技创新能力评价单位，而不同区域的规模对指标的绝对值有较大影响，因而指标选取时应尽量考虑相对指标，进而降低由地区规模所形成的评价结果偏差。

（二）青海省区域科技创新能力评价指标体系

本文将从科技创新的过程方面，借鉴已有文献，构建评价指标体系。因为该视角可以动态展现科技创新的整个整合过程，不仅能综合评价青海省的科技创新能力，而且有利于发现青海省在科技创新中存在问题，以便为其决策提供科学依据，从而促进丝路经济带建设。因此，本文结合青海省科技创新的特点及实际情况，从科技创新过程视角将科技创新能力评价体系分为科技创新的环境、投入、产出与效益四个方面，具体见表 2。

表 2　青海省科技创新能力评价指标体系

目标层	准则层	指标层
青海省科技创新能力评价 U	科技创新环境 V1	高技术企业数（个）
		研究与开发机构数（个）
		每万人口中 R&D 人员数量（人）
		高技术产业施工项目数（个）
		国家级星火项目数（项）
	科技创新投入 V2	从事科技活动人数（人）
		R&D 人员全时当量（人年）
		R&D 经费支出与 GDP 比值（%）
		地方财政科技支出占地方财政支出比重（%）
		企业 R&D 资金支出（万元）
	科技创新产出 V3	科技成果登记数（项）
		专利授权量（件）
		专利申请量（件）
		技术合同成交额（万元）
		高技术企业新产品销售收入（万元）
	科技创新效益 V4	人均 GDP 水平（万元）
		GDP 年增长率（%）
		进出口总额占 GDP 的比重（%）
		进出口总额年增长率（%）
		城镇居民人均可支配收入年增长率（%）

1. 科技创新环境是由科技人力资源、物质条件及开发项目数等构成的科技创新的外部环境，反映青海省科技创新的基本发展状况。科技人力资源是能为科技进步付出创造性劳动、做出重大贡献的人力资源，是科技创新的基础性智力资本，尤其是 R&D 人员。物质条件是科技创新的重要支撑，是实现科技进步的必要的基础设施。开发项目是科技创新的载体，在科技创新支撑能力的保障下，根据创新的需求，构建将创新构思转化为新技术等的项目，并进行立项。并通过各个项目载体开展科技创新活动，在合理有效配置资源的过程中实现科技创新。

2. 科技创新投入反映的是投入到科技创新活动中资源的总和，主要包括人力资源和财力资源，为开展科技创新提供了有力保障。而科技创新活动能否达到预期目标，很大程度依赖于人力资源的投入。本文将人力投入划为从事科技活动的人数和科技创新活动的主体 R&D 人员两个二级指标。财力资源的投入是科技创新活动持续进行的资金保障，本文从企业和政府两方面的资金投入来选取指标。虽然丝路经济带建设主要应该依靠市场的力量，但青海省经济发展缓慢，政府仍需扮演重要角色，所以在财力投入方面，本文重点考虑政府的资金投入情况。

3. 科技创新产出是指通过开展一系列创新活动所取得的科技创新的成果，本文主要从科技创新直接产出及产业化两方面评价。市场是科技创新的动力，但青海省的市场机制尚处于建设中，市场机制并未真正发挥其作用，所以，产业化是青海省科技创新相对较为薄弱的环节。本文在选取指标时，主要从科技创新的直接产出方面进行了评价，选取了三个二级指标。然而青海省产业化环节虽薄弱，但丝路经济带建设将促进青海市场机制建成，并且产业化才是科技创新的最终目标，因此从产业化方面选取了两个代表性的二级指标。

4. 科技创新效益是科技创新能力的最终体现，主要表现在经济增长、产业发展及居民生活水平等方面。本文主要从宏观经济绩效、产业结构化及居民收入方面来评价青海省科技创新的效益，其中宏观经济绩效主要是从 GDP 增长率和人均 GDP 两方面反映；在产业结构化方面，丝路经济带的建设促进了要素加快流动，从而带动青海省产业结构的调整、优化，使得其经济更加开放，因此本文主要进出口总额占 GDP 的比重及进出口总额年增长率两个二级指标来反映丝路经济带要素的流动及青海省的产业结构变化；而居民收入是科技创新效益最直接的体现，主要从城镇居民人均可支配收入年增长率来评价。

四、基于 AHP- 灰色关联度的青海省科技创新能力评价

（一）AHP- 灰色关联度评价模型

1. 数据选取及分析工具

国内关于区域科技创新能力评价方法的实证研究很多，主要有三种：第一，定性评价方法，主要是德尔菲法。第二，定量评价方法。沈菊华采用层次分析法对连云港的科技创新能力进行了纵向评价。[5] 唐炎钊运用模糊数学评价法，提出了一个区域科技创新能力的模糊综合评价模型，并用此模型对广东省科技创新能力进行了综合评价。[6] 常涛等运用因子分析方法对资源型区域的科技创新能力进行了横向与纵向评价。[7] 第三，定性与定量相结合的综合评价方法，如李柏洲、苏屹根据模糊数学的思想，将粗糙集法和熵模型两种方法结合起来，使原本无序化的信息变得有序、可比，建立了一种评价区域创新能力的新模型。[8] 王亚伟，韩珂依据模糊数学理论，构造了一种改进的多层次模糊综合评价模型，并利用改进后模型对河南省的区域科技创新能力进行综合评价，从不同侧面反映出了河南省科技创新的优势和劣势。[9] 综上，已有文献对数据要求较高，而于青海省经济发展相对落后，科技创新指标数据的获取有一定难度，鉴于数据的可得性与准确性，本文选择采用灰色关联度方法进行评价。童纪新等以灰色关联分析方法为基础，构建了基于科技投入和科技产出两方面的科技创新效率综合评价指标，得出江苏省城市科技创新效率呈苏南、苏中、苏北三

级阶梯分布状的结论，还发现了各市科技创新过程中存在的弱点。[10] 可见采用灰色关联度分析方法可以达到本文的研究目的之一。蒋兴华也采用同样的方法对佛山市科技创新能力进行了评价，[3] 但在确定权重方面，只是主观确定，缺乏客观依据。因此本文在采用灰色关联度分析时，选择运用层次分析法来确定权重。而这种将层次分析与灰色关联度分析相结合的方法也有广泛应用，如汪志波将其应用于企业科技创新能力评价。[11] 因此本文选取 AHP- 灰色关联度模型来测度青海省的科技创新能力。

关于数据的获取，本文从《中国科技统计年鉴（2010–2014）》、《中国统计年鉴（2010–2014）》、《青海省统计年鉴（2010–2014）》中，选取 2010–2013 年青海省科技创新相关指标数据为样本，该样本能够代表青海省科技创新的总体水平，基于这样科学数据之上的研究结论将具有更高的可靠性。

2. 评价模型

层次分析法（AHP）是由 T.L.Saaty 教授提出的一种定量与定性结合、系统且层次化的决策方法，该方法在理论上相对成熟、应用非常广泛。灰色关联分析（GRA）是一种多因素统计方法，其依据所选指标的样本数据，对系统中各元素之间关联程度进行分析，排序。与传统的分析方法比较，GRA 客观性强，并且对数据要求较小，能为一个系统动态发展趋势提供量化的度量，因而广泛应用于很多领域的综合评价。

（1）指标权重确定

本文采用 AHP 法来确定指标权重，从准则层开始，采用 9 标度法，按照相应隶属层次进行两两对比确定相对重要性，得到判断矩阵。然后，将判断矩阵数据输入 yaahp 软件，可进行一致性检验，通过检验则可得到各指标的权重。设一级指标 V_i 的权重为 W_i，二级指标 V_{ij} 的权重为 W_{ij}，其中 V_i 的指标权重集为 $W_i=\{W_1,W_2,\cdots,W_n\}$ 且 $0\le W_i\le 1$，$\sum_{i=1}^{n}W_i=1$；V_{ij} 的指标权重集为 $W_{ij}=\{W_{i1},W_{i2},\cdots,W_{im}\}$ 且 $0\le W_{ij}\le 1$，$\sum_{j=1}^{m}W_{ij}=1$。

（2）构建指标特征向量

设系统的评价对象集由 n 个待评价的年限构成，评价指标集由 m 个评价指标构成，用指标的特征值代表每个指标对待年限的评判，则系统的特征值矩阵为：

$$X=\left(X_{ij}\right)_{m\times n}$$

式中 X_{ij}（$i=1,2,\cdots,\mathrm{m}$；$j=1,2,\cdots n$）为第 j 个待评价年限在第 i 个指标下的指标特征值。

（3）规格化矩阵

由于各个指标的单位不同，需要进行无量纲处理，本文采用效益型指标进行规格化，计算公式如下：

效益型指标：$y_{ij}=\dfrac{X_{ij}}{\max X_{ij}}$，$i=1,2,\cdots,m$，$j=1,2,\cdots,n$；

则规格化矩阵为：$Y=\left(y_{ij}\right)_{m\times n}$，第 j 个待评价年限表示为 Y_j=（y_{1j}, y_{2j}, $\cdots$, y_{2m})，且 $0\le y_{ij}\le 1$。

（4）确定参考数列，求差序列、最大差及最小差：

从待评价年限中的指标数据列中选最大值，组成 U 在 V_1 上的最优参考向量 G：

$G=\left(g_1,g_2,\cdots,g_{\mathrm{m}}\right)=\left(y_{11}\vee y_{12}\cdots y_{1n},\cdots,y_{m1}\vee y_{m2}\cdots y_{mn}\right)$ 其中，$\vee$ 为取大运算符。

序列差：$\Delta_{ij}=\left|g_i-y_{ij}\right|$，$i=1,2,\cdots,\mathrm{m}$，$j=1,2,\cdots,n$。

最大差为：$\Delta\left(\max\right)=\max\max\left(\Delta_{ij}\right)$，表示 Δ_{ij} 中的最大值。最小差为：$\Delta\left(\min\right)=\min\min\left(\Delta_{ij}\right)$，表示 Δ_{ij} 中的最小值。

（5）计算灰度关联度

第 j 个待评价年限 Y_j 与最优向量 G 的关联系数 $\xi_i\left(Y_j,G\right)=\dfrac{\left\{\Delta\left(\min\right)+\rho\Delta\left(\max\right)\right\}}{\left\{\Delta_{ij}+\rho\Delta\left(\max\right)\right\}}$，其中 ρ 是分辨系数，且 $0<\rho<1$，一般在 0.1 到 0.5 之间取值，越小则关联系数之间的差异越大。

然后可计算灰色关联度为 $D\left(Y_j,G\right)=\sum\omega_i\times\xi_i\left(Y_j,\mathrm{G}\right)$，其中，$\omega_i$ 为第 j 个待评价年限的第 i 个指标的权重系数。

（二）丝路经济带建设中青海省科技创新能力评价

1. 评价过程

采用 AHP 法确定指标权重，首先制作指标体系各层次指标之间重要性的判断矩阵调查表，对课题组及有关专家共 12 人进行了调查，然后通过数据整理，经 yaahp 软件计算，最终可得出青海省科技创新能力评价体系各指标的权重，如表 3 所示。

表 3 青海省科技创新能力评价指标体系

目标层	准则层	指标层	指标权重
青海省科技创新能力评价 U	科技创新环境 V1（0.28）	高技术企业数（个）	0.19
		研究与开发机构数（个）	0.24
		每万人口中 R&D 人员数量（人）	0.32
		高技术产业施工项目数（个）	0.14
		国家级星火项目数（项）	0.11
	科技创新投入 V2（0.24）	从事科技活动人数（人）	0.11
		R&D 人员全时当量（人年）	0.13
		R&D 经费支出与 GDP 比值（%）	0.32
		地方财政科技支出占地方财政支出比重（%）	0.26
		企业 R&D 资金支出（万元）	0.18
	科技创新产出 V3（0.34）	科技成果登记数（项）	0.12
		专利授权量（件）	0.22
		专利申请量（件）	0.09
		技术合同成交额（万元）	0.29
		高技术企业新产品销售收入（万元）	0.27
	科技创新效益 V4（0.14）	人均 GDP 水平（万元）	0.33
		GDP 年增长率（%）	0.11
		进出口总额占 GDP 的比重（%）	0.10
		进出口总额年增长率（%）	0.15
		城镇居民人均可支配收入年增长率（%）	0.31

构建指标特征向量及格式化矩阵：根据青海省科技创新能力评价指标体系的数据，求得青海省科技创新能力 U 在 V_1 上的特征向量矩阵为：

$$X=(X_{54})_{5\times4}=\begin{vmatrix}28 & 23 & 24 & 29\\ 28 & 26 & 27 & 28\\ 0.7643 & 0.7515 & 0.7848 & 0.7322\\ 25 & 25 & 25 & 25\\ 12 & 15 & 22 & 15\end{vmatrix}$$

由 $y_{ij}=\dfrac{X_{ij}}{manX_{ij}}$ 规格化指标特征向量，使得指标无纲量化，得到规范化矩阵：

$$Y=(Y_{54})_{5\times4}=\begin{vmatrix}0.966 & 0.793 & 0.828 & 1.000\\ 1.000 & 0.929 & 0.964 & 1.000\\ 0.974 & 0.958 & 1.000 & 0.933\\ 1.000 & 1.000 & 1.000 & 1.000\\ 0.545 & 0.682 & 1.000 & 0.682\end{vmatrix}$$

确定参考数列，求差序列、最大差和最小差：从待评价年限的指标数据选择最佳值，组成 U 在 V_1 上最优参考向量 G：

$G=(g_1,g_2,g_3,g_4)=(1,1,1,1)$。

根据序列差公式可得绝对差矩阵：

$$\Delta_{ij}=\begin{vmatrix}0.034 & 0.207 & 0.172 & 0.000\\ 0.000 & 0.071 & 0.036 & 0.000\\ 0.026 & 0.042 & 0.000 & 0.067\\ 0.000 & 0.000 & 0.000 & 0.000\\ 0.455 & 0.318 & 0.000 & 0.318\end{vmatrix}$$

则最大差：$\Delta(\max)=\max\max\left\{\Delta_{ij}\right\}=0.455$，最小差：

$\Delta(\min)=\min\min\left\{\Delta_{ij}\right\}=0.000$。

确定关系系数及关联度：根据关系系数公式，取 $\rho=0.4$，可得 U 在 V_1 上的关系系数矩阵 ξ_1 为：

$$\xi_1=\begin{vmatrix}0.843 & 0.468 & 0.514 & 1.000\\ 1.000 & 0.719 & 0.835 & 1.000\\ 0.875 & 0.813 & 1.000 & 0.731\\ 1.000 & 1.000 & 1.000 & 1.000\\ 0.286 & 0.364 & 1.000 & 0.364\end{vmatrix}$$

根据 $D\left(Y_j,G\right)=\sum\omega_i\times\xi_i\left(Y_j,G\right)$ 可得青海省科技创新能力评价 U 在 V_1 上的关联度 $D_{11}=\left(0.852\quad 0.702\quad 0.868\quad 0.844\right)$。同理可得 U 在 V_2、V_3、V_4 上的关联度，如表 4.2 所示：

表 4.2　各准则层的关联度值

年限	2010	2011	2012	2013
科技创新环境	0.852	0.702	0. 868	0. 844
科技创新投入	0. 651	0. 768	0. 784	0. 829
科技创新产出	0. 402	0. 620	0. 655	0. 958
科技创新效益	0.585	0.688	0.702	0.713

同理可得青海省科技创新能力的总关联度：D=(0.580　0.609　0.757　0.973)。

2. 评价结果分析

从总体来看，2010 年、2011 年、2012 年、2013 年青海省科技创新能力关联值分别为 0.580、0.609、0.757、0.973。可见，2010 年至 2013 年青海省科技创新能力逐年增强，而且在 2011 年至 2013 年增幅较大，主要在于科技创新投入、科技创新产出及科技创新的效益方面的明显改善。2012 与 2013 相比，青海省科技创新能力的提升主要由于科技创新产出的大幅增加。总体表明，面对“丝路经济”的挑战，青海省有实力有基础推进丝路经济带建设，并且抓住机遇，实现其自身经济的转型发展。

在科技创新环境方面，2010 至 2013 年科技创新环境关联度值分别为 0.852、0.702、0.868、0.844。由此结果分析可知，青海省的科技创新环境改善不明显，处于徘徊震荡中，发展滞缓。主要是由于高技术企业、研究与开发机构及每万人口中 R&D 人员数量差异所致。高技术企业及研究与开发机构作为科技创新基础环境，并没有呈现逐年增长态势。每万人口中R&D人员却有逐年减少趋势。而丝路经济带的建设，为沿路各省在各领域提供了互利合作的机遇。青海省应借此机遇，积极寻求与优势省份合作，打造并维护其科技创新环境，从自身科技水平及经济发展需要出发，大力引进高层次研究人员，积极培养高级创新人才，增加对高技术企业和研究开发机构的鼓励与支持，从而增加科技创新项目立项，改善青海省科技创新环境。

在科技创新投入方面，2010年、2011年、2012年、2013年科技创新投入的关联度值分别为0.651、0.768、0.784、0.829。这表明，青海省科技创新投入总体呈现增长趋势，在人力资源投入方面，青海省R&D人员和从事科技活动的人数在小范围内波动，整体人力投入处于徘徊状态，无明显趋势；在经费投入方面，政府经费的投入有比例在缩减，企业R&D经费投入却在逐年增加，相较于2010年企业科研经费投入 增长明显，这是一个良好的发展势头。但就青海省的发展现状，政府R&D经费投入仍需重视，增加财政对科技的投入，发挥财政经费对企业及社会资金的引导作用。并加大对研发人员开发与培养，促进知识、技术及专业化人才的积累。同时继续鼓励企业积极参与科技创新，逐步缩小与全国各地区的差距。

在科技创新产出方面，2010年、2011年、2012年、2013年科技创新产出的关联度值分别为0.402、0.620、0.655、0.958。这表明，青海省科技创新产出日益增多，主要是由于科技成果、技术合同成交额、专利申请量、专利授权量及高技术企业的新产品销售收入都在不断增加，只有专利授权量2013年有所降低，总体上科技创新产出是有明显增长的，但仍低于全国平均水平。青海省仍需采取有效措施促进科技创新成果产出，一方面可以加大科技创新奖励力度，制定灵活有效的人才绩效与报酬挂钩制度。同时应完善青海省科技创新项目管理体系与政策，促进科技创新与丝路经济带建设的紧密结合。另一方面，应加大与国际、国内的科研合作，鼓励基础性的科研探索。

在科技创新效益方面，2010 年、2011 年、2012 年、2013 年科技创新效益的关联度值分别为 0.585、0.688、0.702、0.713。这表明，青海省科技创新取得了显著成效，2013 年较 2010 年有较大转变。科技创新很大程度上促进了青海省国民经济的发展，人均 GDP 有明显提升，不同区域要素流动在波动中增强，产业结构也随着进一步优化。居民人均收入整体呈增长态势，生活水平也得到了进一步改善。随着丝路经济带建设，我国在经贸、金融、投资等领域合作将不断扩大，经济合作的内容将更加丰富，规模将进一步扩大。因此青海省在科技创新的过程中，应依托在“丝路经济”中的战略定位和区域优势，扩大领域合作，积极开展科技创新，重视科技成果的转化，不断提升科技创新效益。只有科技成果发挥了其真正的潜在价值，科技创新才有意义。

（三）青海省提高科技创新能力的发展思路

1. 加快构建多元化的科技投入体系

鼓励企业注重提高企业的自主创新能力。企业是区域科技创新系统的主体，处于中心地位，企业需要集聚优势资源要素，因此需要对要素进行引导。实现以企业为主体，市场为导向，通过产学研相结合，将重大科技成果转化及产业化项目进行组织实施。

首先，积极推动金融创新，为高新技术产业发展提供强有力的资金支持。省政府应积极增加可持续发展基金对高新技术产业化项目的支持比例，扩大政府对新兴产业的培育和引导作用。从机制与体制创新入手，加强与金融机构的合作，设立风险资金池，为实施高新技术产业化项目的企业提供资金担保，充分调动和发挥金融机构投资高新科技的积极性。另一方面，应大力发展风险投资，扶持培育风险投资公司成长，创优风险投资发展环境，发挥好创业风险投资引导基金的作用，推动在新能源、新材料、特色农牧产品、生物医药等领域和部分地市设立专业性或区域性子基金。积极引进金融咨询机构对省内高新技术企业进行上市辅导，鼓励高新技术企业发行企业债券，利用多种金融工具筹集发展资金。

其次，要加大财政科技投入的力度，确保财政科技投入的增幅明显高于财政经常性收入的年增长幅度。另外，积极引导和推动规模以上骨干企业，尤其是重点骨干企业，通过与高等院校、科研院所的技术合作加大投入。同时，应充分发挥金融部门和投资机构作为社会资金供应主体的作用，通过科技金融、信用担保风险投资等全面提高社会对科技投入的力度。逐步形成以财政投入为引导、企业投入为主体、银行贷款为支撑、社会集资和引进外资为补充的多元化科技投入体系。

2. 重视和培养科技创新人才

科技创新能力提升的一项重大任务就是培养人才、引进人才、发现人才、更好地使用人才，这同时也是科技工作的根本保障。要做到内培外引，里外结合，要制定人才激励政策，为人才创造良好的研究环境和生活条件，做到既能避免本地人才流失，又能广纳海内外精英；为充分调动人才的积极性和创造性，保证有一定数量的各种专业人才愿意走向企业，去充实企业的技术创新力量，需要制定合理的人才使用和流动政策，健全社会保障制度。

（1）制定科技创新人才培养计划

为深入实施人才强省战略，加快转型综改试验区建设，加大高端创新型人才培养引进力度，进一步提高自主创新能力，促进青海省积极融入丝绸之路经济带建设。各行业主管部门、各市要根据已确定的培养对象的专业、领域及其自身的实际情况，以培养对象所在单位为主体，制定 3–5 年的培养计划，并重点落实培养引进措施。每年有计划、有重点地选送和资助高端创新型人才及后备人选到境内外著名研究机构、高校、企业研修深造，开展科研合作等活动，提高人才培养速度。

（2）大力引进科技创新人才

根据《青海省中长期人才发展规划纲要（2010—2020 年）》的要求，

企业要结合自身状况合理吸引人才，既要大胆又要灵活多样的引进人才。把培养、引进和用好人才放在同等重要的地位。要全面提升青海省的区域创新能力，必须坚持以人为本的科学发展观，充分利用高校、院所、大型企业、高新技术企业和重点实验室、工程技术研究中心、博士后流动站、创业基地、产学研联盟等条件，通过实施创业创新型人才培养和引进工程、高新技术产业和战略性新兴产业领军人才培养和引进工程等，培养造就一批杰出科学家、工程技术专家等领军人才和一批青年高级专家。

（3）优化科技创新人才队伍结构

实施领军企业家培训工程，培养懂技术、善经营的复合型人才，推动一大批技术型创业者向现代企业家转变。依托国家重大科研项目、国际科技合作项目以及重点学科和科研基地建设，培养一批具有较强创新能力的学科带头人；培育一大批基础研究、前沿技术和新兴产业领域等方面的后备人才。大力发展职业技能培训，培养满足社会需要的高素质技能人才。

3. 支持科技中介服务机构的发展

创新是民族的灵魂，科技创新是国家经济社会科学发展的不竭动力。国家科技创新系统有其缜密的体系，政府、高校及科研院所、企业、科技中介机构、市场、资本等各个要素在科技创新体系中相互作用、紧密相连。科技成果产业化是实现科技创新的重要途径，而科技成果不会自发的向现实生产力转移，需要科技中介作为媒介将技术和市场有效的连接起来。

首先，建立科技中介服务平台，积极发挥其整合作用。一方面通过自然科技资源共享平台、科学数据共享平台、科技文献共享平台、成果转化公共服务平台等由不同主体兴建的分散的各类网络组织，建立分工协作、功能互补、资源共享，服务整合的运行机制，加快形成一个与区域科技和经济发展相适应的开放协作、功能完备、高效运行的科技中介服务体系。另一方面，科技中介服务平台还可实现对科技中介机构的整合，各类科技中介机构形成网络联盟，共同为企业提供一体化、一站式科技服务。

其次，加强税收优惠政策对于科技中介机构的促进作用。科技中介机构在发展初期，缺乏资金，将税收优惠政策运用于科技中介机构的发展阶段，尤其是创建阶段，能够起到有力的扶持作用，减轻其税负，促进其快速发展。深化金融改革与创新，建立健全覆盖技术创新全过程的多功能、多层次金融服务体系。大力支持境内外股权投资、创业投资在示范区聚集和发展。积极培育和推动各类创新型企业改制上市。鼓励创新科技投入方式，支持金融机构开展科技金融创新。引导和鼓励商业银行、资产管理公司、信托公司、金融租赁公司等银行金融机构和证券公司等金融机构开展支持自主创新的金融服务试点。设立科技型中小企业贷款风险补偿资金，扩大风险补偿贷款范围。建立和完善科技专家参与的贷款评审机制，提高贷款决策专业化水平。鼓励创新的借贷与投资相结合方式，探索银行业与创新投资机构之间的多渠道融资和综合性金融服务模式。大力开展股权出质和出资登记、动产抵押登记，推进专利、商标等无形资产评估质押工作，改善融资条件。在各方资金的支持下发展科技中介，提高科技成果转化率加强生产力促进中心、科技服务机构的建设，促进它们在产学研合作、企业之间的战略技术联盟等方面发挥更大的作用。通过组织开展各种形式的新技术推广活动对技术市场加以完善，比如开展技术咨询、技术交流与合作、技术培训等活动，将先进成熟的技术进行传播和推广。为加速提升青海省自主创新能力与核心竞争力，需要对科技工作的对外开放加以足够的重视，充分利用和集聚全球科技资源，加强引进消化吸收再创新能力。

五、结论与展望

本部分主要对本文的研究结论进行总结，探讨本文中存在的不足以及未来的研究方向及展望，最后提出相应的政策建议。

（一）研究结论

本文以丝绸之路经济带建设为研究背景，以青海省区域科技创新能力评价为研究主线，通过理论分析和实证研究，探讨了青海省区域创新体系创新能力对丝绸之路经济带建设的支撑作用。本文的研究结论主要有以下两点：

1. 科学评价了青海省区域的科技创新能力

本文从科技创新环境、科技创新投入、科技创新产出和科技创新效益等四大层级出发，构建了涵盖 20 项指标的青海省区域科技创新能力评价指标体系，通过层次分析法确定了评价指标体系中各指标的权重，并基于构建的评价指标体系运用灰色关联的方法对青海省区域科技创新能力进行了科学评价。

2. 实证研究发现青海省的科技创新能力在逐年提升

本文以丝绸之路经济带建设中青海省区域科技创新体系创新能力为研究对象，从科技创新环境、科技创新投入、科技创新产出及科技创新效益四个方面出发，科学评价了青海省区域科技创新能力。实证结果表明 2010 年至 2013 年青海省科技创新能力逐年增强，而且在 2011 年至 2013 年增幅较大，主要在于科技创新投入、科技创新产出及科技创新的效益方面的明显改善。可见，面对丝绸之路经济带建设带来的挑战，青海省的科技创新能力基础推进丝路经济带建设，并且可以抓住机遇，实现其自身经济的转型发展。

（二）不足与展望

本研究在构建了基于“丝路经济”青海省区域科技创新能力评价体系后，仅仅对青海省进行的科技创新能力进行评价，未对具体的各地级市科技创新能力进行评价。从各地级市的科技创新能力差异的视角，本文缺乏对各地级市本身及其创新能力差别与不足进行比较分析，对策设计的深度仍需进一步加强。本文认为未来的研究主要可以从以下三个方面展开：

一是，根据青海省区域创新评价体系，收集青海各个地级市的纵向历史数据，分析各城市区域创新能力的变化趋势，把握其发展规律，为制定具有区域针对性的差异化的对策设计提供更加扎实的实证支撑。

二是，区域创新能力是一个时间函数，因此，需要对一个区域进行长期的跟踪，选择针对性强、区域特征明显的城市，作为特定的研究对象，通过分析其在区域科技创新环境、区域科技创新投入能力、区域科技创新产出能力、区域科技创新的效益，为提高区域创新能力提出相应的对策设计。

三是，数据的统计真实性和调研数据。对于任何区域创新能力的评价，我们只能依据现有的公开数据进行分析，所以很难进行准确的区域能力评判。这是我们在未来研究中应该注意的问题，也是研究细化的关键问题所在。中国统计数据的真实性需要不断的鉴别，由于缺乏可行性的路径，我们只能依据统计年鉴和公布的数据资料进行，所以这些偏差可以说是体制性偏差，不是量化计算可以解决的，希望将来可以通过其他方式进行完善。

四是，文章构建的青海省区域创新能力评价体系中指标均为客观性指标，而影响区域创新能力的区域创新文化等主观指标未能体现于评价体系中，因此下一阶段的研究要综合考虑各项评价指标，特别是不能以客观统计数据衡量的指标。

参考文献

[1] 胡鞍钢，马伟，鄢一龙. 丝绸之路经济带：战略内涵、定位和实现路径［J］. 新疆师范大学学报：哲学社会科学版，2014（2）：1—10.

[2] 白永秀，吴航，王泽润. 丝绸之路经济带战略构想：依据、目标及实现步骤［J］. 人文杂志，2014（6）：25—31.

[3] 白永秀，王颂吉. 丝绸之路经济带的纵深背景与地缘战略［J］. 改革，2014（3）：64—73.

[4] 于会录，董锁成，李宇，李泽红，石广义，黄永斌，王喆，李飞. 丝绸之路经济带资源格局与合作开发模式研究［J］. 资源科学，2014，12：2468–2475.

[5] 高友才，汤凯.“丝绸之路经济带”节点城市竞争力测评及政策建议 [J]. 经济学家，2016，05：59–67.

[6] 黄伟新，龚新蜀. 丝绸之路经济带国际物流绩效对中国机电产品出口影响的实证分析 [J]. 国际贸易问题，2014，10：56–66.

[7] 袁丹，雷宏振. 丝绸之路经济带物流业效率及其影响因素 [J]. 中国流通经济，2015，02：14–20.

[8] 陈国宏，康艺苹，李美娟. 区域科技创新能力动态评价——基于改进的“纵横向”拉开档次评价法 [J]. 技术经济，2015（10）：17–23.

[9] 王洁，曹莉莎. 区域创新体系视角下的科技创新能力评价研究——以东莞为例 [J]. 科技管理研究，2014（12）：63–66.

[10] 蒋兴华. 区域科技创新能力评价体系构建及综合评价实证研究 [J]. 科技管理研究，2012（14）：64–68.

[11] 陶雪飞. 城市科技创新综合能力评价指标体系及实证研究 [J]. 经济地理 2013（10）：16–19.

[12] 沈菊华. 我国区域科技创新能力评价体系的研究和应用 [J]. 经济问题，2005（8）：27–29.

[13] 唐炎钊，方旋，邹珊刚. 区域科技创新能力的灰色综合评估——广东省科技创新能力的综合分析 [J]. 科学学与科学技术管理，2001，02：69–74.

[14] 常涛，李志强，韩牛牛，袁旭红. 基于资源型经济转型的区域科技创新能力评价研究——以山西省为例 [J]. 科技管理研究，2015（16）：62–67.

[15] 李柏洲，苏屹. 区域科技创新能力评价体系的优化及实证分析 [J]. 情报杂志，2009，08：80–83+125.

[16] 王亚伟，韩珂. 基于改进模糊综合评价模型的区域科技创新能力评估——以河南省为例 [J]. 科技进步与对策，2012，13：119–124.

[17] 童纪新，陈继兴，蔡元成. 基于灰色关联分析的区域科技创新效率评价研究——以江苏省为例 [J]. 科技进步与对策，2011，10：108–110.

[18] 汪志波. 基于 AHP- 灰色关联度模型的企业技术创新能力评价 [J]. 统计与决策，2013（4）：51–53.

[19] 孙发平，戴鹏，杨军. 青海建设丝绸之路经济带的成效与对策 [J]. 青海社会科学，2016（1）：3–9.

[20] 李振国. 丝绸之路经济带背景下青海产业结构演变分析 [J]. 忻州师范学院学报，2016（4）：25–29.

[21] 王霞，马德君. 青海深度融入“丝绸之路经济带”的机遇探析 [J]. 青海师范大学学报（哲学社会科学版），2016（1）：8–11.

[22] 约瑟夫·熊彼特. 经济发展理论 [M]. 北京：商务印书馆，2000.

[23] Christopher Freeman.Technology，Policy，and Economic Performance：Lessons

fromJapan [M].London：Pinter Publishers，1987.
[24]Stern S，Porter ME Furman JL." The Determinants of National Innovative Capacity" [R]. National Bureau of Economic Research Working Paper 7876：Cambridge MA.2000.

（撰写人：李毅，彭佑元，程燕萍）

报告六　丝绸之路经济带建设中青海科技创新动力机制[①]

摘　要："丝绸之路经济带"倡议构想的提出，为青海的社会经济发展提供了重要的历史机遇。作为具有重要战略枢纽地位的青海，它具备重要的区位优势、特色资源和历史人文优势，如何抓住这一重要的战略机遇，发挥青海的比较优势，实现青海经济社会的可持续发展成为重点。在这个报告中，我们针对现有文献对丝绸之路经济带中青海科技创新研究相对较少这一现象，从青海丝绸之路经济带建设中科技创新现状、青海丝绸之路经济带建设中科技创新存在的问题、丝绸之路经济带青海科技创新动力机制构建等三方面进行了研究。

关键词：丝绸之路经济带　科技创新　动力机制

① 本文核心内容刊登在《攀登》2016年第6期上。

一、问题的提出

2013年，习近平主席提出构建“丝绸之路经济带”的战略构想。即在古丝绸之路的基础上，以现代化交通和信息网络为基础，加快对外开放和区域贸易自由化，东向辐射亚太经济圈，西向辐射欧洲经济圈，以推进横跨亚欧大陆的经济大走廊的形成。“丝绸之路经济带”倡议构想的提出，为青海的社会经济发展提供了重要的历史机遇。作为具有重要战略枢纽地位的青海，它具备重要的区位优势、特色资源和历史人文优势，如何抓住这一重要的战略机遇，发挥青海的比较优势，实现青海经济社会的可持续发展成为重点。

国内学者对青海如何融入“丝绸之路经济带”进行大量的研究。孙发平、戴鹏、杨军（2016）对青海在丝绸之路经济带建设中存在的问题进行分析，并从战略定位、组织保障、金融支持、人才培养等方面提出可行性建议[①]。李振国（2016）对青海产业结构进行分析，提出青海在融入丝绸之路经济带时，应推动第二产业的转型升级，全面快速发展第三产业[②]。王霞、马淑君（2016）对丝绸之路经济带下青海的战略机遇进行分析，并提出相应的战略发展思路[③]。杜平贵、王辉（2015）提出青海融入丝绸之路经济带的战略意义和发展思路，提出青海应从理念、规划、机制、产业四个

---

① 孙发平、戴鹏、杨军. 青海建设丝绸之路经济带的成效与对策［J］. 青海社会科学，2016（1）：3-9.

② 李振国. 丝绸之路经济带背景下青海产业结构演变分析［J］. 忻州师范学院学报，2016（4）：25-29.

③ 青海深度融入“丝绸之路经济带”的机遇探析［J］. 青海师范大学学报（哲学社会科学版），2016（1）：8-11.

方面考虑融入[①]。苏海红、丁忠兵（2014）对青海依托丝绸之路经济带打造开放型经济的现实基础、意义与挑战进行分析，提出青海应巩固对外贸易基础、转变贸易方式、开展文化旅游合作、加强区域间联盟等方式推动青海经济发展[②]。刘峰贵（2014）对青海融入丝绸之路经济带的区位优势进行分析，提出青海是西部区域交通的战略枢纽、资源开发的战略基地、向西开放合作交流的"旱码头"、向西开放合作的"文化桥梁"及重要的生态安全屏障[③]。

综上，现有文献从战略、金融、贸易、区位、人才等多视角对青海融入丝绸之路经济带进行探讨，研究亦得到了一些颇有价值的结论。然而纵观现有文献，也存在一些不足：

第一，现有研究多偏重于丝绸之路经济带中青海的战略定位和政策研究，而对青海融入丝绸之路经济带的关键竞争要素研究相对不足。丝绸之路经济带连接亚洲、欧洲两大经济圈，跨越 50 多个国家，而丝路各国经济发展水平、文化习俗的差异使得科技交流和合作成为重要驱动要素。正如习近平主席提出"用创新的合作模式，共建丝绸之路经济带"——丝绸之路经济带的发展依赖于科技创新引领和驱动，即产业的国际化是目标，而科技创新则是经济增长重要的动力引擎。建设丝绸之路经济带，其实质是外延式开放与依赖科技实现内生式发展的互动与交替过程（崔巍平，何伦志，2014）[④]。即区域内以科技创新支撑和实现产业的升级换代，以开拓更广泛的外部市场；同时，在开拓外部市场的过程中，区域内通过与外部市场有效的技术交换、技术扩散、技术转移和孵化以带动区域内自主创新和加快产业升级换代进程。因此，研究青海科技创新对推动青海融入"丝

① 杜平贵、王辉．推进青海融入丝绸之路经济带建设的战略思考与建议［N］．中国经济时报，/2015 年 /4 月 /13 日 / 第 005 版．

② 苏海红、丁忠兵．丝绸之路经济带建设中青海打造向西开放型经济升级版研究［J］．青海社会科学，2014（5）：61–67.

③ 刘峰贵．丝绸之路经济带背景下的青海区位优势［J］．青海师范大学学报（哲学社会科学版），2015（7）：56–61.

④ 崔巍平，何伦志．科技创新、经济增长与丝绸之路经济带的构建［J］．开发研究，2014（3）：42–45.

绸之路经济带”具有重要的现实意义。

第二，现有文献对丝绸之路经济带中青海科技创新研究相对较少。伴随着全球竞争的加剧，科技创新在世界经济发展中具有主导作用。而高科技竞争手段、竞争内容也在不断更新，新产品研发周期长、投入成本高、风险大，更使得科技合作已成为经济发展新常态。因此，探讨青海融入丝绸之路经济带科技创新发展成为必要。

二、青海丝绸之路经济带建设中科技创新现状

（一）科技创新平台建设

中国自2004年启动科技基础条件平台建设，并将“科技平台”定义为“服务于全社会科技创新的数字化、网络化、智能化的基础性支撑体系”，主要由包括大型科学仪器设备和研究实验基地等在内的物质与信息保障系统、以共享为核心的制度体系和专业化技术人才队伍三方面组成，涉及大型科技基础设施及基地、自然科技资源、科技数据和文献资源、科技成果转化基地、网络科技环境等物质与信息保障系统以及相关的共享制度和专业化队伍等内容。

近年来，青海在丝绸之路经济带建设中，不断推进区域科技创新体系建设，青海科技创新平台建设不断完善。具体表现于：

第一，积极促进科技人才队伍建设

近年来，青海为鼓励科技人才自主创新，建立一系列激励机制，以促进科技人才队伍的培养。在科技人才成长环境不断优化的背景下，青海科技活动人员增长迅速，从2005年的10116人增加到2009年的19996人。截止2014年，青海省科技活动人员达到20822人，R&D研究人员为4684人，包括中科院院士2人、工程院院士1人，享受政府特殊津贴专家580人，省级优秀专家195人，省内学科带头人302名，青海人才小高地创新

团队 30 个①。而发展到 2015 年，青海 R&D 研究人员为 7423 人，科技部科技创新人才 3 人，有突出贡献的中青年专家 31 人，人才小高地 40 个②。详见表 1。不难发现，科技人才增长迅速，且已形成一定规模，这为青海科技进步提供了重要的人员保障，而快速成长的科技人才队伍也成为青海科技创新的重要基础智力资源及丝绸之路经济带建设的中坚力量。

表 1　青海科技创新环境发展一览表

项 目	2010	2011	2012	2013
高技术企业数（个）	28	23	24	29
研究与开发机构数（个）	28	26	27	28
每万人口中 R&D 人员数量（人）	0.7643	0.7515	0.7848	0.7322
高技术产业施工项目数（个）	25	25	25	25
国家级星火项目数（项）	12	15	22	15

第二，信息保障平台建设不断完善

科技信息平台主要指科技资源共享平台、科技文献共享平台及网络科技环境平台。资料显示，青海已建立青海科技信息网、青海星火科技网等 9 个科技信息网站和青海省农牧区科技信息综合服务平台、青海省科技文献资源共享平台等 7 个服务平台，拥有清华同方、北京万方、中国标准数据库等 110 多个数据库和自建的《青海省科技成果数据库》、《青海省动植物资源数据库》，容量达 40T。强大的信息服务平台为青海科技人才进行科技创新提供了有效的信息资源服务和便利条件③。

第三，物质保障系统建设发展迅速

数据显示，青海已建成国家高新区、可持续发展实验区、农业科技园区、重点实验室、众创空间、大学科技园、盐湖化工循环经济特色产业

① 数据来源：青海省积极促进科技人才队伍成长［DB/OL］. http：//www.qhkj.gov.cn/content-55-6764-1.html，青海省科学技术厅，2014-08-29.

② 资料来源：青海多元化科技投入带动社会投入 387.5 亿元［DB/OL］.http：//www.chinanews.com/df/2015/09-10/ 7516770.shtml

③ 青海省科技信息服务平台建设发展迅速［DB/OL］. http：//www.most.gov.cn/dfkj/qh/zxdt/201301/t20130114 _99072.htm，2013-01-15.

集群等33个国家级科技创新服务平台；批准建设2家省级高新区，认定高新技术企业103家、科技型企219家、创新型企业33家；省级农业科技园区38家、重点实验室66个、工程技术研究中心54个、院士工作站3家、科技活动机构144家；538台（套）10万元以上仪器（设施）入网共享；成立了青海大学新农村发展研究院、三江源研究院、创新发展研究院、产业发展研究院和青海省光伏产业发展研究中心，西宁市被科技部列入国家创新型试点城市①。其中，以青海金诃藏医药集团有限公司为依托单位建设的“藏药新药开发国家重点实验室”被科技部批准为“企业国家重点实验室”。

此外，青海基地建设发展迅速。青海已创立多家国家级科技创新基地，其中包含高新技术产业开发区、农业科技园和一些本土资源的技术创新与研发基地等。如盐湖资源综合利用工程技术研究中心、盐湖资源综合利用技术创新战略联盟、海西州可持续发展实验区、海南藏族自治州生态畜牧业可持续发展实验区4个国家级科技创新基地，为区域创新能力的提升和促进区域可持续发展提供了保障。同时，青海重点打造了十五个特色产业基地，涵盖了硅材料、光伏、轻金属合金、锂电池、特色轻工、盐湖化工、油气化工、新材料、冶金、煤化工、黄金、有色金属、装备制造、特色生物、建材等特色产业②。再者，青海加快国际科技合作基地建设的步伐，深化国内外科技合作，为人才聚集、信息共享、科技创新提供了契机。

综上，科技创新平台的建设为科技支撑青海特色优势产业的可持续发展提供可能，在加快产业结构升级的同时，也为青海科技创新能力的提升和科技进步的实现提供了必要的基础设施支持。

---

① 资料来源：青海：科技创新扶摇直上［DB/OL］.http：//www.qh.gov.cn/dmqh/system/2016/08/10/010227341.Shtml，2016-08-10.

② 青海十五个重大产业基地建设快速起步［DB/OL］. http：//www.qh.xinhuanet.com/zwpd/2013- 11/27/c_118312457.htm

（二）科技创新投入

科技创新投入反映的是投入到科技创新活动中资源的总和，主要包括人力资源和财力资源，为有效开展科技创新提供了有力保障。1956 年，青海投入科学事业费 24.5 万元，是青海省财政投入科技事业的开始。

“十一五”期间，青海过政府财政科技投入引导和采取政策激励机制，青海科技投入明显增加，目前已逐步形成以政府投入为引导、企业投入为主体、金融资本为支撑、社会筹资和引进外资为补充的多种形式并存的新型科技投融资体系。全社会 R&D 经费由 2005 年的 2.96 亿元增加到 2009 年的 7.6 亿元，年均增长 26.66%；财政科技拨款由 2005 年的 1.32 亿元增加到 2009 年的 4.78 亿元，年均增长 37.87%。争取到的国家科技经费较“十五”期间大幅度增加，达到历史最高水平。2009 年后，科技投入增长迅速。2015 年，青海组织实施各类科技计划项目 301 项，总经费 62.3 亿元，科技投入 20 亿元，资助经费 3.92 亿元。详见表 2。科技投入的增加为青海科技创新能力的提升创造了良好条件①。

表 2　青海科技活动经费筹集表

指标名称	2009	2010	2011	2012	2013
科技活动经费内部支出（万元）	35342	26428	43594	68274	148820
研发经费支出（万元）	8957	13112	14175	35539	–
科技项目数（项）	158	151	221	215	285

资料来源：《青海省科技统计数据》，2013.

此外，青海在科技投入中，注重集中力量攻克重大关键技术难题，如加大力度支持“123”“1020”为重点的重大科技支撑工程项目。“123”科技支撑工程重点在新能源、新材料、装备制造等十大特色优势产业方面共组织实施科技项目 34 项，总经费 97293 万元，青海科技经费资助 16480 万元；“1020”生态农牧业科技支撑工程重点围绕全省十大农牧特色产业

① 数据来源：http：//www.ztzl.qhfgw.gov.cn/srwgh/zdzxgh/201301/t20130111_364758.shtml

发展组织实施科技计划项目 43 项，总经费 4.64 亿元，青海省科技经费资助 7920 万元，带动社会投资 3.85 亿元。而青海省在科技投入中致力于使科技创新与产业发展融合，在一定程度上推动了青海产业结构的调整和经济的快速增长。

（三）科技创新效果

近年来，青海注重以环境创新为先导，以科技创新为重点，科技创新能力有所提升，科技创新效果初显，科技创新对青海社会经济可持续发展具有一定的支撑作用。具体表现于：

第一，科技产出数量增速明显，科技产出质量逐步提高

伴随着科技创新环境的不断优化、科技创新投入的不断增长，青海科技创新成果登记数量显示出稳步增长的趋势，且科技成果登记质量逐步提高，这为科技成果转化提供了重要依据。从 2011 至 2015 年，青海科技成果登记数量增幅明显，如图 1 所示，2015 年较 2011 年登记成果增加 132 项，增幅为 42.17%。

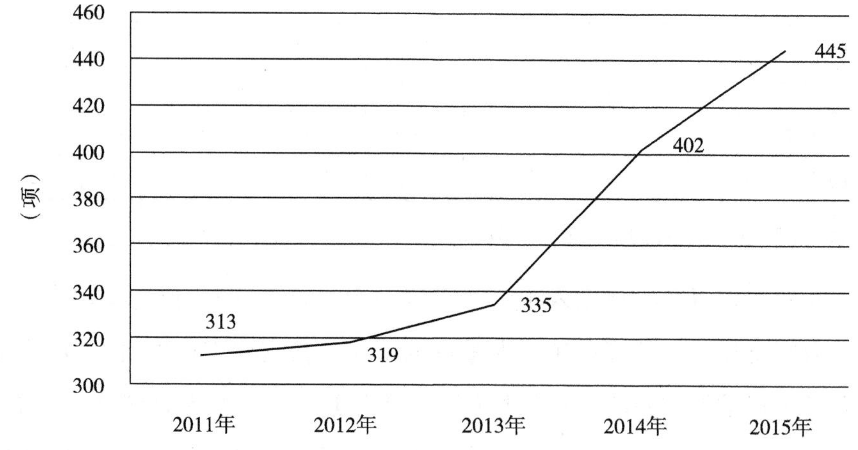

图 1　2011–2015 年青海科技成果登记趋势图

以 2015 年为例，青海共登记科技成果 445 项。其中，应用技术成果 370 项，占比 83.15%；基础理论成果 63 项（占比 14.16%），软科学成果

12 项（占比 2.7%）。445 项科技成果中，国内领先及以上水平的共 232 项，占 52.13%。形成知识产权 287 件。其中，发明专利达 164 项，实用新型专利 83 项，外观设计专利 10 件，软件著作权 11 项。370 项应用技术成果中，产业化应用成果 144 项，小批量或小范围成果 148 项。2015 年技术市场交易额达到 46 亿元左右，年均增长 34.47%。从数字中不难发现，科技成果对推动区域经济增长、促进企业技术变革等做出巨大的贡献。

第二，关键技术有所突破

近年来，青海为推动循环经济、新能源经济、生态经济与民生经济健康发展，围绕新能源、新材料、矿产资源开发与利用、盐湖化工、生物医药、装备制造、轻工纺织及节能降耗等十大特色优势产业，加大科技创新支撑力度，在一些重大科技专项中取得关键性技术突破。如实现盐湖资源的综合开发利用，攻克了难开采固体钾矿技术的突破，使固体钾利用率 ≥ 85%，实现了“再造 1 个察尔汗盐湖”；成功研制出 680MN 多功能压机并挤压出长度为世界第一长度的 P91 无缝钢管；320MWp 水光互补关键技术研究与示范，填补了国内大规模水光互补关键技术的空白……[①] 关键技术难题的突破对促进产业升级、增强企业竞争力，实现企业和社会经济的可持续发展具有重要的支撑作用。

第三，推动了产业结构升级

在某些领域关键技术的突破，使部分产业实现了传统产业结构的升级和调整。以新能源产业为例。青海曾经因上游盐湖生产企业和下游锂电生产企业断开成为锂电产业发展的瓶颈。通过科技创新，技术难题的突破，实现锂资源开采的资源整合，实现了产能的迅速增长，锂电产业链初步形成。科技创新加快了青海产业结构的调整和产业结构升级的步伐。

---

① 马燕燕 . 青海：科技创新扶摇直上［N］. 青海日报，2016-08-10

三、青海丝绸之路经济带建设中科技创新存在的问题

（一）企业尚未成为科技创新的主体

科技创新中，青海企业研发经费投入相对不足，在科技创新中参与度相对较低。2014 年青海统计局对全省 1017 家企业调查数据显示，仅有三成企业开展创新活动。规模以上工业企业投入技术创新经费 22.67 亿元，其中，购买机器设备和软件经费 12.70 亿元，占技术创新经费的 56.0%。不难发现，青海工业企业在实施技术创新过程中，购买机器设备和软件成为企业创新经费的主要用途①。而企业在技术创新投入乏力的同时，使得青海在科技合作实践中，政府居主导地位，科研机构和大学成为重要参与者，以发表论文或申请专利等成为科研成果的主要受益者。2014 年青海科技数据显示，在 402 项科研成果中，科研机构和高校占 144 项，占比 36%，企业占 105 项，占比 26%。因此，官、产、学、研角色的重新定位成为青海科技创新的重要路径。

（二）科技创新动力不足

相关研究显示，影响官、产、学、研科技合作的关键因素并不是仅限于技术差异，而更多的是源于非技术因素——如战略、组织和文化等。具体问题表现于：

1. 知识产权归属问题。科技合作主体的利益诉求存在差异，战略目标的不匹配严重影响了科技合作的正常进行。即企业希望申请专利独享新产品开发带来的高利润以弥补高额研发投入成本；而高校和科研机构一般希望能公开发表学术论文等获取社会认可，以完成研究机构的学术任务及研究人员个体职称评定和职业生涯发展的需要。也正是因为合作参与方对知

① 资料来源：青海统计信息网［DB/OL］. http：//www.qhtjj.gov.cn/infoAnalysis/tjReport/201603/t20160309_39341.html

识产权最终的归属存在利益诉求差异，使得合作方参与动力相对不足，导致科技合作相对困难。因此，建立科技合作动力机制，强化合作参与方的信任成为科技合作的前提。

2. 研究偏好差异问题。对高校和科研机构而言，研究人员多侧重于基础理论研究和实验室研究，大多沉迷在象牙塔内进行学术探索，为提高学术贡献度而不舍昼夜不知疲倦，希望提高学术贡献和体现理论价值以推动基础研究的快速发展；对企业而言，企业多侧重于应用研究，实现基础研究和应用研究的商品化，偏重于新产品开发能够满足顾客需求偏好，或通过工艺或技术创新能提高企业运营效率，使新产品能尽快投入市场，在最短的投资周期内能大批量生产以降低研发风险、弥补研发成本、攫取高额市场利润。研究偏好的差异使得高校和科研机构的研究成果不一定能够满足企业的实际需求，使得科技合作难以持续进行。因此，建立科技合作引力机制，实现研究成果的相互匹配成为科技合作的必要条件。

3. 知识和信息共享问题。青海科技合作来自不同国家和地区、不同部门，科技合作主体空间分布较分散、关联性弱、隶属关系存在差异，省部项目、省院项目、校企项目等之间缺乏有机协调，使得合作整体集聚效应不明显。加之使得合作主体之间因个体的利益目标诉求使得知识、信息和资源的共享壁垒增高，在一定程度上影响了隐性知识的溢出效应，削弱了不同合作主体的优势资源的互补效应，降低了合作方的技术创新动力。因此，如何建立资源共享和有效沟通协调机制，真正实现知识、信息和人才的共享成为青海科技合作的关键。

4. 研究成果评价问题。产学研可能存在一定的技术认知差距——高校和科研机构偏重基础研究，企业偏重应用成果和商业价值，可能不能客观评价基础研究科研成果的市场价值（Howells et al.，2012）①，进而影响了科技合作的持续进行。

---

① Howells，J.，Ramlogan，R.，Cheng，S-L.，2012. Innovation and university collaboration：paradox and complexity within the knowledge economy. Cambridge Journal of Economics 36（3），703－721.

（三）科技创新效果有待提高

近年来，青海科技创新发展迅速，且取得一定的进展和成效。以 2014 年为例，青海共实现 402 项科技成果，其中，达到国际领先水平的成果 10 项，占 2.49%；达到国际先进水平的成果 41 项，占 10.2%；达到国内领先水平的成果 152 项，占 37.81%，达到国内先进水平的成果 120 项，占 29.85%。但从科技创新活动效果来看，青海在西北五省中科技创新能力仍相对薄弱，新产品开发项目数量、产品工艺创新的企业数量、发明、实用新型和外观设计三种专利授权数、研发项目数量、研发经费等与宁夏、新疆、甘肃、陕西相比，仍存在较大的差距（详见表 3）。

表 3　2013 年科技创新活动比较

	新产品开发项目数（项）	产品 / 工艺创新企业数量（个）	三种专利授权数（件）	研发项目数（项）	研发项目经费（万元）
青海	130	159	619	156	92528
宁夏	1049	291	1424	1136	186518
新疆	1025	812	5238	897	357812
甘肃	1817	777	5097	1894	464410
陕西	6684	1878	22820	6668	1606946

资料来源：《2014 中国科技统计年鉴》。

数据显示，青海科技合作效果未能实现预期效果：企业技术吸收能力不足，产品或工艺创新能力薄弱；高校和科研机构未能有效地将知识成果产业化，新产品开发能力相对不足。青海仍需要通过内外资源的整合实现资源和要素的协同，以提升自我科技创新能力和造血功能。

四、丝绸之路经济带青海科技创新动力机制构建

青海在科技创新中，仍存在一定的问题，因此，如何借助丝绸之路经济带的契机，提升科技创新效果成为关键。

（一）重新定位官产学研角色，使企业真正成为科技创新的主体

如图 2 所示，青海省需对科技合作中官产学研各方进行角色定位和任务分工，即政府通过财政投入、税收优惠和政策扶持等创建良好的制度环境，是科技合作中重要的协调者；高校和科研机构通过提供人才支持和技术服务成为技术合作中重要的参考者；中介组织通过创建信息服务平台、人才交流平台和金融支持平台为技术合作提供良好的平台载体支持；企业则是科技合作的主体和主导者，应通过战略联盟、要素整合不断提升吸收消化能力，最终实现有效的自主创新。具体分工表现为：

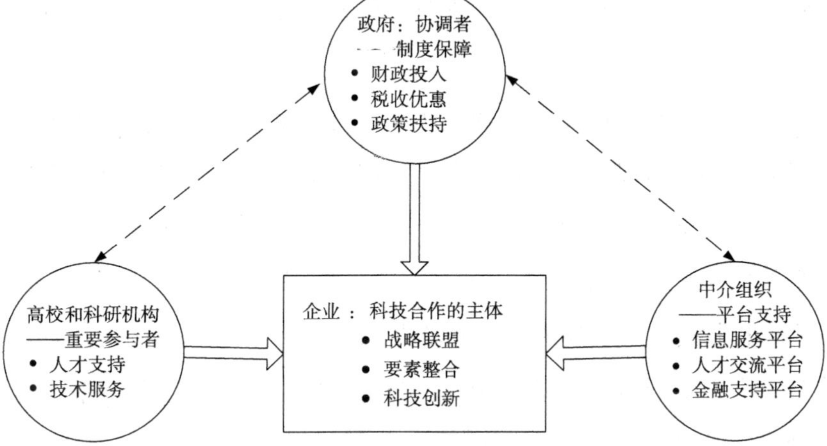

图 2　官产学研角色定位及分工

1. 政府充分发挥协调者和引导者角色，为青海融入丝绸之路经济带创建良好的科技合作的制度环境

青海目前科技合作中，政府居主导地位，引导企业、高校和科研机构签署战略合作协议，企业、高校和科研机构未充分发挥其能动作用。因此，转变政府角色定位，从主导者变为协调者和引导者，创建良好的制度环境是青海融入丝绸之路经济带的制度保障。具体表现为：

第一，财政支持。青海省政府仍需加大对青海融入“丝绸之路经济带”中科技合作资金的财政投入，即由政府制定相关财政预算，将科技研

发预算按一定比例用于支持企业、高校和科研机构的研发活动和科研项目，以促进科研成果的转化及加强企业新产品开发的速度。同时，努力形成多元化的投入机制，与“丝绸之路经济带”相关合作国家和地区建立科技合作基金。再者，政府可制定相关的财政政策，如给予财政补贴或贴息等方式设立风险投资基金，鼓励民间资本、丝绸之路经济带合作地区等以多种投入方式设立风险投资基金，为青海科技合作提供强有力的金融支持。

第二，税收优惠。落实现有税收优惠政策，包括研发费用加计扣除、人员工资加计扣除、固定资产加速折旧政策，高新技术企业税收优惠等。在所得税征收环节减免地方分享部分，促使企业关注资产学研项目，获得隐形的利润回报。

第三，完善知识产权立法和执法。出台相关知识产权保护政策，为高校和科研机构科研成果获取相应的经济报酬提供法律依据，以激发学研方面科技合作的动力；同时，为企业独享技术成果提供法律准绳。完善的立法和严格的执法，为科技创新提供一个公平、公正、公开的制度平台，防止知识产权的侵权影响技术创新的动力。

2. 中介组织充分发挥载体功能，为青海融入丝绸之路经济带创建良好的科技合作平台

第一，人才交流平台。青海在丝绸之路经济带建设中，科技人才相对短缺，因此，设立人才交流平台成为必要。青海省可考虑引进科技服务机构、研发机构、科技合作基地建设、项目合作、合作交流中心等各种方式引入高层次科技创新人才落户青海。同时，设立创新人才平台，通过该平台发布人才供求信息，以技术合作项目为依托，建立人才评价机制和人才共享机制，聚集优势人才资源于青海以为青海科技创新服务。

第二，信息服务平台。建立和完善公共技术平台、信息共享平台和信息服务网络，连接政府、企业、高校、科研机构等各方，通过数据共享服务各方。如可借助该平台实现技术招标项目，提供技术研发和检测等服

务，为官产学研提供“一站式服务”，以降低交易成本，减少搜寻时间等。

第三，金融支持平台。目前国内三大政策性金融机构服务分工明确：国家开发银行为高新技术企业提供重大科技项目金融支持；中国进出口银行对高新技术企业进出口技术和设备提供资金扶持；中国农业银行主要针对农业类科技成果转化提供科技贷款。这在一定程度上可能会影响小微企业发展。因此，加大投资平台建设成为重要的资金来源保证。一方面，商业银行可考虑创新服务模式，满足部分企业的资金需求；一方面，中介组织可考虑大力发展风险投资机构，为科技型企业提供风险资金以满足企业研发经费的需要。

3. 高校和科研机构充分发挥参与功能，为青海融入丝绸之路经济带创建良好的人才和技术支持

高校和科研机构是科技创新资源的重要源泉。一方面，高校和科研机构为企业提供其所必要的科技人才、输送新鲜的血液以满足企业自我研发的需要；另一方面，高校和科研机构具有较强的研发能力，科技人才济济一堂，在创新知识的产出、传播、扩散等方面发挥重要的作用。

4. 企业充分发挥主体角色，通过有效的战略联盟、要素整合、提升消化吸收能力，最终实现自我技术创新

企业是科技合作和科技创新的主体。科技成果商业价值的实现、科技成果的商品化和市场化依赖于企业来推动和实现。但企业科技创新能力的提升不可能一蹴而就，它需要一个过程。因此，初期，青海科技型企业可依托丝绸之路经济带建设中，青海的地缘优势、人文优势等与国内外企业、高校、科研机构建立技术联盟，通过产学研协同、优劣互补实现企业内部资源和外部市场资源的要素的整合，实现产业集群化、国际化发展；其次，企业需考虑在技术合作中不断提升自我消化和吸收能力，通过技术溢出和技术扩散完善自身技术管理通力；再次，在自身资源和能力不断提升的同时，企业加快科研成果的转化，如专利申请、新产品开发、新工艺或流程创新，构建区域科技创新体系，实现科技自主创新。

（二）建立健全科技创新动力机制

1. 建立健全有效的激励和评价机制，解决知识产权归属问题

企业、高校和科研机构知识产权归属问题源于激励机制差异性。对高校和科研机构科研人员而言，其激励更多地依赖于职称和社会认可；对企业而言，其激励源于市场竞争法则。因此，建立健全有效的激励机制成为科技合作的重要条件。即对科研人员，相关部门可考虑依据其科技贡献率设计多重渠道以满足其职业生涯发展需求，如科技评奖、破格晋升、物质奖励等方式满足科研人员的需求；而对企业而言，则需要明确知识产权的合理应用以实现其社会价值和商业价值的统一。

2. 建立健全利益分配机制，促进产学研战略协同

企业、高校和科研机构研究偏好的差异源于合作主体战略目标不一致。事实上，高校和科研机构研究并非仅限于理论研究，它并不排斥科研成果的商业化研究。而产生问题的关键在于利益分配机制设计不到位，合作主体缺乏沟通、信任，使矛盾人为扩大化。因此，设计合理的利益分配机制成为关键。在科技合作前，高校、科研机构和企业应对研发风险进行评估，明确各作各方的研究目标、责任、权利和义务，明确利益归属，建立投入和产出相匹配的收益分配机制，以保证科技合作能顺利进行。

3. 建立和完善协调和沟通机制

首先，企业、高校和科研机构需要明确合作方式，根据技术特点、产品特点、市场特点等选择恰当的合作方式；其次，通过有效的技术资源互补、研发合作减少技术距离，以减少科研成果商业化的风险，加快新产品开发速度。再次，建立全面沟通协调机制，通过组织创新建立信任机制，以实现知识和信息等资源的共享。

4. 建立有效的监督机制

建立第三方仲裁监督评价机构，调节不同利益主体的利益差异，以避免产生合作危机。即第三方仲裁机构可通过公平、公正、公开等方式对科

技合作成果做出客观评价，避免影响合作各方的动力，在保证资源投入和产出大致公平的前提下，促进产学研的科技合作顺利进行。

（三）提升科技创新效果，真正实现自我造血功能

第一，围绕青海重点发展产业，集中优势资源，实现重点产业的集群化发展。即通过“丝绸之路经济带”中科技合作，围绕青海重点产业，合理配置和利用青海资源，在三江源建设、柴达木资源利用、青海民族人文资源等领域进行科技合作和科技创新。

第二，以合作促发展，通过合作推动青海省科技自主创新水平。相关研究显示，技术合作经验和成果的推广，具有明显的知识溢出效应。因此，坚持“引进来、走出去”相结合，借丝绸之路经济带发展契机，鼓励和支持本土科研机构和科研人员与国内外一流的科研机构、一流的科研人才合作，加强国际先进知识和技术的合作研究，可通过有效的知识溢出效应，学习的国内外先进的知识、技术、思想和方法，为青海本土培养一流的科技创新人才，改变青海科技创新氛围和创新环境，提高创新意识，使青海真正实现自我造血功能。

参考文献

[1] 孙发平，戴鹏，杨军. 青海建设丝绸之路经济带的成效与对策［J］. 青海社会科学，2016（1）：3–9.

[2] 李振国. 丝绸之路经济带背景下青海产业结构演变分析［J］. 忻州师范学院学报，2016（4）：25–29.

[3] 王霞，马德君. 青海深度融入“丝绸之路经济带”的机遇探析［J］. 青海师范大学学报（哲学社会科学版），2016（1）：8–11.

[4] 杜平贵，王辉. 推进青海融入丝绸之路经济带建设的战略思考与建议［N］. 中国经济时报，2015 年 4 月 13 日第 005 版.

[5] 苏海红，丁忠兵. 丝绸之路经济带建设中青海打造向西开放型经济升级版研究［J］. 青海社会科学，2014（5）：61–67.

[6] 刘峰贵. 丝绸之路经济带背景下的青海区位优势［J］. 青海师范大学学报（哲学社会科学版），2015（7）：56–61.

一、总体思路

促进青海省利用科技创新体系建设引领丝绸之路经济带发展的重点应当是“一体两翼”：即一方面加强科技投入、科研基础建设和科技人力资源建设，从整体上提高科技发展能力；另一方面，增强青海省自主创新能力，要在鼓励原始创新和集成创新的同时，把重点放在引进消化吸收再创新上，而不是一味要求青海省从原始创新开始，可以适当跨越科技发展的某些阶段或领域，对国内先进地区或世界上成熟的技术实行引进消化再创新，这是青海省产业结构优化升级和技术进步的主攻方向，也是增强自主创新能力的主要着力点。

目前加强青海省科技发展能力建设的难点，一是在于科技人才的匮乏；二是在于科技投入的不足。因此，要想实现利用科技创新体系建设引领丝绸之路经济带发展，就应建立以企业为主体、市场为导向、产研学相结合的技术创新体系进行综合分析，针对青海省经济和科技发展不平衡以及科技体制改革的实际，因地制宜地总结经验，提出对策与建议。在国家政策扶持和青海省政府施政方面，要重点研究国家关于支持西部地区加强科技发展能力建设的有关规定，提出量化、细化指标。而全面加强青海省科技发展能力建设，解决以上两个问题，仍是一项长期而艰巨的任务。

青海省作为“丝绸之路经济带”交汇点，具有和东部地区不同的经济发展基础和社会活动环境，也具有自己特色的产业发展基础、科技发展优势与创新发展潜力，要根据自己的战略发展基点培育发展战略性新兴产业，建设区域科技创新能力。青海省要立足于自身的区位特征、基础优势，结合青海省与其他国家战略的发展布局，积极主动融入“一带一路”倡议。依托区位优势，推进与西藏等地区区域协作，加强与中西部地区的分工合作，积极参与丝绸之路经济带建设；依托柴达木等地区产业基础，重点参与丝绸之路建设。

青海省提升科技创新能力融入“新丝路经济带”应贯彻落实《国家中长期科学和技术发展规划纲要》（2006–2020年）实施的重点领域、优先主题、重大专项、前沿技术和政策措施。同时，还应围绕深化民族地区科技体制改革、完善保护知识产权的法律体系、推进科技开放合作与协同创新、加强科学普及和提升公民科学素质等方面的工作。一方面加强科技投入、科研基础建设和科技人力资源建设，从整体上提高科技发展能力；另一方面增强自主创新能力需要发挥民族地区的后发优势，既要鼓励原始创新和集成创新，更要注重引进消化吸收再创新和协同创新。

同时应当依据不同民族地区的实际，争取中央政府的更多支持，制定并逐步完善统一而又有差别化的区域科技发展政策支持体系。青海省要面对产业转移和结构调整的基本态势，积极开发适合本地区的实用、高效、优质、长久的新型产业集群技术，加强区域特色科技项目的研究与开发，加快建立有民族地区特色和优势的区域创新体系，努力提升自主创新能力。

要紧紧围绕国家新一轮产业结构的调整和转移，积极培育和提升民族地区科技成果的吸收和转化能力。首先，借助改革开放30多年的良好态势和国家相应的扶持政策，中国东部地区经济社会快速发展，生产总值和人均收入大幅度增长，但随之而来却出现了劳动力供求关系的新变化，被经济学家称之为“刘易斯转折点”的劳动力求大于供的格局开始显现，东部地区的产业转移和结构调整迫在眉睫。其次，以少数民族为代表的西部地区生产总值和人均收入提升相对滞后，资本相对稀缺，产业集成度不高，劳动力成本较低，面临进一步发展的强大内在需求和动力。再次，按照国际产业发展的基本规律，呈“雁阵模型”的产业发展格局必将从中国东部地区向劳动力成本相对充分和低廉、具有巨大市场需求的民族地区倾斜，而实现这一目标的关键是要拥有充分的资金支持和强大的科技能力作为支撑。

要大力加强民族地区特色科技项目的研究与特色科技产业的开发，努力提升科技自主创新能力。民族地区特色产业是指形成了具有特色基础、独特的生产过程和独特的产品服务范围的产业。民族地区的特色产业以特色产品、特色资源（包括自然资源、社会资源）为基础，在现代科学技术不断促进下，综合开发而成。

二、具体策略与对策

青海省利用科技创新体系建设引领丝绸之路经济带发展应该采取以下战略措施：

（一）以建设企业为主体，产学研政相结合的创新体系为基础，全面提高企业技术创新能力

1. 发挥企业主导作用，建设平台促进产学研政合作

鼓励企业建立工程技术中心、重点实验室等创新平台，聚焦产业升级和链条拓展，突出重点，有针对性地攻克一批亟待解决的关键核心技术，在若干优势产业领域抢占科技制高点。支持企业与国内外高校和科研院所建立产业技术创新联盟，建设国家级和省级研发机构，推进技术、管理、业态及模式创新，实现科技成果资本化、产业化。发挥高校和科研院所的积极作用，鼓励在加强基础研究、前沿技术研究的同时，更加注重应用对策研究，积极参与企业关键技术攻关、重大项目研发和技术改造，促进高校、科研机构与企业之间优势互补、科技资源共享、利益和风险共担。支持高校及科研院所创办科技型企业。全面提升企业自主创新能力。实施企

业研发能力提升工程，对技术基础好、发展潜力大、带动能力强的创新型企业，在企业融资、发展空间拓展等方面给予重点扶持。引导企业建设高水平的技术中心、工业设计中心、工程研究中心、工程实验室、科技特派员工作站及其它研发载体。鼓励企业通过合作入股、共同开发等形式，加强对重大关键技术的引进和合作。加强对企业创新的政策支持，建立政府支持企业技术创新、管理创新、商业模式创新的新机制。

青海省战略性新兴产业创新能力建设的突破点在于：强化企业技术创新主体地位，进一步增强企业创新能力。创新型企业发展的关键在于企业与企业家能够持续、专注地培育企业的创新文化与核心竞争力。充分发挥科技经济政策的导向和杠杆作用，在继续增加政府科技引导性资金投入的同时，促使企业自身加大技术创新投入力度，加快建设企业研发机构和中试环节，全面提高企业技术创新能力和成果吸纳能力，发挥企业在技术创新的主体地位。

2. 构建强化企业科技创新主体地位、增强创新能力的动力机制

政府要以增强企业科技创新能力为战略目标，推动产业体系在科技创新产业园区的龙头企业建立培育企业核心竞争力的评价、管理体系，进而以政策、制度和文化建设为主导，从企业家、创新人才、创新环境、金融资本和市场体系等方面全面构建强化企业科技创新主体地位、增强创新能力的动力机制。通过政府牵线搭桥，进一步完善与青海省内外高校科研机构与高新区和企业共建企业研发机构、共同申请重大科技产业化项目、共建研发生产实体，促进创新要素向企业聚集，建立装备制造、新材料等产业技术创新联盟。

3. 以政府为主导，推动建设科技创新公共服务平台

政府要充分引导科技、产业与社会体系建设科技文化与创新文化，推动创新化发展的产业体系建立引进、发现、培养和使用高端人才的政策、体制与机制。要在政策、体制与机制创新的基础上，以政府为主导推动建设科技创新公共服务平台，组建一批有利于科学决策、成果转化的新型研

发机构，建设一批创新型企业群体、研发中试群体、风险投资群体和中介服务群体。推动创新产学研政合作机制，促进创新要素与生产要素良性互动，创新成果与产业要求有机衔接，努力实现政府、高校、科研院所与企业“优势叠加”，技术创新链和产业链“双向融合”。强化知识产权导向功能，明确产学研政各方责权利，运用市场机制，借鉴浙江经验，确立企业出题、出资参与创新全过程的企业为主体，用户紧密型产学研合作创新体系。

4. 实施科技创新优惠政策，实施创新型领军企业培育计划

对资源开发集中的科技创新试验区的专项公路、电网等建设项目，政府应给予贷款贴息和资本金支持；对采用先进技术开采贫矿、尾矿及难选冶矿产资源的科技创新企业，适当放宽减免矿产资源税费年限；对发展循环经济、延伸产业链、节能减排的企业技改项目，给予优先安排和资金支持；对开采回收矿产资源主矿以外的共、伴生矿产的，采用先进技术开采难选冶矿产资源的，以及对利用废弃低品位矿作原料、节能减排和高科技型开发项目，通过认定，在税收、土地等方面给予更加优惠的政策。

同时还可以引进和培育高新技术企业。实施创新型领军企业培育计划，遴选引进一批具有较大规模优势、较强创新实力、较好发展潜质的骨干企业予以重点支持，大力培育国、省级高新技术企业和科技型上市企业。支持龙头企业加大核心技术和关键技术攻关，加快形成自主知识产权和核心竞争力。建立高新技术企业后备库，通过技术改造、加速孵化等措施培育一批高新技术企业，打造一批在精品农业、绿色工业、生态旅游等方面有突出优势的骨干企业、知名品牌和行业领军企业。支持以新能源汽车、丝纺服装等为重点的优势骨干企业建立技术研究院，构建新能源、新材料、先进制造、现代生物、现代农牧业、生态环保、高原医疗卫生、新一代信息技术等八大绿色产业技术体系，力争在重点领域和关键环节实现共性核心技术的自主创新和产业化。吸引外地企业到青海省设立区域性研发中心和跨国研发中心。

5. 实施科技型中小微企业成长计划

积极发展科技型中小微企业也是青海省推动丝绸之路经济带科技创新的重要工作之一。实施科技型企业成长计划，通过技术改造、产学研合作等方式，促进一批中小微企业成长为科技型企业，并逐步发展成为高新技术企业。制定专项扶持政策，资助初创期企业和成长期企业技术研发，试行创新产品与服务远期约定政府购买制度，积极提供法律、工商、会计、税收、知识产权、信息服务等一条龙集成服务。支持建设科技型中小微企业创新创业基地，搭建人才培训、标准认证、工业设计、信息网络、知识产权、电子商务、企业融资等公共服务平台。深入推进“互联网 +”行动计划，支持高校、科研院所、大型骨干企业与科技型小微企业搭建信息网络服务平台，健全以科技综合服务为重点的中小微企业技术创新公共服务体系。

（二）建设科技创新试验区，开创科技驱动产业新格局

加快推进科技创新试验区建设的重点是推进政府科技与经济管理体制的改革，消除政府条块分割、分钱分物的管理体制弊端。必须明确主战场在哪里、着力点和关键是什么，基本方式方法有哪些，创新文化和创新环境从何而来。必须认识到，创新不是管出来的，而是放出来的。企业和一切创新主体的感受、各类创新人才能否真正集聚，这是是否拥有好的创新文化和创新环境的根本评价标准。

从青海省区域经济体系发展所依托的政治、文化、科技、金融和经济等基础条件来看，目前青海省还不具备全区域全面实施创新驱动战略的基础条件，但是，青海省具备全面实施创新驱动战略的创新化发展基础。

青海省构建战略性新兴产业的现实产业竞争优势，关键在于把长期积累的潜在科技“势能”转化为推动发展的创新“动能”，使青海省的科技优势向现实产业优势和市场竞争优势跨越，形成全省最具活跃力、竞争力、引导力和辐射力的科技创新主导推动区和战略性新兴产业发展带

动区。

建设科技创新试验区，可以推动青海省产业体系实现从项目建设与产业引进到科技创新驱动的跨越发展，引领青海省的所有骨干产业聚集区走创新驱动发展的道路，为青海省经济社会的转型跨越提供创新驱动发展的新动力。

应针对科技创新试验区的特点建立完善组织协调机构，保障科技创新试验区建设快速平稳推进。目前，科技创新试验区将进入快速发展时期，为了保障各项工作有序推进，建议青海省成立科技创新试验区管理协调领导小组，行使宏观管理和调控职能，协调解决建设中的重大问题和事项。同时，建立健全科技创新试验区管委会，全面负责科技创新试验区建设的实施和推动工作，省政府应赋予管委会在发改、国土、环保等职能方面相对独立的审批管理权，支持科技创新试验区在新形势下创新管理体制和运行机制，在改革开放中给予更大的发展空间。

同时应建立健全管理机制，有效推进科技创新试验区发展。在推进科技创新试验区的发展中，要建立系统的政策、措施和绩效考核管理机制，使推进科技创新工作有章可循，使推进科技创新试的行为较为规范，在运行中，要将各个环节纳入严格管理和考核之中，尽力避免“走弯路”“交学费”的教训。在科技创新试验区，应加快推进创新的试点工作，引进有实力的节能公司在青海省落户，运用市场手段，在科技创新试验区建立创新服务机制，通过签订合同的方式，为科技创新企业提供节能诊断、融资、改造等专项服务，充分调动用能单位创新工作的积极性。

1. 应加快科技创新试验区转型升级，大力提升科技创新试验区创新能力

确立科技创新试验区内企业在技术创新决策、研发投入、科研组织和成果产业化中的主体作用，鼓励企业承担国家科技项目，支持企业联合高校、科研机构规划建设一批产业技术研究院。建立更为顺畅的产学研用合作关系，推广以企业为主导的委托研发、组建联合实验室、成立合资公司、合作开展中试以及技术许可、技术转让、技术入股等多种合作模式。

培养和支持一批中青年科技创新创业人才，引进一批海外高层次人才回国（来华）创新创业，建成一批国家级研发基地。鼓励科技创新试验区建设科技企业孵化器、留学人员创业园等孵化服务机构，打造一批具有当地特色的众创空间。使得科技创新试验区内企业研究与试验发展经费内部支出占销售收入比重超过全省平均水平，科技创新试验区内高新技术企业数量明显增加。

2. 增强科技创新试验区产业核心竞争力

发挥科技创新试验区的核心载体作用，以整合技术资源为基础，采取“政府启动、多元投资、需求导向、市场运作”的运行模式，大力推动企业开发新产品，实现产品升级换代，发展高端制造业。鼓励企业并购与重组，支持跨丝绸之路经济带区域整合与产业链整合，做大企业规模。积极推进创新型产业集群建设，加快科技成果在产业集群内的转化，提高产业集中度，使得科技创新试验区内高新技术产业总产值增长率高于全省平均水平。

3. 促进科技创新试验区和服务型政府的管理理念

赋予科技创新试验区必要的经济、社会、行政等管理权限和职能，强化科技创新试验区管委会的综合服务功能和科技创新促进功能，允许科技创新试验区依法进行用人、薪酬等方面的改革。大力推进能源、资源的节约、集约和循环利用，促进单位工业增加值能耗、水耗进一步下降，主要污染物排放总量显著减少，提高土地集约利用效率，促进经济社会实现生态发展、绿色发展和可持续发展。按照“布局合理、特色鲜明、集约高效、生态环保”的原则，创建高科技产业基地、生态工业示范园区、循环化改造示范试点园区、低碳工业园区等绿色园区，鼓励创建知识产权试点示范园区，探索建立国际合作创新园。提升科技创新试验区城市综合功能，优化人居环境，完善公共服务设施，促进具备条件的科技创新试验区向宜居、宜业城市转型，把科技创新试验区建设成创新要素、高层次人才、高端产业集聚的科技新城区。

（三）构建创新追赶政策体系，解决创新能力建设问题

1. 建立创新型政府

国外的大量实践充分表明了创新型政府及其创新政策扶持对发展创新型经济起着至关重要的作用。在世界上的发达国家中，政府的激励政策是创新型产业集群发展的重要动力。我国在许多方面存在着依靠资源驱动、资本驱动可获得发展空间，依靠创新驱动反而步履维艰的情况，这就更加需要各级政府发挥主观能动性营造实现创新驱动发展的政策环境。

现有创新政策体系建设的理论依据：创新活动存在知识溢出，政府通过创新政策支付产业创新的社会成本，国家与社会不承担产业创新的追赶成本。这一政策理论依据来源于发达国家的创新历程、创新实践和创新研究，不符合我国在全球化时代实施创新追赶战略的客观现实与创新化发展规律。推动青海省战略性新兴产业加快发展，关键在于系统营造符合后发追赶地区产业科技创新客观实际与创新发展规律的科技创新政策体系。

2. 建立创新政策体系

对于融入丝绸之路经济带的青海省创新政策体系来讲，创新资源和创新要素在不同区域之间流动和集聚，能否有效吸引和利用国际创新资源支持国内创新活动，是影响整体创新效能的重要因素。由于青海省创新资源禀赋和创新能力基础等方面的差异，所以创新体系应当是不同，应有自身特色。在市场机制比较完善的条件下，创新资源肯定会流向创新潜力更大、创新效益更高的地区，会加剧区域之间创新能力的差距。青海省所要做的，不是“生拉硬扯”地将创新资源“拽回”青海，而是要努力释放与创新资源基础相适应的创新优势和潜力，有追赶、有竞争、有超越，这样青海的创新体系才会有活力。

此外，创新体系建设要解决的另外一个问题是产权及其收益分配问题，主要指的是技术成果的收益分配和知识产权的保护。只有产权明晰，才能提升资源配置效率，这是所谓“科斯定理”的政策含义。知识和技术

成果所引致的产权界定和分配方式，决定了创新资源和创新要素在各类创新主体之间流动和集聚的效率，这一点对于青海省高校、科研机构占据研发主体地位的现实状况来说更为重要。所谓科技成果转化率低，本质上是创新资源的“错配”问题，明晰技术成果的产权及其收益可以有效缓解这种“错配”带来的效率损失。

面对新的科技革命和产业变革，技术创新和商业模式创新衍生新的产业创新生态系统，形成了新的市场竞争模式，为青海省的产业发展和企业创新，提供了新的赶超机会。但相比于国内发达省份，青海省构建产业创新生态系统的各种尝试，往往会遇到一些困难。

青海省区域创新体系应以建设科技创新综合改革试验区为发展契机，探索构建创新驱动经济社会转型发展的现代文化与新政策、新路径和新机制。青海省要抓住建设机遇，整合、提升和开拓国家支持青海省经济社会发展的所有政策体系，使青海省获得充分创新发展区域创新政策体系的建设空间和发展平台。

3. 实施创新驱动发展战略

青海省需要在全面实施创新驱动发展战略，依据国家支持青海省转型跨越发展的政策框架体系，以原有的引导激励性的科技政策、产业政策与创新政策为基础，以科技文化与创新文化建设为先导，创新化构建引导激励与创新追赶两个政策层次一体化发展的创新政策体系，帮助产业创新主体跨越“科技创新追赶成本鸿沟”，全力主动地开展科技创新活动。

青海省要在创新追赶政策体系建设的基础上，通过大幅度推进科技体制创新、科技与金融结合、核心竞争力培育、创新文化建设、人才特区建设和创新系统效能建设等实现创新驱动发展的战略措施，推动解决制约青海省区域经济体系六个方面的创新能力建设问题：科技创新高地建设问题；科技创新机制建设问题；科技创新投入问题；高端创新人才聚集问题；科技与经济结合问题；创新型企业培育问题等。

（四）突破文化创新的系统边界，完善全面创新的社会生态

按照习近平总书记落实丝绸之路经济带的重要讲话精神和中央实施创新驱动战略的部署，文化创新面临着空前的机遇和严峻的挑战，特别是青海全面创新改革试验区建设，给文化创新提供了巨大的空间和平台，抓住机遇，运用平台，科学组织好文化创新的深化落实，必须整体构建文化生态，融入全面创新改革试验的战略布局，紧紧围绕全面建成小康社会的阶段目标和谱写中国梦青海篇章的战略任务，夯实文化价值取向的根基，突出文化创新的主体培育、平台构建和环境优化，完善全面创新改革的社会生态，发挥创新驱动的文化动力，推动经济社会转型发展。

1. 夯实文化创新的价值根基，培育创新改革的文化基因

坚持抓创新就是抓发展、谋创新就是谋未来的战略思想，克服过去仅靠部门抓文化的范围局限和文化创新职责不清、主体不清等问题，把文化创新放到“五位一体”总体布局中高点定位，放到全面创新驱动的战略上去谋划布局，放到党委政府议事格局中去建设落实。一要突出思想引领和价值导向，发挥文化引领社会心态、凝聚思想共识的作用。要按照“四个全面”战略布局，用中国特色社会主义理论最新成果武装全党教育人民，突出社会主义核心价值观和中国梦凝神聚力的重要作用，特别要把新发展理念作为文化创新的驱动理念，全面而广泛地运用文化艺术的方式传播普及，形成全社会抓文化创新的观念共识和价值取向；二要紧紧围绕全面创新改革试验区的战略目标，突出试验区的创新文化生态建设。发挥文化渗透力优势，培育经济发展新常态的文化动力，打造试验区的价值导向和文化标志，突出科技创新的核心地位，推动实现文化领域的大众创业、万众创新，实现科技、金融与文化的融合，培育转型发展的新动力。三要发挥文化惠民益民作用，提高全面小康的文化内涵。围绕全面建成小康社会的文化需求，谋划实施“十三五”文化专项规划，将文化繁荣发展摆在全面小康建设的高度，充分整合配置传媒和艺术的能量，把文化创新当作一项“功在当代、利在千秋”的事业，既要“为人民服务”，更要为人民

服“好”务；既要人民喜闻乐见，更要人民感受到教化能量，落实文化惠民、文化脱贫举措，实现人民收入增长与文明素质的双提升。做到文化传承保护与合理利用相结合，文化产业发展与文化市场改革相结合，政府的作用和市场的力量相结合，在全社会营造尊重创新、尊重人才的氛围，倡导鼓励创新、宽容失败的创新文化，为可持续的文化创新提供宽松的社会环境。

2. 培育文化创新的市场主体，突破服务消费的职责边界

一是强化政府在基础条件、基本权益和正确导向上的主体责任，确保文化安全和内容正确。加强文化内容、载体和传播体系建设，主动担当思想理论建设和意识形态安全维护职责，确保马克思主义的指导地位，确保中国特色社会主义理论、道路和制度，确保导向正确、内容健康、覆盖有效。要加强传媒建设，推动媒体融合，在社会多元思想中立主导，树旗帜，在保障基本文化权益方面尽职责、促公平，在事关未来的关键领域控局面、定乾坤，面向国际内外，牢牢掌握话语权、主动权，文化主管部门要自觉担当。二是培育壮大文化企业主体，运用市场机制形成强大的文化服务能力供给。在面向大众的文化需求服务、适应现代消费的文化产品生产等方面，充分发挥市场机制的作用，应特别关注面向文化服务对象，创新事业和产业融合服务的机制，打破现有事业和产业的界限，由文化服务运营商充分利用现有的事业资源和市场资源面向受众，在后台由政府和服务商算账，避免社会上出现市场和政府两个体系的重复建设和资源浪费，防止庞大的事业体系不能提供基本的文化服务。三是培育文化中介机构，创新社会力量参与文化建设的机制。特别是第三方咨询评估组织、社会民间文化组织和文化学术研究机构的培育，推动社会文化社团依法注册登记，独立依法地发挥全社会和民间的力量广泛参与文化创新。

3. 搭建文化创新的公共平台，突破文化繁荣的生态短板

文化创新的重点和难点在于打破传统的条块分割局面，构建提高信息透明度、降低交易成本的公共平台和文化生态体系：一是构建文化艺术

资源交换平台，文物、非遗、古籍等厚重的历史文化资源，音乐、舞蹈、曲艺、戏曲等文艺创作资源，电影、电视、动漫、VR等视听资源，都需要建设、展示、评价和交换的大平台，需要弥补观念、思路、边界、标准等短板，促进资源利用、流动和交换；二是构建文化科技金融服务平台，文化与科技的融合平台、文化与金融的互助平台急需完善建设，加快推动历史文化资源转换成为资本证券，推动文化事业设施设备和产品的证券化运营，都需要建设新的平台和机制，共同为文化服务和消费现代化服务；三是文化云计算和大数据平台，突出文化艺术资源、产品和服务基础数据的收集和分析运用，打通文化艺术各个门类之间的数据壁垒，打通文化艺术单位和其他相关单位和市场主体之间的壁垒，形成数据存储、交流大空间，通过云计算分析解剖，形成有用的数据支撑和网络服务平台，提供广泛的数字化服务；四是建设文化开放交流平台体系，建设多层次的开放空间。参与国家级开放平台建设，推动青海文化走出去，并且吸收世界优秀文化成果为我所用。构建省级部门单位信息沟通共享平台，整合各个部门的力量，特别是文化、教育、出版广电和体育等资源，形成文化创新的合力。突破文化教育体育的事业单位边界，紧紧围绕文化资源盘活和创新型人才培育，立足于服务青少年主体，突破工业化时期格式化批量性的人才教育模式，加大力度发展富于创新的自由的艺术教育和兴趣培育。

4. 优化文化创新的环境保障，突破创新改革的机制瓶颈

文化创新需要良好的环境条件和社会生态，需要各种资源的投入和软硬件保障，需要党委政府加强领导、统筹整合。一是加强人才资源培育保障，随着文化内容的丰富和服务需求的增加，对文化创意、经营和治理的高层次人才队伍数量、质量和结构要求更高，必须加强文化产业和文化事业融合创新的专业人才培养，特别是体制外适应市场化竞争的人才保障，发挥“人才第一资源”在“创新第一动力”中的关键作用，夯实文化创新的人才基础；二是加强文化法制保障，一方面努力做到创新改革有法有据，保障创新的规范有序，另一方面对创新改革成果要加强法制化保护，

实现依法治文，尤其需要重视文化创新产品和服务的版权保护，健全公共文化服务保障法规体系，努力实现依法治文和道德约束的有机结合；三是营造文化创新的社会环境，培育宽容失败、容错纠错的舆论环境，健全鼓励大胆探索、敢于突破的政策机制，突出文化创新的价值转化，突出文化产品服务的社会效益，培育文化创新改革的正能量。四是加强软基础建设，把支撑文化软实力的硬基础设施列入发展战略规划，确保投入到位，超前建设。同时需要加强文化创新的评价考核机制、社会参与动员机制和评论引导机制建设，优化文化融入丝绸之路经济带的经济、政治、社会和自然生态的机制和条件，同样非常重要。

（五）加强科技创新文化教育，深化人文交流

突出青海省独具的文化教育优势，在民心相通上多下功夫，多做贡献。积极开展丝绸之路经贸文化会展活动，加强与丝绸之路国家政府间交流合作，加快构建友好城市和国际人文交流基地，不断拓宽与沿线国家人文交流渠道。依托青海省教育资源，结合“一带一路”国家的人力资源市场需求，加强与沿线国家和地区的教育合作。推进“留学青海省行动计划”，鼓励省内高等院校发展留学生教育，促进科技创新的人员流动，积极参与职业资格国际认证标准制定，提升青海省教育国际影响力的同时也可以通过增强科学技术创新实力提升青海省总体综合实力。

青海省应积极响应中央号召，着眼于发挥自身的生态环境、资源能源、历史文化等优势，与丝绸之路沿线国家开展经贸和人文交流，为全面加强双方合作和交流，应继续完善以下三方面工作：

1. 健全完善工作机制

与丝绸之路经济带其他合作国家定期举办交流会议，加大在产业政策、发展规划、重大项目建设等方面的沟通交流。同时，建立和完善经常性工作机制，促进与丝绸之路经济带上的国家之间的资源要素合理配置，及时协调解决重大问题，形成长期高效的合作机制。

2. 继续深化务实合作

本着“平等互利、优势互补、循序渐进、注重实效”的原则，在巩固和扩大前期合作成果的基础上，与合作各方继续深化外贸管理体制改革，提高贸易便利化水平，改善融资服务，扩大信用保险规模，支持跨境电子商务和现代物流，强化服务贸易，为深化务实合作创造良好环境和条件。

3. 积极拓展合作领域

按照“立足当前、着眼长远”的原则，充分挖掘在农牧、环境保护、基础设施建设以及双向投资、人文交流等领域深化合作的潜力和空间，借助各方重大经贸活动等对外开放平台，扩大合作领域，深化合作内容，创新合作方式，实现区域良性互动和共赢。

（六）充分发挥科技在民族地区经济社会发展中的支撑和引领作用

提升青海省科技创新能力，必须充分发挥科技在民族地区经济社会发展中的支撑和引领作用。支持推动传统产业转型升级和新兴产业发展；安排经费支持农牧业创新，开展主要农作物集约化种植和畜牧业规模化发展关键技术研究示范，推动民族地区现代农牧业发展。

1. 支持民生科技发展和生态环境建设

一是加大医药健康领域创新。结合民族地区的健康需求和药材资源优势，推动医药产业发展，提高民族地区疾病防治水平。二是加强生态环境综合治理技术研究。支持开展生态修复、典型盐碱地改良等方面的技术研究与工程示范。三是加快民生领域科技成果应用。重点安排民族地区惠民计划项目。重点支持民族地区城镇化与城市发展、建筑节能示范、资源高效开发、民族文化产业、社会公共安全和可持续发展等民生领域开展科技成果推广应用工作，使科技成果更多地惠及、保障民生。

2. 加强科技创新基础条件和能力建设

一是不断加强科技基础条件平台建设。在青海正确建设国家级重点实验室培育基地，支持开展具有区域优势和特色的基础研究和应用研究。二是大力支持各类科技园区和基地建设。积极推动国家级文化和科技融合示范基地的申报与建设工作；推动大学建设科技园区、支持建设高新技术产业化基地。三是推动民族地区技术创新能力建设。培育创新型企业、产业技术创新战略联盟等载体，引导创新资源向民族地区集聚。在民族地区培育创新型企业，建立产业技术创新战略联盟试点，重点培育产业技术创新战略联盟。支持建设青海建设创新型试点城市。支持民族地区示范生产力促进中心建设，开展服务基层和产业集群专项行动，服务民族地区特色产业发展。四是加强科技人才培训和科学技术普及。举办科技管理培训班，提高民族地区科技管理水平和科技人员素质。通过科技活动周、科技大篷车、群众性科技活动等支持民族地区科普工作，支持开展与丝绸之路经济带动相关的双语青年科技志愿者工作。

3. 推动民族地区开展与丝绸之路经济带沿线国家的科技合作与交流

一是建设省级国际合作基地，支持建立国际科技合作平台。支持建立高科技国际创新园和引导国际创新资源向青海省集聚。二是支持建设青海与丝绸之路经济带其他国家的技术转移中心。三是拓宽青海拓展国际科技合作渠道，提升国际合作能力。促进青海省科技型企业向全球发展，开展联合研究、技术转移和成果推广。

4. 大力发展特色农牧业，拓宽农牧民增收和就业渠道

加大富民强县、星火计划、农业科技成果转化资金项目等面向基层的计划和对民族地区的倾斜力度。加快能源矿产产业发展，进一步增强国家能源资源供给的保障能力。有选择地发展新能源、节能环保、新材料、生物产业等符合民族地区实际的战略性新兴产业，形成民族地区产业竞争的新优势。加快建立食品安全、生产安全、防灾减灾等公共安全科技支撑体系。加强民族医药研发及产业化共性技术研究、中药资源可持续发展关键技术研究，促进民族医药产业发展，加强对民族地区地方病的防治工作。加快先进适用技术转移，推动知识和技术等要素向民族地区流动，带动民族地区产业转型升级和经济可持续发展。

培育和提升民族地区科技发展和自主创新能力，大力促进特色科技项目的研究开发与特色科技产业的发展，促进原始创新、集成创新和引进消化吸收创新能力的培育，使科技支撑引领经济社会发展的能力得到大幅度提升，这是民族地区科技发展能力建设的重点。强化原始创新、集成创新和引进消化吸收再创新，促进科技与经济深度融合，形成政府支持、市场主导、企业主体、科研院所积极参与、政产学研用结合的创新体系。加快政府职能从研发管理向创新服务转变，优化创新基地和研究力量布局，完善科技专项、引导基金管理，增加研发投入。引导并组织好重点领域关键技术的攻关，加大对高技术企业和科技型中小微企业的扶持力度。实施科技型和高新技术企业“两个倍增”工程和科技“小巨人”计划，加快推进国家级和省级高新技术产业园区及西宁、格尔木创新型城市建设，形成若干创新基地和创新集群。

（七）在青海省创新型科技人才开发中真正树立“以人为本”理念

人是历史活动的主体，人在社会历史实践中有自主性，人必须要通过社会化过程才能从可能的人向现实的人转变，而且个体的人要发展成为自由自觉活动的主体。在这个发展过程中“人始终是主体”，即人总是“从自身出发”，根据自己的内在尺度与它物发生为我而存在的关系。从这个意义上来说，追求人的自我价值是人作用主体性存在的内在本性，这也正是以人为本理念的应有之义。因此，现代人才开发一定要确立人本的主体性原则，树立人本化的理念，通过对人才实施有计划的培训和合理使用来培养人才，以实现人的主体性培育，促进人才的主体性提升，进而推动人类文明进步。

青海省创新型科技人才开发的目的是培育人才、促进发展；其管理的终极目标是使创新型科技人才为青海省科学发展服务；其实质就是要培养创新型科技人才从事实践活动的主体性，将可能的人通过培养教育，实现自我超越，从而成为现实的人。其根本性原则就是“把人才培养和使用当作最终目的”。人才开发的主体除了管理者之外，人才也是其中不可忽略的主体部分。青海省如果在创新型科技人才开发中，把部分管理权力交给创新型科技人才本身，让创新型科技人才拥有广泛自主权的同时共同参与地区人才管理，就能够充分体现对创新型科技人才主体地位和合法权利的充分尊重，才是人才开发人本化的具体体现。

1. 以人为本理念能够提高创新型科技人才开发效能，促进青海省快速发展

“以人为本”是以人为核心，一切管理活动都围绕“人”进行。这是在深刻认识人在人才开发活动中地位和作用的基础上，强调在人才开发工作中必须始终把人放在核心位置，全面调动人才的积极性和创造性，通过做好人才的工作来做好其他工作，以提高人才开发效能。具体到创新型科技人才管理，以人为本理念在人才开发中最直接的体现就是科学合理使用人才，让创新型科技人才共同参与青海省经济社会建设。其效能主要表现为：可以获得更多有利于促进青海省地区经济社会发展的“良策”通过创新型科技人才参与管理，创新型科技人才可以了解青海省改革发展情况，与各级领导共同探讨青海省改革发展的方法途径，用亲身体会评价青海省改革发展的成效，找出、找准青海省经济社会发展中存在的突出问题，推动青海省创新驱动发展和转型发展，不断提高青海省改革发展的水平。有利于留住青海省的现有人才。实现“人尽其才，物尽其用”，人才只有被使用，才能显示其应有价值。如果对人才弃之不用，只会荒废人才，出现“孔雀东南飞”的现象。因此，青海省创新型科技人才开发是以人才政策实施通畅、地区人才和谐稳定为目标。

这种和谐稳定的常态也不是“一成不变”，而是“稳中有变”，并且在稳定状态中必定会蕴藏着不稳定因素，这种“稳中有变”正是青海省创新型科技人才队伍发展壮大的内在驱动力。如果创新型科技人才找不到正当的途径和理性的方法来解决与他们个人成长、事业发展息息相关并且急需解决的问题，他们就有选择非理性方法的可能，从而就会影响到青海省

创新型科技人才的稳定和发展。让创新型科技人才共同参与青海省的人才开发，就可以在合作的过程中协调地区与创新型科技人才之间的利益矛盾，使人才开发工作获得创新型科技人才最大程度的自觉认同，从而就能够有效地维护创新型科技人才队伍的团结、和谐、稳定。

有利于促进开发管理者与创新型科技人才之间的交流，改进创新型科技人才开发管理者的工作作风。一方面，青海省人才开发管理者在与创新型科技人才进行合作的过程中，能够加强开发管理层和广大创新型科技人才的联系，促进各方面的相互了解，建立良好的人际关系。另一方面，创新型科技人才参与人才开发管理也是对人才开发工作的监督，这必将促使开发管理层努力践行群众路线，切实转变和改进工作作风，增强工作的主动性和责任心，把创新型科技人才的利益放在人才开发管理的首位，为创新型科技人才的发展做好服务。

2. 以人为本理念可以促进创新型科技人才实现全面发展

从目前青海省创新型科技人才管理实践来看，创新型科技人才特别是海外归国人才比那些低创造性的同龄人更有内驱力，更有雄心，有更高的成就取向，因此也更加关注自我，追求个人的成功，同时也更为时尚现代。这些非社会性特质，与传统的自上而下、追求统一、一成不变、抹煞个性的人才开发管理模式，在摩擦与碰撞中必须产生巨大矛盾。只有作为人才开发主体的创新型科技人才自由自觉地参与人才开发和管理活动，才能从根本上解决创新型科技人才新的发展需要与旧有的人才开发模式之间的内在矛盾，从而推动创新型科技人才主体性的不断发展。而创新型科技人才的自由自觉活动只有在充分尊重其主体地位的前提下才可能实现。科学发展观的以人为本理念正充分肯定了创新型科技人才在人才开发管理中的主体地位和参与开发管理的平等权利。

因此，只有在创新型科技人才开发管理中树立以人为本理念，创新型科技人才的主体性才会得到充分的尊重，创新型科技人才能够作为开发管理的主体自主负责与自身密切相关的事务。创新型科技人才通过自主组织和参与青海省的各种活动，一方面可以满足创新型科技人才日益变化、层次多样的生活、学习、发展等个体需求，另一方面这种个体需求的不断满足又可以激发新的需求，从而推动创新型科技人才自我的不断发展。

3. 以人为本理念在青海省创新型科技人才开发中的应用

坚持以人为本的核心，人才发展以人为本，人才开发工作的本质就是对人的培养、管理和使用，人是人才开发的第一要素，因此青海省在创新型科技人才管理工作中必须突出以人为本的理念。

一是根据创新型科技人才的不同专业、性格等特点，采取迥异的培养和管理措施，发挥其效能，使其成为经济社会发展的重要推动力量。在具体培养和管理工作中，语言、行为应有比较丰富的文化内涵，应有亲和力，应最大可能地减少权力强制与制约的痕迹；在具体使用过程中，应克服论资排辈、封闭循环、能上不能下、能进不能出等陈旧观念，创新体制机制，激发其创造活力。

二是针对创新型科技人才不同的成长历程，着力加强科学的世界观教育。世界观对创新型科技人才思维方式的形成和科学研究的进行具有重大影响，能够引导创新型科技人才遵循客观实际的辩证规律，进行思考，取得成功。

因此，要加强对创新型科技人才唯物论、辩证法的教育培训，帮助他们掌握正确的世界观和科学的思维方法，并自觉地将其运用到工作中去，从而使他们少走弯路，多出成果，促进青海省科学技术迅速发展。

4. 坚持有效激励与关注人才需求相结合

有效的激励，对创新型科技人才管理显得尤为重要。马斯洛需求理论认为，人是自然人与社会人的混合体，人的需求是分层次的，由低级的需求开始逐级向上发展到高级的需求；作为自然人他们有生理需求、安全需求，作为社会人他们有社交需求、尊重需求和自我实现。马斯洛断定，当一组需求得到满足时，这组需求就不再成为激励因素了。因此，青海省在创新型科技人才管理中必须要树立人本观念，必须结合人才工作实际情况，研究本土、引进不同层次创新型科技人才的发展需求，并进而制定出能够有效满足这些创新型科技人才需要的激励的手段和方法。应根据不同的情况、不同的对象，采取不同的物质和精神激励，满足各类创新型科技人才不同层次的需求。要通过构建人才评价机制、创新用人机制和分配机制等，满足创新型科技人才作为社会人的社交、尊重和自我实现方面的需要，让创新型科技人才从内心感到来自省党委、政府以及各地区、各部门、各方面的温暖。

5. 坚持人才自我管理与外部开发管理相结合

创新型科技人才开发管理工作主要由两个方面组成：一方面是外在管理，即把创新型科技人才作为管理对象，通过健全评价、使用、激励机制等外在力量对创新型科技人才进行继续培养，以提高其创新能力。另一方面，是创新型科技人才的自我管理，其实质是让创新型科技人才学会自己管理自己，这不仅可以挖掘创新型科技人才内在的潜力，而且还可以让创新型科技人才参与到人才开发工作中来。外在管理与自我管理对创新型科技人才而言都很重要，二者不能互相取代。外在管理必须以自我管理为基础，自我管理离不开开发管理者的积极引导。因此，要发挥创新型科技人才在青海省创新驱动发展中的正能量，就必须在实现创新型科技人才自我管理的基础上，加强对创新型科技人才的积极引导。一是要大力开展科学态度和负责精神的宣传教育，砥砺创新型科技人才的爱国主义精神和造福人类的品质。二是要培养团结协作精神。要协调创新型科技人才的相互关系，培养他们不计较个人得失、尊重他人劳动、团结协作精神，以保证科研活动的顺利开展。要在竞争中大力鼓励和支持冒尖，使学术带头人和尖子人才脱颖而出，带动和促进民族科技水平与创新能力的提高。三是要破除各种价值观念的负面影响，树立“科学技术为经济服务”的功利性科技价值观念。

6. 着力营造人文关怀的和谐区域环境

社会环境是人类活动赖以生存和发展的外部条件的总和，有物质的、精神的，有有形的、无形的。历史传统、文化教育、科学技术、政治经济制度以及生活方式、价值观念、道德风尚等都能对创新型科技人才开发产生作用，是创新型科技人才开发不可或缺的条件。由此也决定了创新型科技人才总是朝着政治环境宽松、社会环境和谐、法制环境公平、政策环境优化、人际环境友好、人居环境舒适的地区流动。因为这样的环境不仅有利于创新型科技人才充分发挥聪明才智、展示自身能力、实现自我价值，而且排除了他们的后顾之忧，能够使他们心情舒畅地工作，获得较高的人格尊重。实践证明，地区发展的软硬环境，是一个地区经济社会发展和文化软实力的重要表现，时刻都在潜移默化地影响着置身其中的每一个创新型科技人才。因此，青海省要借鉴江苏、北京、上海等地区的成功做法，以鲜明的北疆特色、浓郁的草原文化和青海省特有的人文关怀，努力营造创新型科技人才干事创业的良好氛围，使其成为吸引、留住创新型科技人才的磁力辐射源。

（八）加速推进“互联网+”，实现跨界产业融合发展

加速推进“互联网＋”、制造业服务化、云服务业、跨界融合等方面发展，提升新型终端产品服务水平。

1. 培育“互联网＋”新业态

大力发展互联网经济在制造、能源、服务、媒体等领域引入互联网要素，培育工业互联网、智能电网、数字营销、互联网教育、个性化诊疗、社区O2O、互联网金融等新业态。组织实施“互联网＋”重大工程，重点培育为智慧互联工厂提供整体解决方案和系统性服务的工业互联网产业；发展以智能仓储和智能配送为主要特点的现代物流业；鼓励医疗机构与互联网企业合作开展电子处方、疾病预防、个性化健康管理等网络医疗服务；支持互联网企业开发数字教育资源，提供网络化教育服务；推广家政、安防、餐饮、生鲜配送、洗衣等社区O2O服务。深化物联网应用，着力发展车联网、智能家居等新业态。探索发展分享经济，推动企业利用

互联网思维，整合重构闲置资源，在设备租赁、交通出行、旅游、房屋出租、体验评价等领域提供新服务。

2. 推进制造业服务化

鼓励制造企业通过管理创新和业务流程再造实现主辅分离，设立面向细分行业的技术研发、信息化支撑、市场拓展、品牌运作的新型服务企业。鼓励制造企业向提供咨询设计、工程施工、仓储物流、系统维护和管理运营等系统集成总承包服务商转型。支持发展提供大型制造设备、生产线等融资租赁服务的专业化类金融服务企业。发展面向智能制造的信息技术服务业，为企业提供制造过程信息物理系统（CPS）方案的设计、开发和系统集成服务。壮大面向研发设计、技术转移、知识产权、科技资讯等的科技服务业。培育市场化运营、融入丝绸之路经济带服务外包网络的平台型工业设计企业。

3. 发展云服务业

支持传统信息技术企业向云计算产品和服务提供商转型，实现信息技术能力的按需供给和信息资源的充分利用。发展面向企业的计算、存储资源租用和应用软件开发部署平台服务，以及经营管理、研发设计等在线应用服务；发展面向政府和重点领域的安全可信云计算外包服务；发展面向个人的基于云计算的信息存储、在线工具、学习娱乐等服务。支持云计算与物联网、移动互联网、互联网金融、电子商务等技术和服务的融合发展与创新应用。发展面向云计算的信息系统规划咨询、方案设计、系统集成和测试评估等服务。

4. 鼓励跨界融合催生新业态

引导企业树立跨界发展理念，在传统产品中融入新一代信息技术、节能环保、健康、体验等新元素，发展智慧化、绿色化、健康化、社交化的新业态，积极推动更多的新业态转化为新产业。引导工业企业应用物联网、大数据、自动控制等技术开发智能终端产品，实现由传统的提供产品向提供智慧化、人性化增值服务转型。鼓励信息技术服务企业掌握数据挖掘分析、知识图谱、机器学习等核心技术，强化大数据的获取、分析、行业应用等高附加值环节，为企业提供智能数据服务。强化生态设计理念，加强全生命周期绿色管理，发展绿色建筑、绿色家居、绿色交通、绿色能源等新产品新服务。拓展传统产品的健康监测与管理、医疗保健、照料护理、生物医药等功能，满足健康消费升级需求。提升可穿戴设备、体育用品等个人终端消费产品的数据实时分享、互动等社交化功能。

（九）推进开放式研发，促进科技资源开放共享

推进开放式研发设计、网络化制造、个性化定制生产、互联网商业和共享协作等方面创新，促进科技资源开放共享。

1. 推广开放式研发设计模式

借助互联网等手段，汇聚各类创新资源，提升研发设计效率和水平。引导消费电子、家电、服装、食品等消费类企业建立开放式创新交互平台、在线设计中心，对接用户需求，发展客户深度参与的研发设计模式。支持机械、建材等企业加快构建产业链协同研发体系，集聚各类优势研发设计能力，发展基于互联网的协同设计。支持骨干企业建立面向全社会的研发测试、创业培训、投融资、创业孵化等创新设计平台，打造市场化与专业化结合、线上与线下互动、孵化与投资衔接的创新设计载体。

2. 推行网络化制造模式

鼓励龙头企业通过互联网与产业链上下游紧密协同，促进生产、质量控制、运营管理等系统全面互联，向关联企业“溢出”技术优势、管理优势和资源优势。鼓励优势制造企业发展云制造模式，通过互联网、云计算、大数据等技术，推进生产制造、检验检测、数据管理、技术标准、工程服务的开放共享，打造制造资源“池”，实现制造能力的优化配置。鼓励互联网企业构建网络化协同制造服务平台，促进创新资源、生产能力、市场需求的集聚与对接，加快多元化制造资源的有效协同，提高产业链的资源整合能力。

3. 发展个性化定制生产模式

鼓励企业提供满足客户个性化需求的产品，提升产品附加值和客户满意度。在设计、制造、物流、服务等环节植入客户参与界面，实现客户深度参与的定制化生产。通过先进制造技术与新一代信息技术的集成创新，推行模块化产品设计、柔性制造系统、智能化生产控制与调度技术，实现以大批量生产的成本和效率提供定制化产品。率先在纺织、服装、制鞋、家具、建材等行业开展个性化定制试点示范。鼓励互联网企业聚合市场信息，挖掘细分市场需求，为企业开展个性化定制提供服务支撑。

4. 促进互联网商业模式创新

推动传统优势企业与电子商务融合转型，加快商贸服务业线上线下深度融合。整合培育一批面向全国、丝绸之路经济带各国、覆盖全产业链的行业垂直电商平台和网上专业市场。支持传统对外贸易企业向跨境电商转型，推动青海省成为全国跨境电商聚集区电商枢纽。鼓励企业利用移动社交、新媒体等渠道，发展社交电商、粉丝经济等网络营销新模式。鼓励企业发展基于互联网的产品全生命周期服务，搭建产品远程监测与诊断平台，向客户提供在线诊断、远程运维、咨询服务，增强与客户的“粘性”和长期互动。

5. 鼓励共享协作发展模式

鼓励技术领先企业向标准化组织、产业联盟等开放基础性专利或技术资源，支持发展开源社区、开发者社群、资源共享平台、捐赠平台、创业沙龙等互助平台，营造良好的众扶发展环境。鼓励消费电子、智能家居、健康设备、特色农产品等创新产品开展实物众筹，发挥实物众筹的资金筹集、创意展示、价值发现、市场接受度检验等功能，帮助创新创意付诸实践；稳步推进股权众筹，鼓励小微企业和创业者通过股权众筹融资方式募集早期资本。鼓励优势企业实现内部资源平台化，培育员工创客意识，建立内部众创机制，通过投资员工创业，开拓新的业务领域。

（十）努力培育和催生经济社会发展的科技新动力

加快推进创新创业载体建设，努力推动科技人才创新创业，积极完善创新创业服务体系，营造创新创业良好环境，充分激发全社会创新潜能，努力培育和催生经济社会发展的科技新动力。

1. 加快创新创业载体建设

培育一批创新创业示范基地。推进青海省小微企业创业创新基地城市示范建设，创建国家级小型微型企业创业创新基地，推动各地建设一批“创业大本营”和设立劳模、国家级技能大师工作室、农村创新驿站等。鼓励高校建设公益性大学生创新创业基地。

大力发展众创空间。立足各地的产业、区位资源优势，引导建设一批各具特色的众创空间。支持高校、科研院所、龙头骨干企业围绕优势专业和主营业务，建设针对产业细分领域的专业化众创空间。鼓励各地引进境内外知名创新创业服务机构来青海独立或合作运营众创空间。

提升一批科技企业孵化器。加大扶持力度，提高孵化器建设与运营水平，提升从业人员素质，推动各类科技服务平台和科研机构为入孵企业提供科技支撑和中介服务。鼓励孵化器配套建设加速器，完善创业孵化链条。

2. 完善创新创业服务体系

支持企业、高校、科研机构向创业创新企业和众创空间开放科研设施，推进科研基础设施、大型科研仪器和专利信息等资源开放共享，为创业创新者更好地提供科研仪器设备使用、检验检测、数据分析等服务。鼓励发展研发设计、技术转移、知识产权、法律咨询、创业培训等科技服务。

定期举办中国创新创业大赛活动，加大对获胜企业、团队的奖励，激发全社会创新创业热情。完善导师队伍建设，组建一批创业师资队伍，吸收有连续创业经验的企业家、职业经理人、投资机构负责人等加入，筛选优秀项目、进行资本对接等。

完善科技金融服务体系，培育一批科技金融专营服务机构，加大对创新创业的信贷支持，推进专利权质押融资、科技创投等融资方式创新。完善贷款风险补偿机制，发展科技保险。支持创新创业企业到境内外资本市场上市，或到新三板挂牌。完善股权、产权、知识产权交易体系，培育上市资源。支持青海省新兴产业创业投资引导基金，加大对创新企业股权投资，积极争取国家与我省共同设立“青海省科技成果转化创业投资基金”。引导天使投资基金、风险投资基金等社会资本投资创新创业企业。

3. 营造大众创业万众创新氛围

进一步简政放权，完善创新管理体制，清理调整与创业创新相关的审批、认证、收费等事项，降低创业创新门槛。加快推进知识产权交易、市场准入、金融创新等改革，构建技术创新市场导向机制。实行严格的知识产权保护制度，切实维护创新创业者权益。将业态创新、模式创新纳入相关创新专项的扶持范围，调动科研人员和创业者的积极性。对符合条件的众创空间房租、宽带使用、数据中心租用等费用予以减免或补贴，培育的企业被认定为高新技术企业的，对孵化载体予以奖励。建立健全高校弹性学制管理办法，将我省高校毕业生自主创业扶持政策范围延伸至普通高校在校大学生，调动广大青年的创业积极性。

加强创新创业宣传，积极营造大众创业、万众创新的浓厚氛围。倡导敢为人先、敢冒风险的新风尚，在科技计划项目实施和管理中，建立宽容失败的制度保障，使一切有利于科技进步的创新行动得到支持和鼓励。鼓励高等院校单独或引进相关创新创业机构合作开设创新创业教育课程，促进专业教育与创新创业教育有机融合。推进城市科技馆、科学中心，县区科技馆、科技活动中心以及特色科普基地建设，面向公众开展重大科技成果的科普宣传，促进科普资源的开放。引导媒体加大对“四众”的宣传，普及“四众”知识，发挥典型案例的示范带动作用。

参考文献

[1] 苏海红，丁忠兵．丝绸之路经济带建设中青海打造向西开放型经济升级版研究[J]. 青海社会科学，2014 (5).

[2] 苏多杰主编．青海科技创新能力研究 [M]. 北京：中国经济出版社，2012.

[3] 李宇，李泽红等．关于制定“基础科技支撑‘丝绸之路经济带’发展计划”的思考[J]. 中国科学院院刊，2015 (1).

[4] 汪继年，王伟，陈增帅．甘肃科技创新试验区与创新能力建设问题研究 [J]. 科技与经济，2014 (3).

[5] 李勇．青海融入丝绸之路经济带建设的战略构想 [J]. 青海社会科学，2014 (5).

[6] 李鸿．深度探究民族地区创新驱动发展战略 [J]. 满族研究，2015 (1).

（撰写人：颜实，李毅）

附录：课题专题研究论文

青海省利用科技创新融入“丝绸之路经济带”的背景、潜在挑战和未来走势①

时秀梅[1]，李毅[2]，颜实[3]

（[1]中央财经大学商学院博士后流动站，北京 100081；[2]青海民族大学，青海西宁 810007；[3]内蒙古工业大学管理学院，内蒙古呼和浩特，010051）

摘要：“丝绸之路经济带”这一战略构想的提出对于我国西部，尤其是青海省各方面的发展有极大的促进作用，利用“丝绸之路经济带”建设的机遇促进青海区域科技创新体系的建设，对于聚集区域科技资源、提升区域科技创新能力、增强区域核心竞争力等均具有重要作用。本文首先从青海省的矿产、交通、商贸、文化等四个方面对青海省借助科技创新参与丝绸之路经济带建设的背景环境进行了客观总结，在此基础上分析了青海省利用科技创新融入“丝绸之路经济带”的潜在挑战；最后，对青海省如何利用科技创新融入“丝绸之路经济带”建设的未来走势进行了相应的探讨，旨在为青海省利用科技创新融入“丝绸之路经济带”建设提供政策建

---

① 基金项目：青海省科技厅软科学项目“丝绸之路经济带建设中科技支撑的对策研究”，项目编号：2015-ZJ-605；2016 年度青海省科协国家级科技思想库决策咨询调研课题资助项目“丝绸之路经济带建设中青海科技支撑的对策研究”，项目编号：2016KX09。

作者简介：时秀梅，女，博士，中央财经大学商学院管理学在站博士后，大连外国语大学国际商务学院教授。联系方式：13478585423，Email：sxmlcljj@163.com

李毅，男，青海民族大学工商管理学院副院长，教授，博士。联系方式：13519772361， Email：hubli@163.com

颜实，男，内蒙古工业大学管理学院副教授，博士。联系方式：15147156089，Email：stephen_ys@126.com

本文刊发在《江苏商论》2016 年第 11 期上。

议和实践参考。

关键词： 青海；丝绸之路经济带；科技创新；未来走势

一、引言

“丝绸之路经济带”这一战略构想的提出，体现了中国新一代领导人建立与中亚国家“命运共同体”和“利益共同体”的远大目标。各省各地区在科技创新的过程中，应依托在“丝绸之路经济带”中的战略定位和区域优势，扩大领域合作，积极开展科技创新，重视科技成果的转化，不断提升科技创新效益。只有科技成果发挥了其真正的潜在价值，科技创新才有意义（彭佑元等，2015）。

国内学者对青海科技创新如何融入“丝绸之路经济带”从不同角度进行了相关研究。周燕华和李毅（2016）指出青海省的很多企业尚未成为科技创新的主体，科技合作机制仍需不断完善，科技合作效果有待提高；在分析了青海融入“丝绸之路经济带”中科技合作的必要性和可行性后，认为重新定位科技合作中参与各方的角色、完善科技合作机制和提升科技合作效果成为青海科技合作的发展路径。颜实和李毅（2016）分析了青海省融入“丝绸之路经济带”建设的战略路径，彭佑元等（2016）从科技创新过程着眼，将科技创新投入产出进行延伸，指出青海省科技创新能力在逐年提升，科技创新投入明显增加，科技创新产出和科技创新效益明显增强，但是，其科技创新环境亟待改善。王霞和马德君（2016）对丝绸之路经济带下青海的战略机遇进行分析，并提出相应的战略发展思路。

本文首先从矿产、交通、商贸、文化等四个方面，对青海省利用科技创新融入丝绸之路经济带建设的背景环境进行了客观总结，接着分析了青海省利用科技创新融入丝绸之路经济带建设面临的五个潜在挑战，最后，对青海省利用科技创新融入丝绸之路经济带建设的未来走势进行了探讨。

二、青海省利用科技创新融入“丝绸之路经济带”的背景

青海地处西北地区中心，矿产资源极为丰富，地理位置优越，是古代丝绸之路的重要节点，商贸流通发达，同时，青海省的生态文化又呈现出鲜明的独特性，物种丰富，多个民族聚居在此，宗教信仰也各异，形成了青海省的文化多样性，但是，由于青海省的交通枢纽位置，多民族多宗教并存，因此也是我国维护国家安全与和平的最重要的大后方。青海省利用科技创新融入“丝绸之路经济带”建设的过程中，其矿产资源、交通要塞、商贸地位、生态物种、文化特色等方面都或制约或促进了科技创新的发展。

（一）青海是我国重要的矿产资源支撑平台和能源开发合作战略基地

青海省自然资源丰富，尤其是在有色金属、盐湖、石油天然气等矿产资源和新能源资源方面，开采条件十分优越，储量也居全国前列，有一些还属于稀缺性资源。青海省的新能源资源，如风能、太阳能、生物质能、地热能和水能等，由于青海的地理位置特点，储量也非常可观。因此，在矿产资源的储量和开采量上，青海省已经成为我国重要的能源开发合作战略基地和矿产资源支撑平台，其战略地位十分重要。

（二）青海省是承东启西、联通南北的主要交通和战略枢纽

青海省的地理位置决定了其综合交通枢纽的地位。青海省南部与川藏接壤、西面链接新疆、东部为甘肃，地处中巴经济走廊和丝绸之路经济带的中心位置，也是通往新疆的重要门户。青海省境内的各条铁路、公路连接着西藏、四川、甘肃和新疆，贯穿南北，承东启西；青海省境内交通四通八达，多条国道、省道干线公路、出省通道以及旅游公路横纵交错；因此，在交通方面，青海省已经成为承东启西、联通南北的主要交通和战略枢纽。

（三）青海省是我国中西方经贸往来的重要支点

青海省自古以来就是我国丝绸之路上东西方贸易、文化交流的中转

站，近年来，青海省与中亚、南亚地区的经济贸易日益增多，与丝绸之路沿线国家经贸、投资合作也发展迅速，比如通过举办“中国（青海）绿色发展投资贸易洽谈会”“中国（青海）国际清真食品及穆斯林用品展览会”“中国（青海）藏毯国际展览会”以及在2014年中国（青海）国际清真食品及用品展览会上，青海省首次举办了“丝绸之路经济带经贸合作圆桌会议”，这一会议打开了青海与丝绸之路沿线国家经贸、投资合作的新思路，取得了巨大的成功。青海正逐步成为我国中西方经贸往来的重要支点。

（四）青海是我国与中亚、南亚各国人民开展人文交流的桥梁和纽带

青海省是中华民族文明的发祥地之一，历史上西域伊斯兰文明、西南佛教文明和中原儒家文明都曾在此交汇，因此文化呈现多样化格局。青海省境内少数民族众多，将近一半人口为少数民族。根据2014年统计数据，少数民族人口270多万，占总人口的47%，民族自治区域占全省土地面积的98%。青海也是除了西藏以外最大的藏区，有6个藏族自治州，约有140万藏族同胞。同时，由于少数民族普遍信仰宗教，因此青海省又是一个多宗教聚集的地区，包括藏传佛教和伊斯兰教等。独特的地理位置、多样化的宗教文化、多民族的聚居融合，使得青海省与中亚、南亚各国的人文经贸活动频繁往来，由此，青海省逐渐成为我国与中亚、南亚等邻国友好往来的重要桥梁和链接纽带。

三、青海利用科技创新融入“丝绸之路经济带”面临的潜在挑战

青海省近年来在科技创新方面取得了一定的成绩，但是，因处于中国内陆，与我国沿海省份等发达地区相比，还是存在较大的差距。利用科技创新融入“丝绸之路经济带”的过程中，仍旧面临较大挑战，如科技整体水平、科技资源总量、科技进步与创新的基础能力、科技投入能力、研发

经费、科技人力资源和科技人才、科技进步环境和创新氛围等方面。

（一）科技整体发展水平不高，与经济发达省份差距较大

近年来，尽管青海省的科技投入持续增长，但科学技术成果质与量的增长仍没有明显改观，主要表现为高层次科技领军人才严重短缺，科技人员从事开发与研究工作热情不高，科研机构不能适应新时期发展的要求。从企业的角度来看，处于价值链的低端的企业仍旧占有大多数，资源消耗巨大且附加值较低，较低的利润率不能支撑企业进行自主研发等科技创新活动，创新产业规模较小，产品档次低，科研竞争能力和产业关联度都比较差，甚至有一些产业延伸的关键技术尚未实现自主研发生产。

（二）科技资源结构不合理，高端科研人员尤其是创新人才严重匮乏

科技创新的主体是科技人才，而青海的科技人才分布不均衡也是青海发展科技创新、融入“新丝路经济带”的一道难题。从人才分布的情况可以看出，其中教育、卫生、文化等事业单位中，专业技术人员较多，其他行业中专业技术人员较少，尤其是生产行业、制造行业中专业技术人员最为缺乏，而青海省发展较好的行业有盐化工、有色金属、石油天然气等重工业，这些行业专业技术人员较为稀缺，目前还处于供小于求的状态。而在企业中，高层次人才尤其是科技创新人才严重匮乏，有限的人才也仅仅集中在少数大型企业中，中小企业开展科技创新活动困难重重。从青海省科技资源的地理分布来看，科研机构、科技人才主要集中在较为发达的西宁地区，海东和6个民族自治州现有的科技人员数量及资源都较少，科技创新资源分布严重不平衡，难以全面提高青海省科技创新能力，不能适应青海融入“新丝路经济带”的发展要求。

（三）政府主导作用尚有差距，市场化程度有待提高

青海省委近年来在科技创新工作方面下了很大功夫，但“上热下冷”

的现象仍未根本改观。有些部门领导仍对科技的“核心”“关键”地位认识不到位，把科技作为一般性工作对待，没有赋予足够的重视，或认为青海是欠发达地区，尚不具备科技创新的能力和条件，信心不足。全省引导科技创新工作的各项政策存在一些落实不到位的情况。同时，虽然全省社会R&D经费占GDP的比例逐年增加，但离青海省科技发展规划纲要提出的任务目标还有一段差距，科研经费占财政科技支出比例仍然较低，科学积累和原始创新能力不足，金融机构因科研创新的长期性和风险性因素，不愿意投入更多资金，尤其是对那些急需科研创新经费的中小微型企业来讲，获得科技创新的初期投资十分困难。

（四）以企业为主体的科技创新体系未真正建立，没有形成综合创新能力

由于青海省经济基础相对薄弱，构建以企业为主体的科技创新体系无法完全依靠政府，但是，作为科技创新活动的主体，如果没有足够的资金支撑或者缺乏相应的融资手段的话，企业就会对外吸引资金乏力，进而导致自我积累能力差，必然会影响企业的科技创新体系的建立。同时企业所有者的科技创新意识不强也是青海省难以顺利融入“丝绸之路经济带”建设的突出挑战之一。青海较多企业所有者存在“小富即足”的思想，不愿承担科技创新投入带来的风险，甚至一些企业多年没有引进科技研发人员，也没有研发新产品。多数企业也只关注眼前利益，愿意搞“短、平、快”的项目，对科技成果转化应用的长期性和艰巨性缺乏认识，以企业为主体的科技创新体系未真正建立，没有形成综合性的创新能力。

（五）科技创新体制机制和环境不健全，科技创新协同性差

长期以来，条块化的行政管理格局造成科技统筹管理协调能力薄弱，教育与科研脱节，管理层次多、项目、人才、经费、基地、设备等资源的分割、科技资源利用率不高导致科技创新协同性差，加之科技创新评价体

系没有真正建立，科研人员的积极性没有被完全激发出来。在科研创新体制的环境方面，部分法律规范的操作性不强，对激发科研人员的科技创新促进和激励没有起到应有的效果，在一定程度上阻碍了科技创新精神的发展，因此，我国现行科技创新法律体系也有待进一步完善。另外，知识产权案件也日益受到科技创新人员的关注，盗版和侵权等现象并没有得到有效遏制，对科技人员进行创新活动也会产生不良影响，因此，我国知识产权模式有待进一步完善。

四、青海省利用科技创新融入丝绸之路经济带建设的未来走势

（一）以科技创新为契机，提高科技整体发展水平，尽力缩短与经济发达省份差距

在科技创新融入丝绸之路经济带建设中，青海省应该针对科技发展的实际，结合本地传统以及各种资源，在新材料领域、盐湖化工领域、特色生物领域、高原特色农牧业领域和生态保护领域，着力推动产业结构优化升级、产业化发展模式的调整，并加快供给侧结构性改革，促进经济社会健康发展。提高区域生产要素配置效率、优化全省产业结构及产品升级、增强科技创新能力。加快转变经济发展方式、提高过境运输服务竞争能力，鼓励企业进行自主研发等科技创新活动，增强企业科研竞争能力和产业关联度，正确在关键技术领域尽快实现自主研发生产。提高科技整体发展水平，尽力缩短与经济发达省份差距。

（二）以科技创新为依托，“内培”和“外引”相结合，提高高端科研人员尤其是创新人才的数量与质量

青海省在融入丝绸之路经济带建设中，在提高高端科研人员尤其是创新人才的数量与质量上，可以进行“内培”和“外引”相结合。在内部培

养方面，可以扩大和国内以及国际高校和科研机构的合作项目，尤其是在高端技术领域；在外部引进方面，积极搭建人才交流平台，扩大宣传，并借鉴其他省份的成功经验，出台更优厚的条件和待遇吸引高层次科技创新人才落户青海，从而为青海科技创新服务。

（三）以科技创新为杠杆，加强政府部门的主导和引导作用，努力提高市场化程度

政府要做好主导和引导作用，加大对企业科技创新方面的投入，包括人力和财力。在财政支持方面，青海省政府可结合本省企业行业特点，加大金融支持力度，如制定相关的财政政策给予财政补贴、贴息等，支持鼓励银行创新金融工具，鼓励民间资本参与企业科技创新，为科技型中小企业贷款提供便利等等。

（四）以科技创新为机遇，建立起以企业为主体的科技创新体系，加快企业科技创新能力的形成

政府部门要加大对青海融入“丝绸之路经济带”中科技合作资金的财政投入，鼓励和引导企业积极主动参与构建以企业为主体的科技创新体系，培养企业所有者的科技创新意识，使企业领导层重视科技研发人员的引进与发展。新产品的研发与生产，不能只关注眼前利益与短期发展目标，要有长远意识与危机意识，真正树立起科技成果转化应用的长期性和艰巨性，从领导层做起，企业内部形成合力，人人参与科技创新体系的建立过程，从而形成综合性的科技创新能力。

（五）以科技创新为动力，不断完善和健全科技创新体制机制和环境，协调科技创新协同性

加强科技统筹管理协调能力，逐步建立并完善科技创新评价体系，完善法制建设和立法工作并严格执法，为企业、高校以及科研机构等进行科

技创新提供强有力的支撑和公正的平台，进而促进科技创新精神的发展；其次，出台相关知识产权保护政策，对盗版侵权等现象加以遏制从而不断完善和健全科技创新体制机制和环境。

五、结语

习近平同志提出，我国所面临的所有问题都需要依靠发展来解决，只有对经济发展方式和经济结构不断地做出改变，才能使我国经济呈现持续增长的态势。中国共产党十八大明确提出：我国要想提高自身的生产力和综合国力，必须依靠科技与创新，想要走自主创新道路，就必须依靠创新驱动发展的政策。因此，以科技创新推动生产力发展，是青海省构建丝绸之路经济带的必要手段，具有十分重要的现实意义。青海省应该抓住建设丝绸之路经济带的重大机会，合理利用自身资源，将科技创新放在首要位置，努力探索新思路、新方法，实现创新驱动发展的转型。

参考文献

[1] 彭佑元等."丝路经济"视角下青海省科技创新能力评价[C]. 西北大学"丝绸之路经济带的合作机制与内陆型改革开放"研讨会论文集，2015-9-5.

[2] 孙发平，杨军. 青海共建丝绸之路经济带的比较优势、战略导向及对策建议[EB/OL]. 2014 网络名人丝路行，http：//v.china.com.cn/zhuanti/2014-10/24/content_33858687.htm，2014-10-24.

[3] 王玉娟. 科技创新为青海经济提质增效注入动力[N]. 青海日报，2015-04-01.

[4] 周燕华等. 青海"丝绸之路经济带"科技合作模式及实现路径[J]. 攀登，2016(5).

[5] 王霞，马德君. 青海深度融入"丝绸之路经济带"的机遇探析[J]. 青海师范大学学报(哲学社会科学版)，2016(1).

[6] 颜实，李毅. 青海省利用科技创新融入"丝绸之路经济带"的战略路径[C]. 民族经济研究(2016)，经济管理出版社，2016.

“丝绸之路经济带”科技合作模式及平台构建探析①

李毅，夏红梅②

（青海民族大学工商管理学院，青海西宁，810007）

摘要：建设“丝绸之路经济带”是关乎到我国加大对外开放程度与造福沿线人民福祉的国家重大战略部署。而科技合作又是丝绸之路经济带建设的重中之重，基于此，本文通过分析丝绸之路科技合作的必要性与可行性的基础上，论述了我国与丝绸之路经济带沿线国家的科技合作现状。以此，探索性地提出了建设我国与丝绸之路经济带沿线国家科技合作的模式以及网络平台，并据此提出了相关的对策建议。本文研究结论将为推动丝绸之路经济带的科技合作模式和相关网络平台的构建提供理论指导。

关键词：丝绸之路经济带；科技合作；模式探索；平台构建

---

① ［基金项目］2016年度青海省科协国家级科技思想库决策咨询调研课题资助项目“丝绸之路经济带建设中青海科技支撑的对策研究”，编号：2016KX09。

② 作者简介：李毅（1976–），湖北广水人，经济学博士，硕士生导师，青海民族大学工商管理学院教授；夏红梅（1991–），湖南桃源人，青海民族大学工商管理学院企业管理专业在读硕士。

联系方式：李毅，e-mail：hubli@163.com，13519772361；夏红梅，e-mail：1521188010@qq.com，15297192989

通讯地址：青海省西宁市城东区八一中路3号青海民族大学工商管理学院 邮编：810007

本文刊登在《中国软科学》2016年增刊上。

一、引言

国家主席习近平于 2013 年 9 月 7 日，对哈萨克斯坦进行访问时，首次提出了为使欧亚各国经济联系更加紧密，相互合作更加深入，发展空间更加广阔，可以采用创新的合作模式，共同建设“丝绸之路经济带”的战略构想。“丝绸之路经济带”战略构想一经提出，便陆续得到了亚欧非地区多个国家的积极响应与支持，这也标志着连接亚欧大陆的“丝绸之路”正式步入了复兴之路。而丝绸之路经济带包含了中亚经济带、环中亚经济带和亚欧经济带。对于丝绸之路经济带国家科技合作模式的创新性研究，也成了学术界的热点话题。

目前，国内外关于国际科技合作模式的研究成果也是颇为丰富。如国外学者 F.R.Colomb 等（2004），从中小企业的视角，分析国际科技合作，其研究显示，企业的科技创新因科技合作模式的不同而存在差异。Cornelia E.Nauen（2008）从国际科技合作成功的视角，分析了合作双方对研发成果预期满意与否，是其国际合作达成一致的关键因素。Luisa Bonolis（2014），从国际科技合作渠道的角度，分析了国际合资成为了新兴国家科技合作模式的新趋势。而我国学者则从合作领域、区域和各省的角度等，来分析国际科技合作。如路亚洲（2012）对中美农业科技合作进行研究，认为两国应采用一国主导型的科技合作模式。张小菁等（2007）从区域的角度，对泛珠三角的科技合作模式进行探索，认为多层次科技合作模式为最佳。林坚（2009）分析了中国台湾的国际科技合作模式，因不同国家而采用与之相适应的科技合作模式，如关于 IT 方面，中国台湾同日本和美国采用的是“三角模式”，日本进行设计、中国台湾加工生产、美国销售。而中国台湾与发达的欧盟国家的科技合作，则采用的是项目模式，针对同一个项目进行科技合作。同时，中国台湾与欠发达的东南亚国家的科技合作，则主要是采用输出模式。

但从目前关于国际科技合作模式的研究结论来看，鲜有学者有针对性的对丝绸之路经济带国家科技合作模式进行全面系统的研究。鉴于此，本文通过探索研究“丝绸之路经济带”沿线国家的科技合作模式，在此基础对相关网络平台进行构建，通过分析丝绸之路经济带国家的科技合作模式与网络平台构建的必要性和可行性，以及对丝绸之路经济带科技合作现状进行分析的基础上，构建了“丝绸之路经济带”科技合作模式及相关网络平台。其研究结论将会对丝绸之路经济带科技合作的建设具有一定的指导和借鉴意义。

二、“丝绸之路经济带”科技合作的必要性与可行性

“丝绸之路经济带”科技合作的必要性主要体现在两个方面：一方面，当今时代是一个科技革命飞速发展的时代，科技的进步会引领一个国家或一个地区经济的腾飞。同时，跨越多国的科技研究，学科交叉较为频繁，科学研究内容更具复杂性，所需科技知识的综合性也不断加强，其投入的研究人员、研究设备和研究设施都将趋于大型化和复杂化，且研究规模也会日趋加大，这都使得单个国家或组织难以承担所有大规模的跨境科学研究，使得国与国之间的科技合作变得迫切与需要。另一方面，丝绸之路经济带横跨亚欧非大陆，在地域上是相互影响和相互联系的整体，这使得丝绸之路经济带沿线各国有着诸多需共同面对的难题。如跨境水资源危机的应对、跨境污染的治理、跨境自然灾害的防治和全球气候变化等。而因各国的经济发展水平与科学技术水平存在差异，各国在解决这些难题时，其能力与科技水平也会存在相应的差异。如欧洲是应对全球气候变化领域的领先者，以色列等中东国家在节水方面走在世界前列。这使得丝绸之路经济带的各个国家，需借鉴彼此的科学技术经验，共同科研，形成优势互补。

“丝绸之路经济带”科技合作的可行性主要体现在四个方面：其一，中国与中亚各国约有3000公里的国境线，在地理位置上有着紧密的联系。

同时，在文化上自古中国与中亚各国，就有着多层次和多方面文化的交流与融合，为彼此之间的合作提供了天然基础。其二，中国与丝绸之路经济带的一些国家有着一定的合作经验与基础。如早在20世纪50年代，中国与俄罗斯在科学技术方面，就进行过相关合作，并为后期的科技合作积累了经验；中国和德国也早在1978年，就签订了中德两国政府间科技合作协定，到2012年，中德政府已经召开了22次会议，来满足双方的科技合作需求。其三，丝绸之路经济带的国家可在科技资源方面进行有条件的共享，不断提高各国科技创新能力，最终实现优势互补。丝绸之路经济带的各个国家，其科研资源呈现一定的差异性，且各具优势，其科技发展模式也呈现出不同的特点，使彼此间的科技合作具有较大互补性和发展空间。同时，中国与中亚在地区安全、经济发展和能源可持续利用等方面，有着诸多的利益交织，也需要彼此之间更进一步的信任与合作。其四，现代互联网信息技术的发展，使得丝绸之路经济带的国家因地理距离的遥远，而存在的沟通交流不便的问题，得到了彻底的解决。互联网信息技术为丝绸之路经济带的国家科技合作与交流平台的建立提供了软件保障。这都使得丝绸之路经济带各国的科技合作成为可能。

三、中国与“丝绸之路经济带”沿线国家的科技合作现状分析

中国与丝绸之路经济带的沿线国家具有较好的科技合作历史，为彼此之间的合作奠定了良好的基础。具体表现为：1978年1月21日，中国与法国签订了《中华人民共和国政府和法兰西共和国政府科技合作协定》；1978年10月9日，中国和德国签订了《中华人民共和国政府和德意志联邦共和国政府科技合作协定》；1983年4月，中国与埃及签订了《中埃两国政府科学技术合作协定》；1989年3月，中国与蒙古国签订了《关于成立中蒙经济、贸易和科技合作委员会协定》；1992年12月，中国和俄罗

斯签订了政府间科技合作协定；1993 年 2 月，中国和以色列签订了《中华人民共和国政府和以色列国政府科技合作协定》；1994 年 12 月，中国与哈萨克斯坦签订了《中哈两国政府科学技术合作协定》；2012 年 7 月，中国与乌克兰政府签订了《中国—乌克兰政府间合作委员会科技合作分委会章程》；2013 年，中国与白俄罗斯在新型建材、基础设施、通信、电力和智能物流等科技领域开展了深入的合作；2013 年 9 月，中国与上海合作组织成员国签署了《上海合作组织成员国政府间科技合作协定》。2014 年 6 月 16 日，来自“丝路”沿线 17 个国家的 200 余位科学家在北京发布了“丝绸之路经济带国际科学家联盟”倡议，基础科技支撑“丝路”建设得到广泛认同。

同时，从中国与丝绸之路经济带的沿线国家签订的科技协议内容来分析，彼此之间，主要在航空航天、新型建材、现代农业、新能源、IT、新材料、高速铁路、智能交通、电子通信和核能等领域的高新技术合作取得了良好进展，但在基础科技方面，所进行的国际合作却是甚少。但目前，关于丝绸之路经济带基础性科技工作已有了初步进展，如由中国科学家联合俄罗斯、蒙古和东南亚的科学家，共同对中国北方及其毗邻俄罗斯和蒙古的部分地区、澜沧江中下游与大香格里拉地区，进行了跨国科学考察，所获得了综合科学考察成果，为所在国家生态环境治理、经济社会发展和自然资源利用等提供了科技支撑。

综上所述，中国与丝绸之路经济带沿线国家的科技合作是具有一定的历史基础的，且在科技合作与交流的广度和深度上，也是逐步的拓展。同时，彼此间的科技合作，也显现出如下特点：一是科技合作主要是在两国之间开展，缺乏多边合作。因丝绸之路经济带沿线所涉及的国家较多，其各国关系的处理表现得更为复杂与多样，这也导致了多边合作比较少，其科技合作的深度和广度也呈现出不足，但目前此种情况也在逐步地改善。二是当前的国际科技合作取得了一定的进展和成效，但主要集中在高新技术合作，各国间基础性科技合作仍较少，也缺乏有效的沟通与协调平台，没有形成实际意义的合力。三是虽然签订了一些合作协议，但缺乏有效的科技信息资源共享的网络平台与政策保障机制，不能高效的共享相关科技信息和资料，如科技合作成员国的国别相关信息、各国科研技术人才的相关信息以及各国科技合作领域的相关信息等。故中国与丝绸之路经济带沿线国家在科技合作方面，仍有进一步合作的空间与潜力，通过探索中国与丝绸之路经济带沿线国家的科技合作的模式，积极构建高效的科技合作网络交流平台，可大幅度的促进中国与丝绸之路经济带沿线国家的多边科技合作，更好地利用中国与丝绸之路经济带沿线国家的科技资源，拓展各国科技合作的研究领域，共享科技合作资源与成果，不断提升我国的科技创新能力。

四、“丝绸之路经济带”科技合作模式探索

“丝绸之路经济带”科技合作，其合作方涉及诸多国家，属于典型的国际科技合作，它本质上是为促进人类社会的共同发展，满足合作各方的经济增长与科技进步的战略手段。通过在全球范围内科技合作，获得他国的优势资源，包括科研人才资源、科研数据资源和科研设备资源等，而进行相关的国际科技合作，以此来解决需要多国合作的科学难题。因受到合作各国的政治法律制度、经济发展水平和文化发展差异等，使得国际科技合作呈现出不同的模式。且不同的分类标准和划分依据，也使得国际科技合作模式存在差异性，如：从国家或地区科技实力的划分，国际科技合作模式可以分为强强型合作模式、互补型合作模式和援助型合作模式。按照科技合作的具体形式，可划分为技术输出型、二次开发型、联合开发型、引进技术型和输出核心技术或产品型等。而以占主导地位的政府间国际科技合作为研究对象，并以利益驱动和参与国家及地区的数目为前提，可划分为多极多边型合作模式、单极多边型合作模式、一方主导型双边合作模式和平等互利型双边合作模式。

中国与丝绸之路经济带沿线国家的科技合作交流已步入快速发展阶段，此时建立与实施有效的国际科技合作模式，将会加速彼此之间的科技合作与经济发展。而我国地域广大，东部与西部以及中部的经济发展水平与科研水平均存在较大的差异，因此在与丝绸之路经济带国家进行科技合作时，不同区域因根据当地实际情况，采用与之最为适宜的科技合作模式，才能最大程度的加速国际科技合作的步伐与当地经济的发展。同时，因我国中部与西部地区经济发展水平与科技创新水平等方面，相较于发达的东部地区存在着一定的差距。故本文研究探讨科技合作模式，主要分为两大类，第一类科技合作模式主要是针对我国发达的东部地区，另一类科技模式则是针对我国欠发达的中部与西部地区。

（一）我国东部地区与丝绸之路经济带国家的科技合作模式探讨

1. 建立以民营企业为主体的长期国际科技合作模式

民营企业作为国际科技合作的主体之一，是推动国际科技合作与技术进步的重要实施者。而我国东部地区民营企业发展较为繁荣，形成了一批有实力对外进行科技合作的科技型民营企业。为此，我国东部地区可大力推进科技型民营企业，通过资本与市场的合作，建立以项目模式为主的对外科技合作模式。科技型民营企业与丝绸之路经济带国家的企业，可共同针对某一项目展开相关科技合作，并在此基础上，形成长期国际科技合作模式。

2. 以引进极具潜力的未成熟技术或创意为内容的科技合作模式

过去我国早已习惯了引进成熟成套的技术，而对未成熟的技术与创意的引进却是甚少。因此要加大对一些极具发展潜力与经济效益的未成熟技术或创意的引进：一方面引进未成熟的技术与创意的成本较低，同时可结合我国实际情况，创造发明出更符合我国发展需求，又具有经济效益的技术。另一方面通过对未成熟的技术与创意的引进，进行后期科研开发，有利于培养我国的科研人才。而我国东部地区，因具有科研人才和科研经费的双重优势，应逐步尝试建立以引进丝绸之路经济带国家未成熟的技术与创意的科技合作模式，实现经济效益发展与培养科研人才的双重目标。

3. 以出口技术与产品为目标的输出型科技合作模式

若能在某些领域，做到领先，就能向外方输出先进的技术与设备，获得相关技术的转让费用和产品设备的销售利润，同时还能占领国外相关技术与设备市场，最终为技术输出方带来不可估量的经济利益。而我国东部地区一方面在先进科技领域具有一定的先天优势，另一方面其经济实力为发展高科技提供了资金保障。为此我国东部地区可努力在某些领域进行集中发展，成为该领域的领先者，进而向丝绸之路经济带的沿线国家进行技术与产品的输出，推动技术或产品输出型科技合作模式的实现。

（二）我国中西部地区与丝绸之路经济带国家的科技合作模式探讨

1. 建立对口支援型的科技合作模式

我国中西部地区因地处内陆，经济科技发展水平较为滞后。为此，我国中西部地区一方面，主要采用一方主导型的科技合作模式，来接受丝绸之路经济带发达国家在资金、技术和人才等方面的对口支援，以此加快对本地区对外科技合作模式的建设，实现科研水平的提升和经济的加速发展。另一方面，在有能力的情况下，我国中西部地区可对丝绸之路经济带欠发达的地区进行科技的对口支援。实现技术在他国的转移，并获得技术转移所带来的经济效益。

2. 以引进整套技术为内容的科技合作模式

我国中西部地区因在科研设备、科研人才和科研技术等方面存在着不足，对科技创新的实现过程较为缓慢。因此，对我国中西部地区，以引进整套技术为内容的科技合作模式，在一定的时期内仍具有适应性。通过引进丝绸之路经济带国家的整套技术，来掌握相应的设计原理与方法，以及技术运作的机理等，并将其应用到实际生产经营中，以此来提升运用科技的能力，实现经济效益的增长。

3. 以引进先进技术，进行二次开发的科技合作模式

我国中西部在与丝绸之路经济带国家进行科技合作时，因自身科技发展水平与经济能力有限，应重点结合本地区的实际生产需求，引进相关的先进技术或工艺，并结合实际应用情况，进行适当的二次开发，生产改造出实用性更强的技术或工艺。如我国西部省份青海、新疆、甘肃和宁夏等，在发展节水农业时，可向在节水农业领域领先的以色列国家等中东国家，进行相关先进技术的引进，并结合当地的具体情况，二次开发进行技术的改进，实现更高的经济效益。

五、“丝绸之路经济带”科技合作平台构建

“丝绸之路经济带”科技合作模式的有效实现，其离不开国际科技合作平台的构建。这也需要丝绸之路经济带的相关主要国家，进行有效的协作与沟通，共同构建一个高效、专业和相对较为完善的丝绸之路经济带沿线国家科技合作平台。因互联网为各国的合作与交流提供了软件保障，故本文主要对科技合作的网络平台进行研究。构建丝绸之路经济带科技合作平台的目标在于通过搭建一个公共网络平台，来构建丝绸之路经济带国家科技合作的四个子项目平台，分别是科技信息资源共享网络平台、服务体系网络平台、人才交流网络平台和保障机制网络平台，来为各国开展国际科技合作提供服务和保障。

丝绸之路经济带的沿线国家通过网络平台建设，共同开发设计“丝绸之路经济带的沿线国家科技合作”门户网站，来搭建其国际科技合作平台，主要发挥四个子项目平台的功能与作用。一是科技信息资源共享网络，建立科技信息资源共享网络主要包括科技文献信息资源共享体系和科技数据共享体系。在科技文献信息资源共享体系方面，通过加大对科学研究成果、标准和专利等科技资源的收集、分类和整合，来建立丝绸之路经济带沿线各国科技文献资源库，为各国科技进步与创新提供高效优质的

文献服务和决策支持。在科技数据共享体系建设方面，构建面向丝绸之路经济带沿线国家，所必需的科学研究和技术开发所需的基础性、公共性科学数据库和资源数据库，实现数据库的专业性与共享性。二是服务体系网络平台，主要是通过建立面向丝绸之路经济带沿线国家科技创新的服务联盟，在共同协作与互利的原则下，通过网络平台，来联结各国中心城市，实现服务全区、信息资源互通和信息数据共享，以此为企业、科研机构、高校等提供科技合作交流服务的平台与机会。三是人才交流网络平台，科技合作实质为科技人才的合作，所以建立高层次科技人才的交流与培养是具有非常重要的战略意义。为满足此需求，可通过相关网络平台建立，各国科技人才交流论坛和科技人才在线培训等。四是保障机制网络平台，丝绸之路经济带科技合作平台的建设涉及诸多国家，在科技合作中难免会出现不一致、甚至矛盾的现象，这就需要中国和丝绸之路经济带沿线各国的相关政府机构和企业的通力合作和积极参与，不断加强沟通交流协调，共同建立与国际惯例接轨以及与我国实际情况相结合的科技合作协调机制和管理体制。如在丝绸之路经济带的沿线国家科技合作平台中，建设相应的科技协调交流机构，确保科技合作顺利高效的进行。故丝绸之路经济带的沿线国家科技合作的基本框架如下图 1。

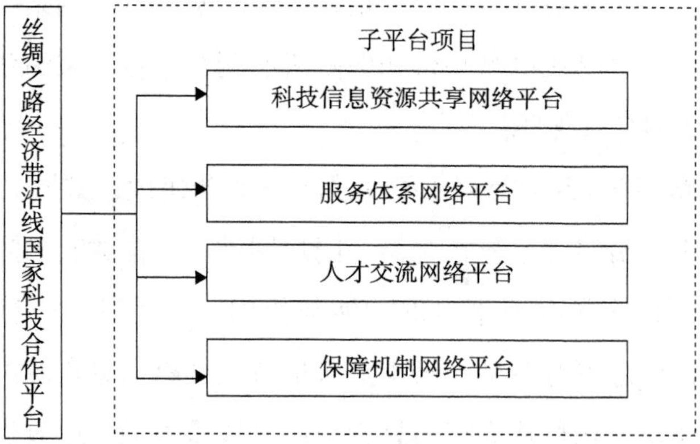

图 1　丝绸之路经济带国家科技合作的基本框架

资料来源：作者绘制。

六、“丝绸之路经济带”科技合作的政策建议

中国是丝绸之路经济带中的重要成员，有义务和责任在丝绸之路经济带沿线国家的科技合作中发挥作用。同时，目前中国正处于建设创新型国家期间，急需提高科技自主创新能力，顺利完成我国经济增长方式的转型。基于此，丝绸之路经济带科技合作对于我国科技的发展，有着重大战略意义。为此对丝绸之路经济带科技合作，特提出以下对策建议。

（一）积极建立中国与丝绸之路经济带国家的科技合作模式

通过加强与其他丝绸之路经济带国家的科技合作模式与机制的建设，来吸引他国先进的科技资源，进而提高国际合作溢出效应。为此，首先中国需不断加大对基础科技人员与设备的投入，改革与创新科研成果的评价方式，优化科研评价指标体系，加大对基础科技的创新性研究。同时，也要继续加大对高新科技的开发与研究。其次，需增强科学研究基础设施建设，逐步规划建设高水平的科技合作研究基地，建成具有局部优势的科研设施环境。最后，营造科技创新的良好文化环境，积极鼓励科研创新，减少人为的学术壁垒，尊重知识产权，逐步扩大科研信息资源的共享。同时，不断加强科技合作的协调机制，充分发挥整体优势，不断完善国际科技合作的规章制度，营造有利于国际科技合作的机制与环境。

（二）积极推进中国与丝绸之路经济带国家的科技合作平台

中国是当今世界经济发展最为迅速的的发展中国家，也是新兴大国的重要成员，应积极推进丝绸之路经济带沿线国家的科技合作。为此，应积极搭建中国与丝绸之路经济带国家的科技合作平台的构建，主动与其他丝绸之路经济带国家进行科技合作磋商，共同建立丝绸之路经济带国家的科技合作网络平台，通过科技信息资源共享网络，建立科技信息资源共享网络主要包括科技文献信息资源共享体系和科技数据共享体系。通过服务

体系网络平台，建立面向丝绸之路经济带沿线国家科技创新的服务联盟。通过人才交流网络平台，实现科技人才的充分利用。通过保障机制网络平台，协调丝绸之路经济带国家的在科技合作中，可能出现的矛盾和不一致等。

（三）建立战略共识，形成跨区域科技协同创新机制

中国对丝绸之路沿线国家开展科技合作，需要在战略层面上达成两点共识：首先要明确一种长期投入的科技合作国家战略，这种长期投入战略合作观念，先要获得存在，然后才能获取利益。不能急功近利，不能以短期获利为目的开展长期合作。其次，对丝绸之路沿线国家的科技合作，国家和地方都要在战略层面上取得共识，不能是地方政府一边热，也不能是中央政府一边热。要在西部大开发和向西开放战略上取得共识，应注意按照打造“中国—中亚科技合作中心”的国家定位，做好本职工作和利用外援力量，以推动区域间的科技协同创新。

（四）加强国际科技合作专业人才队伍建设

当今世界是知识经济的时代，科技竞争的实质是科技人才的竞争，科技人才要素资源的国际化流动和优化重组，在国际科研合作中，发挥着重要作用。丝绸之路经济带沿线国家科技合作，离不开各国科研人才的合作与交流。为此，中国需加强国际科技合作专业人才队伍建设，通过建立一整套的科研人才培养体系，来培养具有国际水平的科研团队。如通过大力推进企业与大学的科研合作，建立“产学研”的合作机制，既能实现对科研人才的培养，又能满足企业的生产需求。同时，需要通过完善相关人事制度和科研管理制度，为科研人才的培养，扫除制度障碍。通过建立多层次和全方位激励机制，实现对科研人才的有效激励，增强科技创新能力。

（五）建立多元化可持续的资金保障机制

建立中国与丝绸之路经济带国家的科技合作模式和网络平台，以及科研人才的培养，都需要巨额资金来做后盾。仅依靠国家进行财政支持，将难以实现其自身的可持续性发展。故需建立多元化的筹资渠道，来为中国与丝绸之路经济带国家的科技合作模式与网络平台的建设，以及科研人才的培养，提供资金保障。一方面通过鼓励民间企业、个人和外商与科研机构进行合作，为其提供资金来源。另一方面可通过信贷融资、证券融资和股权融资等融资方式，来筹措相应的建设资金。最终，通过拓宽筹资渠道，增加资金来源，来保障丝绸之路经济带国家科技合作模式和网络平台的建设，以及科研人才的培养，实现其自身的可持续性发展。

参考文献

[1] 胡鞍钢，马伟等．“丝绸之路经济带”：战略内涵、定位和实现路径 [J]. 新疆师范大学学报（社会科学版），2014，(4).

[2] 李宇，李泽红等．关于制定“基础科技支撑‘丝绸之路经济带’发展计划”的思考 [J]. 中国科学院院刊，2015，(1).

[3] 李宇，李泽红等．关于制定“基础科技支撑‘丝绸之路经济带’发展计划”的思考 [J]. 中国科学院院刊，2015，(1).

[4] 李梦学．国际科技合作模式探析 [J]. 中国科技产业，2007，(5).

[5] 林坚．台湾科技对外合作模式和机制研究 [J]. 开发研究，2009，(2).

[6] 路亚洲．中美农业科技合作模式分析 [J]. 世界农业，2012，(8).

[7] 欧阳晓，罗会华．金砖国家科技合作模式及平台构建研究 [J]. 中国软科学，2011，(8).

[8] 孙九林，董锁成．关于加快制定并推进“‘丝绸之路经济带’建设科技支撑行动计划”的建议 [J]. 中国科学院院刊，2015，(1).

[9] 谭钢，李小燕．中国—东盟科技合作与交流平台建设研究 [J]. 中国高新技术企业，2010，(24).

[10] 张菊．中欧科技合作的现状与前景 [J]. 中国科技论坛，2003，(1).

[11] 张小菁，张天教等．“泛珠三角”区域科技合作模式与机制 [J]. 经济地理，2007，(7).

[12] Cornelia E.Nauen，2008，“Ten years of international scientific cooperation in fisheries,

aquaculture and coastal zones: some preliminary lessons", Environment, Development and Sustainability, 10 (5): 605–622.

[13] F.R.Colomb, C.Alonso, C.Hofmann, I.Nollmann, 2004, "SAC–C mission, an example of international cooperation", Advances in Space Research, 34 (10): 2194– 2199.

[14] Luisa Bonolis, 2014, "International Scientific Cooperation During the 1930s. Bruno Rossi and the Development of the Status of Cosmic Rays into a Branch of Physics" .Annals of Science, 71 (3): 355–409.

“丝路经济”视角下 青海省科技创新能力评价①

彭佑元[1,2]，程燕萍[1]，李毅[3]

（1. 中北大学经济与管理学院 山西 太原 030051；2. 中央财经大学商学院；3. 青海民族大学 青海 西宁 810007）

摘要：随着“一带一路”合作发展理念的提出，科技创新作为“丝路经济”发展的动力而备受关注，青海省作为贯穿南北丝绸之路的桥梁和纽带，其科技创新能力显得尤为重要。本文结合丝绸之路经济带建设的特点，从科技创新过程着眼，将科技创新投入产出进行了一定延伸，拟构建青海省科技创新能力评价的指标体系，并运用AHP—灰色关联度评价模型对其科技创新能力进行了综合评价。研究发现：青海省科技创新能力大体呈现快速发展趋势，2013年至2014年得到了大幅度提升，这为青海省推进丝路经济带建设奠定了重要基础。但在基础设施建设、人力投入及环境

---

① ［基金项目］2016年度青海省科协国家级科技思想库决策咨询调研课题资助项目“丝绸之路经济带建设中青海科技支撑的对策研究”，编号：2016KX09。

彭佑元（1974-），男，湖南邵阳人，中央财经大学工商管理在站博士后，中北大学经济与管理学院副教授，经济学博士，主要从事科技创新、技术经济等研究，电话：13994290802，e-mail：pyy1828@126.com

程燕萍（1990-），女，山西晋城人，中北大学研究生，主要从事创新评价研究。

李毅（1976-），男，湖北广水人，青海民族大学工商管理学院 教授 经济学博士，主要从事产业经济学、区域经济、科技创新等研究。

郭依（1992-），女，山西太原人，中北大学研究生，主要从事创新评价研究。

本文2015年9月12日在西北大学举办的“丝绸之路经济带的合作机制与内陆型改革开放”国际学术研讨会上宣读交流，感谢入会专家的修改意见。

本文刊登在《青海民族研究》2017年第2期上。

效益等方面仍需要亟需改善。

关键词： 丝路经济 科技创新 评价 AHP—灰色关联

一、引言

在当今经济全球化不断深入的背景下，科技创新已成为各国经济持续增长的关键因素。2013 年，习近平总书记首次提出了“一带一路”合作发展倡议，这个伟大战略旨在共同打造一个开放、包容、均衡、普惠的区域经济合作构架。作为经济增长的关键因素，科技创新必将在推进丝路经济带的建设过程中扮演重要角色。因此，合理、公正的构建评价指标体系，据此客观评价丝路经济带沿线区域的科技创新能力，对特定区域选择合适的科技创新战略，发挥区域竞争优势，以及积极推进丝路经济带建设具有重要的理论和现实意义。

青海省是位于我国西北地区的内陆省份，是贯穿南北丝绸之路的桥梁和纽带，使得青海省在丝路经济带的建设中的战略地位日益显现。丝路经济带促进经济要素更有序的自由流动、资源更高效的配置及市场更加深度融合，是青海省经济转型发展的有利契机。然而青海省经济发展水平不高，并且青海省属于资源型经济，其科技创新能否积极推进丝路经济带建设，对青海省又是挑战。因此，在“丝路经济”视角下对青海省科技创新能力进行评价是非常有必要的。

从已有文献来看，国内对丝绸之路经济带的研究主要集中两个方面：一方面是宏观层面，如丝绸之路经济带的战略内涵、定位和实现路径；[1] 构想依据和目标；[2] 纵深背景和地缘战略；[3] 资源格局、合作开发模式[4] 等。另一方面是微观层面，如对“丝绸之路经济带”节点城市竞争力测评[5]；国际物流对中国电子产品出口影响[6]；丝绸之路经济带物流业效率研究[7] 等。无论宏观层面还是微观层面，在丝绸之路经济带建设中有关科技创新的研究较少，尽管国内学者进行了一些探索，但仅限于从区域科技创新视角分析丝路经济带沿线区域的投入产出水平，并没有真正揭示科技创新与丝绸之路经济带建设之间的内在关系。因此，对丝路经济视角下的科技创新仍需要进行深入研究。

综合青海省现状及现有研究的现状，本研究从“丝路经济”的视角，以青海省科技创新资源和自身优势条件为基础，拟构建“丝路经济”视角下青海省的科技创新能力指标评价体系，通过评价分析丝路经济带建设背景下青海省科技创新能力的现状格局，发现其科技创新存在的局限性，以期改善其局限性，从而积极推动丝路经济带建设，同时推动青海产业结构调整和经济转型升级，提升青海省经济发展的质量和效益。

二、评价指标体系构建

关于科技创新能力评价指标体系构建的研究由来已久，经过大量的探索，区域科技创新能力评价的研究成果丰富。国内学者则借鉴国外研究，主要从科技创新的过程、构成要素两大方面，构建评价指标体系。一些学者从科技创新的过程着眼，通过对科技创新投入产出进行一定拓展来构建评价体系的。例如：陈国宏等通过相关性分析与指标判断能力分析从科技进步基础、科技活动投入能力、产出能力及科技创新效益方面构建了评价指标体系，对 31 个省进行了综合动态评价，并找出了影响区域科技创新的关键因素。[8] 王洁等以科技进步统计监测指标体系为基础，从创新的环境、投入、产出及效益四方面构建了区域科技创新能力评价指标体系，对东莞进行了横向与纵向对比分析。[9] 另一方面，学者们则从科技创新能力构成方面展开研究。例如：蒋兴华从知识创新与流动、企业技术创新、科技创新环境及经济绩效促进科技创新方面对佛山市科技创新能力进行了综合评价。[10] 陶雪飞则从影响城市科技创新能力的五方面来构建指标体系，对国内重要城市进行了实证研究。[11]

丝绸之路经济带建设涉及基础设施、贸易、投资、安全及人文等多个方面，主要立足于基础设施、城市及产业三大要素。本文基于丝绸之路经济带建设的特点及青海省的实际情况，结合已有文献，将对科技创新投入与产出进行一定的拓展，突出科技创新对丝绸之路经济带建设的推动效果，以探究青海省科技创新在丝绸之路经济带建设中的作用及可能存在的问题，为其做出科学决策提供借鉴。因此，本文以科学性、可操作性、可取性、简洁性、代表性为指导原则，根据科技创新的过程将科技创新能力评价体系分为科技创新的环境、投入、产出与效益四个方面。

（一）科技创新环境反映“丝路经济”视角下青海省科技创新的基本发展情况，是推动科技创新及丝绸之路经济带建设的所必要的外部环境，主要包括信息化水平及基础设施条件等方面。信息化水平是实现丝路经济带建设跨区域合作的基础条件，但其在很大程度上受限于当区域科技创新能力，因此信息化水平可以反映特定区域的科技创新能力。基础设施条件是科技创新活动的重要载体，随着科技创新水平的提升，基础设施的综合服务水平也将不断提升。同时加快基础设施建设，构建了进入丝路经济带沿线国家的战略通道，奠定了丝路经济带互联互通的重要基础。

（二）科技创新投入指的是投入到科技创新活动中资源的总和，反映科技创新的发展能力，主要包括科技创新的支撑力量、人力资源投入和财力资源投入，这些为有效开展科技创新提供了有力保障。根据青海省的科技成果统计分析报告，科研机构和企业仍然是科技成果的完成主体，因此本文中的科技创新的支撑力量主要指创新的主体，即企业与丝路经济相关的科研机构。人力资源投入是关键，科技创新活动能否达到预期目标，很大程度依赖于人力资源的投入。财力资源的投入是科技创新活动持续进行的资金保障，本文主要从企业 R&D 经费支出、丝路经济相关的 R&D 经费内部支出及科技经费内部支出等占财政支出比重来衡量。

（三）科技创新产出是指通过开展一系列创新活动所取得的科技创新成果，产出指标可以直接反映科技创新对丝绸之路经济带建设的推动效果。本文主要从科技创新知识产出、科技成果市场化两个方面进行评价。科技创新的知识产出是反映青海省为推动丝路经济建设在基础设施建设、通信、物流等方面的研究成果，如专利、论文及著作等，同时也反映青海省科技创新的积淀程度。市场是科技创新的动力，丝路经济带建设从全球化视角扩大了我国向西开放的新战略，为青海省的市场开放提供了重要的机遇，市场的开放将促进科技成果进行进一步转化，最终使得科技成果的现实价值得以体现。

（四）科技创新效益是科技创新能力的最终体现，基于丝绸之路经济带建设的特点及青海省的实际情况，本文将从经济效益、产业结构及环境效益三个方面进行衡量。科技创新能力提升会促进区域产业结构优化，推动区域经济高效快速发展，所以经济效益及产业结构是衡量科技创新能力的重要因素。青海省有 40% 的地方隶属于国家生态建设的重点区域，虽然其拥有丰富的资源，但开发面临重重困难，这也是制约青海省快速融入“丝路经济带”建设的重要瓶颈。并且青海省最大的价值和潜力在于生态，无论是在丝路经济带建设中还是在青海省未来的发展中，生态文明建设必须放在首位。因此在评价科技创新能力时，不仅应注重经济效益，还必须充分考虑科技创新带来的环境效益。

综上，在综合考虑青海省科技创新的能力、效率及其技术所依赖的基础和科技创新的潜力的条件下，本文构建了由科技创新环境、投入、产出及效益 4 个一级指标、10 个二级指标及 24 个三级指标构成的“丝路经济”视角下青海省科技创新能力评价指标体系，如表 1。

表 1 “丝路经济”视角下青海省科技创新能力评价指标体系

	一级指标	二级指标	三级指标	权重
青海省科技创新能力评价指标体系 U	科技创新环境 U_1（0.069）	信息化水平 V_1（0.333）	电话普及率（%）	0.144
			万人国际互联网络上网人数（人/万人）	0.524
			信息传输、软件和信息技术服务业增加值占生产总值比重（%）	0.332
		基础设施 V_2（0.667）	与丝路经济相关的固定资产投资（亿元）	0.250
			科研综合技术服务新增固定资产所占比例（%）	0.750
	科技创新投入 U_2（0.189）	支撑力量投入 V_3（0.196）	有规模以上企业数（个）	0.333
			研究与开发机构（个）	0.667
		资金投入 V_4（0.493）	企业 R&D 经费支出（万元）	0.163
			丝路经济 R&D 经费内部支出占财政支出比重（%）	0.296
			丝路经济科技经费内部支出占财政支出比重（%）	0.541
		人力投入 V_5（0.311）	科研机构 R&D 人员数（人）	0.398
			丝路经济相关的 R&D 人员占全省的 R&D 人员比（%）	0.602
	科技创新产出 U_3（0.277）	知识产出 V_6（0.333）	发表的科技论文数（篇）	0.250
			有关丝路经济的发明专利拥有量（件）	0.500
			有关丝路经济建设的科技专著数（种）	0.250
		科技成果市场化 V_7（0.667）	技术市场成交额（万元）	0.667
			高技术企业新产品销售收入（万元）	0.333
	科技创新效益 U_4（0.466）	经济效益 V_8（0.500）	人均 GDP（元）	0.667
			综合能耗产出率（元/千克标准煤）	0.333
		产业结构 V_9（0.250）	第三产业对第一产业比重（%）	0.539
			丝路经济相关高新技术产业产值占比（%）	0.297
			进出口贸易总额（万元）	0.164
		环境效益 V_{10}（0.250）	环境污染治理指数（%）	0.500
			环境质量指数（%）	0.500

三、基于 AHP- 灰色关联度的青海省科技创新能力评价模型

（一）评价方法的选择与数据获取

国内关于区域科技创新能力评价方法的实证研究很多，主要有三种：第一，定性评价方法，主要是德尔菲法。第二，定量评价方法。沈菊华采用层次分析法对连云港的科技创新能力进行了纵向评价。[12] 唐炎钊运用模糊数学评价法，提出了一个区域科技创新能力的模糊综合评价模型。[13] 常涛等运用因子分析方法对资源型区域的科技创新能力进行了横向与纵向评价。[14] 第三，定性与定量相结合的综合评价方法，如李柏洲、苏屹根据模糊数学的思想，将粗糙集法和熵模型两种方法结合起来，使原本无序化的信息变得有序、可比，建立了一种评价区域创新能力的新模型。[15] 王亚伟与韩珂构造了一种改进的多层次模糊综合评价模型，并据此对河南省的区域科技创新能力进行综合评价，从不同侧面反映出了河南省科技创新的优势和劣势。[16] 综上，已有文献对数据要求较高，而从“丝路经济”视角对青海省科技创新进行评价相关指标的数据获取有一定难度，鉴于数据的可得性与准确性，本文选择采用灰色关联度方法进行评价。童纪新等以灰色关联分析方法为基础，构建了基于科技投入和科技产出两方面的科技创新效率综合评价指标，发现江苏省城市科技创新效率呈苏南、苏中、苏北三级阶梯分布状，进一步指出了其存在的局限性。[17] 可见采用灰色关联度分析方法可以达到本文的研究目的之一。蒋兴华也采用同样的方法对佛山市科技创新能力进行了评价，[10] 但在确定权重方面，只是主观确定，缺乏客观依据。因此本文在采用灰色关联度分析时，选择运用层次分析法来确定权重。而这种将层次分析与灰色关联度分析相结合的方法也有广泛应用，如汪志波将其应用于企业科技创新能力评价。[18] 因此本文选取 AHP- 灰色关联度模型来测度“丝路经济”视角下青海省的科技创新能力。

关于数据的获取，本文从《中国科技统计年鉴（2010–2015）》、《中国统计年鉴（2010–2015）》、《青海省统计年鉴（2010–2015）》中，选取2010–2014年青海省科技创新相关指标数据为样本，该样本能够代表青海省科技创新的总体水平，基于这样科学数据得出研究结论将具有更高的可靠性。

（二）评价模型

层次分析法（AHP）是由T.L.Saaty教授提出的一种定量与定性结合、系统且层次化的决策方法，该方法在理论上相对成熟、应用非常广泛。灰色关联分析（GRA）是一种多因素统计方法，其依据所选指标的样本数据，对系统中各元素之间关联程度进行分析，排序。与传统的分析方法比较，GRA客观性强，并且对数据要求较小，能为一个系统动态发展趋势提供量化的度量，因而广泛应用于很多领域的综合评价。

1. 指标权重确定

本文根据AHP法，从一级指标开始，采用9标度法，按照相应隶属层次进行两两对比确定相对重要性，得到判断矩阵。然后，将判断矩阵数据输入yaahp软件，可进行一致性检验，通过检验则可得到各指标的权重。设一级指标 V_i 的权重为 W_i，二级指标 V_{ij} 的权重为 W_{ij}，其中 V_i 的指标权重集为 $W_i=\{W_1,W_2,\cdots,W_n\}$ 且 $0\le W_i\le 1$，$\sum_{i=1}^{n}W_i=1$；V_{ij} 的指标权重集为 $W_{ij}=\{W_{i1},W_{i2},\cdots,W_{im}\}$ 且 $0\le W_{ij}\le 1$，$\sum_{j=1}^{m}W_{ij}=1$。

2. 构建指标特征向量

设系统的评价对象集由 n 个待评价的年限构成，评价指标集由 m 个评价指标构成，用指标的特征值代表每个指标对待年限的评判，则系统的特征值矩阵为：

$$X=\left(X_{ij}\right)_{m\times n}$$

式中 X_{ij}（ $i=1,2,\cdots,\mathrm{m}$ ； $j=1,2,\cdots n$ ）为第 j 个待评价年限在第 i 个指标下的指标特征值。

3. 规格化矩阵

由于各个指标的单位不同，需要进行无量纲处理，本文采用效益型指标进行规格化，计算公式如下：

效益型指标： $y_{ij}=\dfrac{X_{ij}}{\max X_{ij}}$ ， $i=1,2,\cdots,m$ ， $j=1,2,\cdots,n$ ；

则规格化矩阵为： $Y=\left(y_{ij}\right)_{m\times n}$ ，第 j 个待评价年限表示为 $Y_j=(y_{1j},y_{2j},\cdots,y_{2m})$ ，且 $0\le y_{ij}\le 1$ 。

4. 确定参考数列，求差序列、最大差及最小差：

从待评价年限中的指标数据列中选最大值，组成 U 在 V_1 上的最优参考向量 G：

$G=\left(g_1,g_2,\cdots,g_{\mathrm{m}}\right)=\left(y_{11}\vee y_{12}\cdots y_{1n},\cdots,y_{m1}\vee y_{m2}\cdots y_{mn}\right)$ 其中， $\vee$ 为取大运算符。

序列差： $\Delta_{ij}=\left|g_i-y_{ij}\right|$ ， $i=1,2,\cdots,\mathrm{m}$ ， $j=1,2,\cdots,n$ 。

最大差为： $\Delta(\max)=\max\max\left(\Delta_{ij}\right)$ ，表示 Δ_{ij} 中的最大值。最小差为： $\Delta(\min)=\min\min\left(\Delta_{ij}\right)$ ，表示 Δ_{ij} 中的最小值。

5. 计算灰度关联度

第 j 个待评价年限 Y_j 与最优向量 G 的关联系数 $\xi_i\left(Y_j,G\right)=\dfrac{\left\{\Delta\left(\min\right)+\rho\Delta(\max)\right\}}{\left\{\Delta_{ij}+\rho\Delta\left(\max\right)\right\}}$ ，其中 ρ 是分辨系数，且 $0<\rho<1$ ，一般在 0.1 到 0.5 之间取值，越小则关联系数之间的差异越大。

然后可计算灰色关联度为 $D\left(Y_j,G\right)=\sum\omega_i\times\xi_i\left(Y_j,\mathrm{G}\right)$ ，其中， ω_i 为第 j 个待评价年限的第 i 个指标的权重系数。

四、“丝路经济”视角下青海省科技创新能力评价

（一）评价过程

采用 AHP 法确定指标权重，首先制作指标体系各层次指标之间重要性的判断矩阵调查表，对课题组及有关专家共 12 人进行了调查，然后通过数据整理，经 yaahp 软件计算，最终可得出青海省科技创新能力评价体系各指标的权重，如表 1 所示。

构建指标特征向量及格式化矩阵：根据青海省科技创新能力评价指标体系的数据，求得科技创新环境 U_1 在 V_1 上的特征向量矩阵为：

$$X=(X_{35})_{3\times5}=\begin{vmatrix} 89.9 & 100.6 & 112.6 & 112.4 & 111.5 \\ 3336.47 & 3691.4 & 4223.83 & 4862.73 & 5128.93 \\ 3.2 & 2.95 & 2.86 & 7.65 & 2.37 \end{vmatrix}$$

由 $y_{ij}=\dfrac{X_{ij}}{manX_{ij}}$ 规格化指标特征向量，使得指标无纲量化，得到规范化矩阵：

$$Y=(Y_{35})_{3\times5}=\begin{vmatrix} 0.7984 & 0.8934 & 1.0000 & 0.9982 & 0.9902 \\ 0.6505 & 0.7197 & 0.8235 & 0.9481 & 1.0000 \\ 0.4138 & 0.3856 & 0.3739 & 1.0000 & 0.3098 \end{vmatrix}$$

确定参考数列，求差序列、最大差和最小差：从待评价年限的指标数据选择最佳值，组成 U_1 在 V_1 上最优参考向量 G：

$$G=(g_1,\ g_2,\ g_3)=(1,\ 1,\ 1)$$

根据序列差公式可得绝对差矩阵：

$$\Delta_{ij}=\begin{vmatrix} 0.2016 & 0.1066 & 0 & 0.0018 & 0.0098 \\ 0.3459 & 0.2803 & 0.1756 & 0.0519 & 0 \\ 0.5817 & 0.6144 & 0.6261 & 0 & 0.6902 \end{vmatrix}$$

则最大差：$\Delta(\max)=\max\max\left\{\Delta_{ij}\right\}=0.6261$，最小差：$\Delta\left(\min\right)=\min\min\left\{\Delta_{ij}\right\}=0$。

确定关系系数及关联度：根据关系系数公式，取 $\rho=0.4$，可得 U_1 在 V_1 上的关系系数矩阵 ξ_{11} 为：

$$\xi_{11}=\begin{vmatrix}0.5540 & 0.7015 & 1.0000 & 0.9930 & 0.9625\\ 0.4174 & 0.4719 & 0.5866 & 0.8283 & 1.0000\\ 0.3009 & 0.2896 & 0.2857 & 1.0000 & 0.2662\end{vmatrix}$$

根据 $D\left(Y_j,G\right)=\sum\omega_i\times\xi_i\left(Y_j,G\right)$ 可得科技创新环境 U_1 在 V_1 上的关联度 $D_{11}=\left(0.3984\quad 0.4444\quad 0.5462\quad 0.9090\quad 0.7510\right)$。同理可得科技创新环境 U_1 在 V_2 上的关联度 $D_{12}=(0.838\quad 0.6204\quad 0.3708\quad 0.4318\quad 0.5051)$。

同理可以求得科技创新投入 U_2 在 V_3、V_4、V_5 的关联度 D_{21}、D_{22}、D_{23} 为：

$$D_{21}=(0.6953\quad 0.6765\quad 0.6781\quad 0.6872\quad 0.6161)$$
$$D_{22}=(0.9259\quad 0.5767\quad 0.6989\quad 0.6671\quad 0.6789)$$
$$D_{23}=\left(0.5877\quad 0.9876\quad 0.4354\quad 0.6372\quad 0.5631\right)$$

同理可以求得科技创新产出 U_3 在 V_6、V_7 的关联度 D_{31}、D_{32} 为：

$$D_{31}=(0.3625\quad 0.5410\quad 0.5843\quad 0.6651\quad 0.9733)$$
$$D_{32}=\left(0.3416\quad 0.3928\quad 0.4371\quad 0.5522\quad 1.0000\right)$$

同理可以求得科技创新效益 U_4 在 V_8、V_9、V_{10} 的关联度 D_{41}、D_{42}、D_{43} 为：

$$D_{41}=\left(0.3178\quad 0.4705\quad 0.5772\quad 0.7481\quad 1.0000\right)$$
$$D_{42}=\left(0.7722\quad 0.8351\quad 0.6948\quad 0.9196\quad 0.9288\right)$$
$$D_{43}=\left(0.8845\quad 0.7118\quad 0.6933\quad 0.3955\quad 0.7014\right)$$

同理可求得青海省科技创新能力 U 在 U_1、U_2、U_3、U_4 的关联度，如表 2 所示：

表 2　一级指标的关联度值

年限	2010	2011	2012	2013	2014
科技创新环境	0.7621	0.4246	0.3228	0.5561	0.4413
科技创新投入	0.7997	0.6827	0.5138	0.5363	0.4835
科技创新产出	0.2909	0.3279	0.3471	0.4005	1.0000
科技创新效益	0.5517	0.5093	0.4777	0.5883	0.8996

最终求得青海省科技创新能力的总关联度为：$D=$（0.5464　0.4436　0.3924　0.4491　0.8647）。

（二）评价结果分析

从总体上看，青海省科技创新能力大体呈现快速发展趋势，尤其 2013 年、2014 年增幅较大。这表明青海省紧紧围绕经济转型发展及丝绸之路经济带建设，大力实施“科教兴青”的战略，不断强化科技创新的支撑作用，使得青海省的科技创新能力有了稳步提升。但明显可见，2012 年青海省的科技创新能力低于其他年份，而 2010 年与 2014 年明显高，这表明青海省的科技创新能力在徘徊震荡中提升，具体从以下四个方面进行分析：

1. 科技创新环境。从表 2 可知，青海省的科技创新环境改善不明显，仍处于缓慢发展阶段。主要是由于信息技术水平与基础设施建设都在徘徊中前进，并未出现稳步提升现象，总体发展滞缓。而 2010 年青海省的科技创新环境明显优于其他年份，这使得 2010 年青海省的科技创新能力得到了很大提升。青海省是丝绸之路经济带的战略基地，基础设施建设与信息化水平对丝绸之路经济带建设具有重要推动作用。据以上结果分析，基础设施建设在 2012 年低于其余年份，尤其科研综合技术服务方面固定资产投资占比呈现递减趋势，这是致使 2012 年青海省科技创新能力低于其他年份的重要原因。可见，青海省资源型经济形成的固有发展模式，导致对科技物质条件不够重视。另外，信息化作为丝绸之路经济带建设中跨区域合作所需的公共品，其发展趋势必须重视，2010 年至 2014 年青海省信息化水平在跌宕中提升，2013 年与 2014 年得到了明显提升，这为青海省推进丝绸之路经济带建设奠定了基础。

2. 科技创新投入。据表 2 可知，青海省在科技创新投入总体有递减趋势，主要是由于人力投入及支撑力量投入方面出现了震荡性走低构成的非协同性发展特征。近年来，青海省积极健全科技支撑体系，参与科技创新活动的企业越来越多，成为科技创新的重要力量，但科研机构的总量及增量却发展缓慢。此外，十二五以来，青海省加大了对科技创新的财政投入，所以在科技创新的资金投入方面取得了一定的成效，但在丝路经济带相关的资金投入仍需要重视。在人力投入方面青海省处于滞缓状态，2012 年人力投入相对最低，影响了 2012 年青海省的科技创新能力水平。因此，青海省在加大科技创新财力投入的同时，亟需推动相关科研机构建设，进一步完善青海省的科技创新的支撑体系，并且需要积极培养或引进创新型人才，以促进青海省知识、技术及专业化人力的积累。

3. 科技创新产出方面。据表 2 可知，青海省的科技创新产出总体上得到了逐步提升，主要是由于青海省科技创新知识产出与科技成果市场化方面的成就比较显著。2014 年青海省的科技创新产出增幅最大，这使得 2014 年青海省科技创新能力明显优于其他年份。就有关丝路经济相关的研究成果来看，2010 年至 2014 年也明显逐渐增多，这对青海省克服限制因素积极融入丝路经济带建设具有重要的推动作用。但青海省地理位置特殊，为巩固其在丝路经济带建设中的战略地位，仍需要凭借科技创新突破丝绸之路经济带建设中的瓶颈。在未来，青海省应完善科技创新项目管理体系，促进科技创新与丝路经济带建设的紧密结合。并加大与国际、国内的科研合作，鼓励基础性的科研探索。

4. 科技创新效益。据表 2 可知，青海省的科技创新效益在徘徊中提升，主要是由于青海省的经济效益在逐年提升，而其产业结构及环境效益出现了较大波动。科技创新效益在 2010 年至 2012 年经历过低潮后，从 2013 年开始明显提升，且增幅不断增大，这也是 2014 年青海省科技创新能力明显优于其他年份的重要因素。有学者提出丝路经济带建设立足于基础设施、城市与产业三大要素，从实证结果来看，青海省的产业结构在波动中不断优化，近年来其产业创新能力得到了不断提升，这有利于青海省科技创新支撑丝绸之路经济带建设。但在环境效益方面，仍然存在下滑的趋势。青海省的资源依赖型增长模式并未根本改变，转型发展仍存在明显的结构刚性。正因为如此，也导致了科技创新效益没有得到有效提升。因此，青海省应依托在“丝路经济”中的战略定位和区域优势，扩大领域合作，加快产业结构调整，促进其经济的转型发展，从而提升科技创新的整体效益。

五、结论与讨论

青海省以资源依赖型经济为主，缺乏科技创新的欲望与动力，科技创新能力有待提高。随着“一带一路”合作发展理念的提出，贯穿丝路经济带各省的科技创能力再次成为焦点。青海省作为贯穿南北丝绸之路的桥梁和纽带，其科技创新能力研究显得尤为重要。“丝路经济”的提出，把西部各地区推至对外开放的前沿，这对青海省既是机遇，又是挑战。通过实证研究发现，青海省科技创新大体呈现快速发展趋势，尤其2013年及2014年得到了明显提升。并且在基础设施建设、与丝路经济相关的投入与产出及产业发展等方面，青海省都有明显提升，这有利于青海省迎接挑战，积极推进“丝路经济”建设，并能借此机遇，实现青海省经济转型发展，构建开放型经济新格局。

本文在科技创新过程的基础上，对投入与产出进行一定拓展，建立了“丝路经济”视角下青海省科技创新能力评价体系，并且较好地反映了青海省科技创新的总体水平。随着创新型国家的不断推进，科技形势的迅速发展，各个地区关注的领域也有区别，为了更好地对科技进步进行监测，还需要对指标选取进行进一步改善，使其更具针对性。同时，本文采用 APH—灰色关联度评价模型对青海省科技创新能力进行评价，得到了各层级指标的关联度值，为青海省科技创新能力分析提供了依据，具有一定的可信度。但使用 APH 法确定权重，主观因素仍有影响，今后需进一步改进。

参考文献

[1] 胡鞍钢，马伟，鄢一龙. 丝绸之路经济带：战略内涵、定位和实现路径 [J]. 新疆师范大学学报：哲学社会科学版，2014（2）：1—10.

[2] 白永秀，吴航，王泽润. 丝绸之路经济带战略构想：依据、目标及实现步骤 [J]. 人文杂志，2014（6）：25—31.

[3] 白永秀，王颂吉. 丝绸之路经济带的纵深背景与地缘战略 [J]. 改革，2014（3）：64—73.

[4] 于会录，董锁成，李宇，李泽红，石广义，黄永斌，王喆，李飞. 丝绸之路经济带资源格局与合作开发模式研究 [J]. 资源科学，2014，12：2468-2475.

[5] 高友才，汤凯. "丝绸之路经济带" 节点城市竞争力测评及政策建议 [J]. 经济学家，2016，05：59-67.

[6] 黄伟新，龚新蜀. 丝绸之路经济带国际物流绩效对中国机电产品出口影响的实证分析 [J]. 国际贸易问题，2014，10：56-66.

[7] 袁丹，雷宏振. 丝绸之路经济带物流业效率及其影响因素 [J]. 中国流通经济，2015，02：14-20.

[8] 陈国宏，康艺苹，李美娟. 区域科技创新能力动态评价——基于改进的 "纵横向" 拉开档次评价法 [J]. 技术经济，2015（10）：17-23.

[9] 王洁，曹莉莎. 区域创新体系视角下的科技创新能力评价研究——以东莞为例 [J]. 科技管理研究，2014（12）：63-66.

[10] 蒋兴华. 区域科技创新能力评价体系构建及综合评价实证研究 [J]. 科技管理研究，2012（14）：64-68.

[11] 陶雪飞. 城市科技创新综合能力评价指标体系及实证研究 [J]. 经济地理 2013（10）：16-19.

[12] 沈菊华. 我国区域科技创新能力评价体系的研究和应用 [J]. 经济问题，2005（8）：27-29.

[13] 唐炎钊，方旋，邹珊刚. 区域科技创新能力的灰色综合评估——广东省科技创新能力的综合分析 [J]. 科学学与科学技术管理，2001，02：69-74.

[14] 常涛，李志强，韩牛牛，袁旭红. 基于资源型经济转型的区域科技创新能力评价研究——以山西省为例 [J]. 科技管理研究，2015（16）：62-67.

[15] 李柏洲，苏屹. 区域科技创新能力评价体系的优化及实证分析 [J]. 情报杂志，2009，08：80-83+125.
[16] 王亚伟，韩珂. 基于改进模糊综合评价模型的区域科技创新能力评估——以河南省为例 [J]. 科技进步与对策，2012，13：119-124.
[17] 童纪新，陈继兴，蔡元成. 基于灰色关联分析的区域科技创新效率评价研究——以江苏省为例 [J]. 科技进步与对策，2011，10：108-110.
[18] 汪志波. 基于 AHP- 灰色关联度模型的企业技术创新能力评价 [J]. 统计与决策，2013（4）：51-53.

青海省利用科技创新融入“丝绸之路经济带”的战略路径①

颜实②，李毅③

（1. 内蒙古工业大学管理学院，内蒙古呼和浩特，010051；

2. 青海民族大学工商管理学院，青海西宁，810007）

摘要：“丝绸之路经济带”是我国加大对外开放程度与造福人民福祉的国家重大战略部署。科技创新又是丝绸之路经济带建设中的重要工作。青海省融入“丝绸之路经济带”就必须加强科技创新工作。本文通过研究青海省科技创新工作的现状、分析提高该省科技创新能力融入经济发展大潮的挑战，探索性地提出了青海省通过科技创新工作融入“丝绸之路经济带”的相关的战略路径对策建议。本文研究结论旨在为推动青海省“丝绸之路经济带”的科技创新建设提供理论指导。

关键词：青海省；丝绸之路经济带；科技创新；战略路径

---

① ［基金项目］青海省科技厅软科学项目“丝绸之路经济带建设中科技支撑的对策研究”，项目编号：2015-ZJ-605；2016 年度青海省科协国家级科技思想库决策咨询调研课题资助项目“丝绸之路经济带建设中青海科技支撑的对策研究”，编号：2016KX09。同时受内蒙古工业大学校科学基金资助，项目编号：SK201007。

② 颜实，男，内蒙古工业大学管理学院，手机号 15147156089，E-Mail：stephen_ys@126.com

③ 李毅，男，青海民族大学工商管理学院，手机号 13519772361，E-mail：hubli@163.com

本文刊登在《民族经济研究》2016 年第 1 期上。

一、引言

2013 年 9 月习近平同志访问中亚四国，提出了与中亚四国一起建设“丝绸之路经济带”的设想，使中亚四国清楚地了解我国希望进一步向西开放、建设经济大走廊的战略政策与方针。在习近平同志访问中亚四国之后，中国共产党十八届三中全会上，将进一步推进建设丝绸之路经济带纳入我国战略目标中。党中央在充分借鉴我国发展史的基础上，将眼光放在全世界，通过构建丝绸之路经济带，促进我国与世界各国的合作共赢、促进我国西部的发展，协调我国各地区的经济发展，使我国对外开放政策的实施大步向前迈进。

青海省在丝绸之路占有举足轻重的地位，在丝绸之路南线中尤为重要，“青海线”曾颇为昌盛，贯穿了从亚欧大陆腹地至欧洲和地中海沿岸地区，构建了一张巨大的经济文化网络。现如今，青海省更应充分利用自身优势，紧抓时代机遇，遵循全面发展，经济与文化充分结合的原则，加大对青海省的开放力度，大力建设丝绸之路经济带，立志于将青海省建设成为重要的经济发展区域。

科技与创新是青海省构建丝绸之路经济带的必要手段，具有十分重要的现实意义。中国共产党十八大明确提出：我国要想提高自身的生产力和综合国力，必须依靠科技与创新，想要走自主创新道路，就必须依靠创新驱动发展的政策。

习近平同志提出，我国所面临的所有问题都需要依靠发展来解决，只有对经济发展方式和经济结构不断地做出改变，才能使我国经济呈现持续增长的态势。青海省占地面积较大，但常住人口不多，虽有自身的区域优势，但发展的起点较低，有很多阻碍发展的因素，只要选对路，后续发展将会突飞猛进。青海省属于我国西部地区，拥有大量的少数民族，同时处于高原地域，好多县市还处于贫困的境地，青海省应该抓住建设丝绸之路经济带的重大机会，合理利用自身资源，将科技创新作为发展的有利办法，加快青海省的发展。将科技创新放在首要位置，努力探索新思路、新方法，实现创新驱动发展的转型。

二、青海利用科技创新建设的现状

（一）科技创新基础环境建设方面

从2008年开始，青海省开始在全面调查科技资源的基础上，邀请国内外专家对青海科技基础条件平台建设进行设计规划，同时制定了相关的法律条规，统一平台建设工作。此后青海省成立了多个科技项目，其中包括科技项目成果库和数据库等，还包含多家研发中心、实验室，以及科技示范园。青海省还构建了科技文献共享平台，做到了科技创新信息的高度共享，初步形成信息库全社会共享、与国家平台西北区对接，通过大型科学仪器的共同使用实现合作与科研。

“十一五”期间，青海省共创立多家国家级科技创新基地，其中包含高新技术产业开发区、农业科技园和一些本土资源的技术创新与研发基地等。

（二）科技创新在市场环境方面

青海省目前有2家生产力促进中心，多次获得中国技术市场协会先进集体金桥奖，还拥有一家省专利服务中心，从事科学研究的科研机构有50多家，青海省的科研机构管理一直处于较优的状态，在我国的排名中名列前茅。自从青海省实施科研机构改革以来，青海省的科研机构都全心全意地为青海省的经济建设服务，使青海省的效益提升飞速，随着改制工作的深入，科研机构显示出蓬勃活力。

民营科技企业中介服务也相继涌现，对青海科技服务做出了巨大的成就，其服务水平和效益也不断提高。

（三）科技投入保持高速增长

科技投入水平是一个地区科技能力的关键因素，1956 年全省投入科学事业费 24.5 万元，是青海省财政投入科技事业的开始。

表 1-1　2009-2013 年，青海全社会科技活动经费筹集情况表

指标名称	2009	2010	2011	2012	2013
科技活动经费内部支出（万元）	35342	26428	43594	68274	148820
研发经费支出（万元）	8957	13112	14175	35539	-
科技项目数（项）	158	151	221	215	285

资料来源：据 2013 年《青海省科技统计数据》整理而成。

表 1-2　2009-2013 年，青海财政科技拨款情况表

指标名称	2009	2010	2011	2012	2013
全省地方财政科技拨款（万元）	47804	40805	37598	71811	82704
全省地方财政支出总额（亿元）	486.75	743.40	967.47	1159.05	1228.05
全省地方财政科技拨款占全省地方财政支出总额比重（%）	0.98	0.55	0.39	0.62	0.67

资料来源：据 2013 年《青海省科技统计数据》整理而成。

（四）重大科技专项取得关键性突破

目前，青海省许多方面取得了成就，其中，在开发较为有特色的农业、材料，以及低耗节能的新能源方面取得较大进步，另外，在勘探优质的矿产资源和动植物资源、研发中藏药技术、生态保护及回复技术、科学技术人才的培养、知识产权保护、外部科技学习与交流、科技“123”工程等专项项目都获得了显著的成绩与效果。

除了以上成果之外，青海省还具有较为丰富的本土资源，具有较强的资源优势，充分利用并大力发展该优势，可以延伸一些特色的产业链，例如煤化工、有色金属、油气化工等，重点发展柴达木循环经济区，争取成为国家级的工业基地，且需要进一步促进绿色产业链的发展，争取研发新能源、新材料等创新型产品；多与东部地区的装备制造、消费电子、特色纺织等合作，在发展柴达木循环经济区的同时，也要加快兰西经济区的发展与建设；可以进一步深化区域经济合作，共同建设“向西开放”的经贸共同体。以东部城市群建设为着力点，加快推动兰西经济区建设；办好青洽会等重要文化商业体育活动，适时在中亚国家举办青海商品博览会，积极参与周边国家和省市举办的商业文化活动。加强各省区之间产业政策、发展规划和重大项目的沟通协商，整合资源，实现共同发展。

三、青海利用科技创新融入“丝绸之路经济带”面临的挑战

青海省科技创新近年来取得了一定的成绩，然而与我国的发达地区相比，仍然存在较大的差距，在融入“新丝路经济带”的过程中，仍在科技整体水平、科技资源总量、科技进步与创新的基础能力、科技投入能力、研发经费、科技人力资源和科技人才、科技进步环境和创新氛围等方面面临较大的挑战。

（一）科技整体水平不高

近年来，尽管青海省的科技投入持续增长，但科学技术成果质与量的增长仍没有明显改观，主要表现为高层次科技领军人才严重短缺，科技人员从事开发与研究工作热情不高，科研机构不能适应新时期发展的要求。

从企业的角度来看，大多数企业仍处于价值链的低端，资源消耗巨大且附加值较低，较低的利润率不能支撑企业进行自主研发等科技创新活动，创新产业规模较小，产品档次低，科研竞争能力差。产业关联度差，一些制约资源综合开发、产业延伸的关键技术尚未实现自主研发生产。

（二）科技资源结构不合理

科技创新的主体是科技人才，而青海的科技人才分布不均衡也是青海发展科技创新、融入“新丝路经济带”的一道难题。从人才分布的情况可以看出，其中教育、卫生、文化等事业单位中，专业技术人员较多，其他行业中专技人员较少，尤其是生产行业、制造行业中专业技术人员最为缺乏，而青海省发展较好的行业有盐化工、有色金属、石油天然气等重工业，这些行业专业技术人员较为稀缺，目前还处于供小于求的状态。而在企业中，高层次人才尤其是科技创新人才严重匮乏，有限的人才也仅仅集中在少数大型企业中，造成了中小企业难以开展科技创新活动的窘迫局面。

从青海省科技资源的地理分布来看，科研机构、科技人才主要集中在较为发达的西宁地区，海东和 6 个民族自治州现有的科技人员数量及资源都较少，科技创新资源分布严重不平衡，难以全面提高青海省科技创新能力，不能适应青海融入“新丝路经济带”的发展要求。

（三）政府主导作用尚有差距

青海省委近年来在科技创新工作方面下了很大功夫，但“上热下冷”的现象仍未根本改观。有些部门领导仍对科技的“核心”“关键”地位认识不到位，把科技作为一般性工作对待，没有赋予足够的重视，或认为青海是欠发达地区，尚不具备科技创新的能力和条件，信心不足。全省引导科技创新工作的各项政策存在一些落实不到位的情况。

同时，虽然全省社会研发经费占 GDP 的比例逐年增加，但离青海省科技发展规划纲要提出的任务目标还有一段差距，科研经费占财政科技支出比例仍然较低，科学积累和原始创新能力不足，金融机构因科研创新的长期性和风险性因素，不愿意投入更多资金，尤其是对那些急需科研创新经费的中小微型企业来讲，获得科技创新的初期投资十分困难。

（四）以企业为主体的科技创新体系未真正建立

青海经济基础相对薄弱，政府无力拿出大量资金支持创新活动，而作为创新活动的主体，企业由于自我积累能力差，资金存量小，加之区位约束，对外吸引外资乏力，资信程度差，又缺乏相应融资手段，致使创新支撑条件欠缺，必然影响创新体系的建立和有效运作。

同时企业所有者的科技创新意识不强也是青海融入“新丝路经济带”的突出挑战之一。青海较多企业所有者存在“小富即足”的思想，不愿承担科技创新投入带来的风险，甚至一些企业多年没有引进科技研发人员，也没有研发新产品。多数企业也只关注眼前利益，愿意搞“短、平、快”的项目，对科技成果转化应用的长期性和艰巨性缺乏认识，以至企业为主体的科技创新体系没有形成，自主创新能力弱的局面。

（五）科技创新体制机制和环境不健全

长期以来，条块化的行政管理格局造成科技统筹管理协调能力薄弱，教育与科研脱节，难以在整体目标上形成一致的分工协作的科技创新机制，而管理层次多、项目、人才、经费、基地、设备等资源的分割、科技资源利用率不高导致科技创新协同性差，加之科技创新评价体系没有真正建立，科研人员的积极性没有被完全激发出来。

我国现行科技创新法律体系有待完善。部分法律规范的操作性不强，在一定程度上阻碍了科技创新精神的发展。例如《中华人民共和国科学技术进步法》中对违法该法的行为应当承担的法律责任只在《法律责任》一章第四款进行了规定，这样笼统的规定缺乏可操作性，缺乏激励机制和制裁机制。同时我国知识产权模式有待进一步完善。随着高新技术的飞速发展，知识产权案件也日益受到科技创新人员的关注，但盗版和侵权等现象并没有得到有效遏制，对科技人员进行创新活动产生了不良影响。

四、青海利用科技创新融入“丝绸之路经济带”的战略路径

青海省是丝绸之路的交汇点，与东部地区相比，经济发展基础和社会环境均不相同。青海省需根据自身情况制定发展战略，利用青海省的本土资源，发展具有自身特色的行业与产业，培育新兴行业，开发区域科技创新能力。青海省应充分利用自身区位优势，高度结合国家发布的其他战略布局，进一步加大与西藏和中西部等地区的协作发展，多开展创新合作项目或活动，共同建设丝绸之路经济带。

青海省需要进一步提升自身创新能力，积极融入“新丝路经济带”，认真贯彻落实《国家中长期科学和技术发展规划纲要》，进一步实施重点领域、优先主题、重大专项、前沿技术的政策措施。同时，还应将深化民族地区科技改革工作放在首位，完善创新知识产权的法律保护体系，提倡科学技术的合作与创新，做到公民科学素质的整体提升。首先，需加大科技人才的培养和投入、加强科学研究基础设施建设等。其次是要提高青海省自身的创新能力，积极鼓励创新活动，引进并学习先进技术。

青海省应根据不同地域的特色和实际情况，争取政府支持，并制定有差异化的政府支持体系。目前，青海省需要进行产业转移和产业结构调整，充分结合实际情况，研发适用于自身的高效、优质、实用、长期的新型技术，进一步加速研发具有青海省地域特色的科学技术项目，提高自身创新能力，加快形成青海省的独特优势与特色，在科学技术研发方面可以采取以下战略措施：

（一）将重点放在建设性企业，做到企业、学校、科研院所和政府的有机结合，共建创新体系，全方位提高企业的创新能力。

对于加强青海省新兴产业的创新能力建设，需要突出企业的重要地位，提高企业人员的创新意识，不断培养企业内部的创新文化，提高企业

的核心竞争力。充分发挥科技经济政策的导向和杠杆作用，在继续增加政府科技引导性资金投入的同时，促使企业自身加大技术创新投入力度，加快建设企业研发机构和中试环节，全面提高企业技术创新能力和成果吸纳能力，发挥企业在技术创新的主体地位。

政府方面，需要加强企业的创新意识，将增强企业科学技术创新能力规划在企业战略目标之内。龙头企业应制定健全的创新能力、竞争力的管理体系，从政策、制度和文化建设等发面突出创新的主导地位，加大企业的创新动力，通过政府的介入与牵线搭桥，完成青海省的科研院所与企业的研发机构的共同合作，共同开发新项目、构建生产实体，达到科学研究与实际生产的有机的结合。

政府要做到引导作用，让科学技术、企业和社会共同构建科学技术文化和创新文化，促进企业多多引进、培养和使用高级技术人员；需要建立科学技术创新公共服务平台，该平台由一些新型研发机构和创新性企业群体构成，该平台有利于各机构和企业的交流，有力的推动创新发展，推动企业、学校、科研院所和政府的有机结合，实现创新与生产的有机结合，使科学研究更大程度上符合生产的实际情况，使科学研究的成果更适用于企业的生产；另外，要明确知识产权的重要性，企业、学校、科研院所和政府的责任应明确，共建企业、学校和科研院所共同合作的创新体系。

（二）建设科技创新试验区，打开科技创新驱动产业的新格局

青海省的经济体系发展需要健全的基础设施条件建设，无论从政治、经济，还是文化、科技等方面来看，青海省都没有良好的基础条件为发展创新驱动战略作为支撑，但青海省仍然具备创新驱动战略中创新文化的发展基础。

青海省在构建战略性新兴产业的现实方面，具有较大优势，由于青海省之前长期从事科技研究，这将进一步推进科技创新的发展，通过利用较强的科技优势，能够使青海省的产业和市场竞争力得到进一步的提高，

形成一个具有较强竞争力、引导力和辐射力的科学技术创新区域和产业带动区。

通过建设青海省科技创新试验区，有力的推动青海省的产业项目建设与科技创新驱动的有效结合，带领青海的骨干企业进行科学技术创新，走创新驱动发展道路，有力的为青海省经济转型提供动力。

（三）通过创新追赶政策解决创新能力建设问题

通过借鉴外国的实践经验，研究表明，发展创新型的经济需要有创新型的政府与政策扶持。发达国家的政府主要是通过制定激励政策来促使企业重视创新，并向创新型企业转型。在我国，企业通过现有资源和资本能够获得一定的发展空间，因此靠创新驱动发展的企业不多，在创新驱动发展难以实施的情况下，更需要政府的大力推进和支持，营造一个创新驱动发展的政策环境刻不容缓。

参考发达国家一路走来的创新历程，通过发达国家的实践和研究，得出发达国家现有创新政策体系建设的理论依据：现有的创新知识较为丰富，但将创新落实到实处的产业不多，在创新活动中，政府需要支付创新活动带来的社会成本，而企业需要支付创新活动带来的追赶成本。但该创新政策体系的理论依据与我国的实际情况与发展规律不相符。只有政府制定新的政策体系，才能促使企业进行科技创新，营造出一个创新氛围。

青海省区域创新体系的构建，应以建立科技创新综合改革试验区为出发点，持续不断的探索和制定创新驱动经济的转型发展的政策与文化。青海省需要不断整合和挖掘政府的创新驱动社会发展的政策体系，进行整合与分析，抓住机会，使青海省在创新方面能够有足够的发展空间。

青海省实施创新驱动发展的战略，需要完全依靠国家所发布的支持青海转型发展的政策体系，以原有的激励科技创新政策为指引方向，重点培养科技文化和创新文化，制定相关的创新激励政策和制度，督促企业自主创新，跨越“科技创新追赶成本”的鸿沟，多开展与创新有关的科技文化活动，促进企业加快实现创新驱动发展的转型。

青海省要以创新追赶政策体系为出发点，将科技体制创新放在首位，做到科学技术与金融、竞争力培养、创新文化建设、人才培养等高度结合，制定战略措施。现今青海省创新能力建设主要存在六方面的阻力：科技创新高地建设问题；科技创新机制建设问题；科技创新投入问题；高端创新人才聚集问题；科技与经济结合问题；创新型企业培育问题等。

（四）加强科技创新文化的教育与培育，促进人文交流

科技创新的教育工作不可或缺。为了让青海省具有独特的文化底蕴与教育氛围，需要与人民群众多沟通，多做贡献。要多开展与丝绸之路有关的文化活动，促进国家政府间的沟通与合作，构建友好的人文交流氛围，加大与周边国家的文化交流。由于青海省自身的教育资源丰富，再与“一带一路”国家的人力资源相结合，促进与周边国家的合作教育，制定激励政策，将会吸引更多外国学者到青海留学，促进文化交流。

参考文献

[1] 苏海红，丁忠兵. 丝绸之路经济带建设中青海打造向西开放型经济升级版研究 [J]. 青海社会科学，2014（5）.
[2] 苏多杰主编. 青海科技创新能力研究 [M]. 北京：中国经济出版社，2012.
[3] 李宇，李泽红等. 关于制定“基础科技支撑‘丝绸之路经济带’发展计划”的思考 [J]. 中国科学院院刊，2015（1）.
[4] 汪继年，王伟，陈增帅. 甘肃科技创新试验区与创新能力建设问题研究 [J]. 科技与经济，2014（3）.
[5] 李勇. 青海融入丝绸之路经济带建设的战略构想 [J]. 青海社会科学，2014（5）.
[6] 李鸿. 深度探究民族地区创新驱动发展战略 [J]. 满族研究，2015（1）.

青海“丝绸之路经济带”科技合作模式及实现路径①

周燕华[1]，李毅[2]

（[1]新疆财经大学，新疆乌鲁木齐 830012；[2]青海民族大学，青海西宁 810007）

摘要：科技创新是丝绸之路经济带建设的动力和引擎，也是青海丝绸之路经济带科技合作的重要抓手。本文对青海丝绸之路经济带科技合作现状进行分析，认为企业尚未成为科技创新的主体、科技合作机制仍需不断完善、科技合作效果有待提高。因此，重新定位科技合作中参与各方的角色、完善科技合作机制和提升科技合作效果成为青海丝绸之路经济带建设中科技合作的主要发展路径。

关键词：青海；丝绸之路经济带；科技合作

一、问题的提出

“丝绸之路经济带”是指在古丝绸之路的基础上，以现代化交通和信

---

① 基金项目：青海省软科学研究计划项目“丝绸之路经济带建设中科技支撑的对策研究”（2015-ZJ-605）；2016 年度青海省科协国家级科技思想库决策咨询调研课题资助项目“丝绸之路经济带建设中青海科技支撑的对策研究”，编号：2016KX09。

作者简介：周燕华，女，博士，新疆财经大学工商管理学院副教授，研究方向为跨国公司管理；李毅，男，湖北广水人，青海民族大学公共管理学院副院长，教授，博士，研究方向：产业集群与区域经济发展。

本文刊登在《攀登》2016 年第 6 期上。

息网络为基础，加快对外开放和区域贸易自由化，东向辐射亚太经济圈，西向辐射欧洲经济圈，以推进横跨亚欧大陆的经济大走廊的形成。而作为具有重要战略枢纽地位的青海，具备诸多优势，应势利用各类资源，发挥青海的比较优势，促进青海经济水平的提升。

国内学者对青海如何融入“丝绸之路经济带”进行大量的研究。孙发平、戴鹏、杨军（2016）对青海在丝绸之路经济带建设中存在的问题进行分析，并从战略定位、组织保障、金融支持、人才培养等方面提出可行性建议[1]。李振国（2016）对青海产业结构进行分析，提出青海丝绸之路经济带建设，应推动第二产业的转型升级，全面快速发展第三产业[2]。王霞、马德君（2016）对丝绸之路经济带下青海的战略机遇进行分析，并提出相应的战略发展思路[3]。杜平贵、王辉（2015）提出青海融入丝绸之路经济带的战略意义和发展思路，提出青海应从理念、规划、机制、产业四个方面考虑融入[4]。苏海红、丁忠兵（2014）对青海依托丝绸之路经济带打造开放型经济的现实基础、意义与挑战进行分析，提出青海应巩固对外贸易基础、转变贸易方式、开展文化旅游合作、加强区域间联盟等方式推动青海经济发展[5]。刘峰贵（2014）对青海融入丝绸之路经济带的区位优势进行分析，提出青海是西部区域交通的战略枢纽、资源开发的战略基地、向西开放合作交流的“旱码头”、向西开放合作的“文化桥梁”及重要的生态安全屏障[6]。

综上，现有文献从战略、金融、贸易、区位、人才等多视角对青海融入丝绸之路经济带进行探讨，研究亦得到了一些颇有价值的结论。然而纵观现有文献，也存在一些不足：

第一，现有研究多偏重于丝绸之路经济带中青海的战略定位和政策研究，而对青海融入丝绸之路经济带的关键竞争要素研究相对不足。丝绸之路经济带连接亚洲、欧洲两大经济圈，跨越50多个国家，而丝路各国经济发展水平、文化习俗的差异使得科技交流和合作成为重要驱动要素。而丝绸之路经济带的发展依赖于科技创新引领和驱动，即产业的国际化是目标，而科技创新则是经济增长重要的动力引擎。建设丝绸之路经济带，其实质是外延式开放与依赖科技实现内生式发展的互动与交替过程[7]。即区域内以科技创新支撑和实现产业的升级换代，以开拓更广泛的外部市场；同时，在开拓外部市场的过程中，区域内通过与外部市场有效的技术交换、技术扩散、技术转移和孵化以带动区域内自主创新和加快产业升级换代进程。因此，研究青海科技创新对推动青海融入"丝绸之路经济带"具有重要的现实意义。

第二，现有文献对丝绸之路经济带中青海科技创新现状及科技合作研究相对较少。伴随着全球竞争的加剧，科技创新在世界经济发展中具有主导作用。而高科技竞争手段、竞争内容也在不断更新，新产品研发周期长、投入成本高、风险大更使得科技合作已成为经济发展新常态。因此，从科技合作视角探讨青海融入丝绸之路经济带科技创新的发展路径成为必要。

二、青海融入"丝绸之路经济带"中科技合作的必要性和可行性

（一）科技合作的必要性分析

青海展开科技合作在丝绸之路经济带建设中，实属关键之举。不可否认的事实是，青海经济基础薄弱、科研成果专利少、对外开放程度低等极大地影响了青海丝绸之路经济带的建设。因此，青海在丝绸之路经济带建设中必须展开科技合作的必要性表现于：

第一，突破技术瓶颈，为青海改善生态和改善民生提供科技支撑。与发达国家和地区相比，青海技术创新能力不足已成为社会经济发展的瓶颈。而仅仅依赖于自身能力和经验的积累很难在短期内缩小与发达国家和地区的技术差距水平，突破其技术壁垒。因此，与发达国家和地区进行技术合作有助于加快青海技术创新的步伐。

第二，科技合作有利于青海获取技术创新所必需的人力资源和信息资源等生产要素，以实现规模效应和集群效应。伴随着3C革命、竞争的加剧，产品生命周期缩短，技术研发难度加大，研发风险增强。青海在现代化技术革命中缺少人力优势、信息优势等，可凭借其比较优势，加大开放程度，通过技术引进、资源共享等方式获取外部资源，通过优劣互补的科技合作，实现规模效应，并在行业内形成有效的集群，通过产业集群加速优势产业发展，促进青海经济水平的提升。

（二）科技合作的可行性分析

青海在丝绸之路经济带建设中展开科技合作的可行性表现于：第一，国家优惠政策为青海与国内发达地区科技合作提供了有效的政策基础。伴随着西部大开发及援助政策的倾斜，近几年来，国家各部委、6个发达省市、13家中央企业进一步完善政策、强化措施、加大支持力度，为青海藏区提供资金支持，对口支援机制和平台为青海的科技合作提供了可能。第二，现代信息技术网络技术使得跨地区的科技合作成为可能。互联网为青海建立对外科技合作与交流平台提供了物质保障。第三，在科技合作中，青海可凭借资源和能力优势实现优劣互补，合作具有较大的互补性和发展空间。

三、青海“丝绸之路经济带”科技合作现状

（一）青海科技合作发展概述

青海科技合作中，国内科技合作和国际科技合作并存；合作形式从人员交流访问发展为项目合作、基地建设和人才培养相结合；合作主体从最初的中国科学院、中国工程院等逐渐发展到高技术企业参与；合作内容从技术引进发展到科技成果创新，初步形成了参与主体众多，涉及领域诸多

的合作局面。

表 1 青海省科技合作一览表

时间	对外合作单位	合作单位	合作领域
2000	北京科技大学	青海大学	学科建设、人才培养、学术交流
2008	石家庄藏诺生物科技公司	青海民族学院	藏药研究
2009	中南大学	省科技厅、中科院青海盐湖研究所	循环经济科技合作，如盐湖资源开发、矿产研究、材料高新技术开发区等
	中国科学院	青海省政府	三江源地区脆弱生态系统修复与可持续发展关键技术研究及其应用示范、青海省种草养畜及有机畜牧业关键技术集成与示范、太阳能规模化利用、柴达木循环经济试验区资源综合开发利用
2010	北京市科委	西宁市社区	建立科技示范社区
	北京市科委	省农科院园艺所	奥运农业科技成果推广
	北京市科委	省科技信息研究所	建设科技信息综合服务平台
	新西兰奥克兰大学	青海大学	晶须增强镁基复合材料制备技术及成型机理研究
	日本宫崎大学	青海大学	包虫病和皮蝇病流行病学的研究与防控措施的建立
	意大利米兰 CE.S.I. 公司	青海华鼎实业公司	多功能、高速、高效镗铣加工中心
2011	美国犹他州	青海省政府	青海－犹他科技创新联盟
2012	成都理工大学	青海中信国安科技公司	签署战略合作协议
2014	北京、上海等 11 个省市	青海省科技厅	签署科技合作框架协议，涉及光伏、枸杞、医药等产业
	电科院	青海省电力公司	签署《深化科技合作协议》，涉及光伏电站等
2015	中国工程院	青海省政府	青海盐湖资源综合开发利用及可持续发展战略咨询、三江源生态补偿长效机制研究

资料来源：根据相关资料整理。

1. 从科技合作区域范围来看，国际科技合作和国内科技合作并存

在国际科技合作中，青海已先后与美国、加拿大和德国等，共计 9 个国家共同建立了友好的科技合作关系，并已取得较为显著的成效。如青海华鼎实业股份有限公司与意大利米兰 CE.S.I. 公司现已进行相关合作，其

合作项目“多功能高速高效镗铣加工中心的联合研发”，现已取得十余项专利。

青海国内科技合作中，主要集中于省部合作、省院合作和援青项目。如青海积极与中国科学院和工程院，签订相关合作项目，围绕三江源可持续发展、青海省种草养畜及有机畜牧业关键技术集成、太阳能规模化利用、柴达木循环经济试验区资源综合开发利用、青海盐湖资源综合开发利用等进行项目合作，成效显著。

2. 从科技合作主体来看，在政府主导下，官、产、学、研参与科技合作

从表 1 中不难发现，青海的科技合作经历了一个从探索期到快速发展的过程。2008 年之前，青海的科技合作大多表现于民间的校校合作和校企合作。而这种科技合作大多缘于学、研方自身发展的需要；而自 2009 年后，青海的科技合作则表现为政府主导下的省部合作和省院合作，科技合作战略目标明确，而合作对青海的经济发展和科技创新亦具有显著的推动作用。

3. 从科技合作领域来看，主要集中于新能源、新材料、盐湖化工、生物医药、特色农牧业、生态环保等领域

青海科技合作聚焦于三江源生态科学规划和柴达木盆地荒漠治理，实现了青海生态绿色可持续发展；同时，围绕盐湖进行循环经济建设，如盐湖提锂等已达到国际先进水平；再者，围绕太阳能利用的新能源建设，如光伏应用取得实效；此外，以青海特色资源为切入点，农牧业资源开发水平不断提升，如枸杞发展迅速，藏药特色生物产业化初步规模。综上，伴随青海科技合作的迅速发展，青海省科技创新能力与发展潜力时时在与日俱进。

（二）青海科技合作模式

1. 人员互访与交流

在科技合作中，青海注重人员的互动和交流，即坚持“请进来，走出

去”两种方式的结合，通过人员互动交流，开展广泛的学术合作和交流活动。一方面，积极派出人员学习交流以提升本省科技人员研发能力；一方面，积极引进智力资本，从国内外聘请具有较高科技水平的外籍专家或科技团队，通过与外来“智力资本”的沟通、不同的文化背景带来了新鲜的血液，不同思维方式的互补、交叉学科思想的碰撞实现了知识和信息的共享，青海在互动交流中逐步提升科技研发能力和创新能力。近年来，青海省政府越来越重视人才的“请进来”：如 2010 年，接待日本北海道国际农机株式会社社长松本孝美等人针对农业机械化进行座谈；2016 年，实施“外专千人计划”“高端外国专家项目”“引进国外技术、管理人才重点项目”等智力项目。同时，青海每年还派出科技人员赴国内外科技考察、培训、学习、访问，提升了青海科技合作水平。详见表 2，青海每年派出参加学术活动的人员整体呈增加趋势，特别是赴国外参加国际会议人次在 2013 年达到 175 人次。

表 2　青海科技活动基本情况

指标	2005	2010	2011	2012	2013	2014
学术活动（次）	40	33	65	195	133	13
国内学术会议	38	33	65	4	126	12
国内举行的国际会议	2				7	1
赴国外参加的国际会议（人次）			32	116	175	15

资料来源：青海统计年鉴

2. 举办和参加会议

积极举办和参加会议也是青海寻求科技合作的另一途径。如青海借助“环湖赛、青洽会、清食展、藏毯展”等重大经贸文化活动搭建开放与发展、合作与交流的平台，邀请“一带一路”沿线国家和地区政府、协会、企业家及专家学者参会，在招商引资的同时，也促进了青海的科技合作。同时，青海组建团队到国外，参加相关会议，如组团参加“满洲里中俄蒙科技展暨高新技术产品展览会”“中国西部国际博览会”“中国—欧盟科技创新圆桌会议”“中国西部国际合作论坛”等会议，与建立丝绸之路经济带国家，建立科技合作关系。

3. 技术贸易

近年来，青海为加快科技发展，积极引进先进技术设备，使得技术引进成为青海科技水平提升的重要手段之一。技术引进的主要方式是购买专有技术和技术服务等，如青海洁神装备制造集团公司，通过技术引进的方式，于2007年从日本引进了道路清扫车相关技术，完善了青海相关技术方面的不足。技术引进来源地主要集中在北美、欧盟及日本。技术引进数据见表3。

表3　青海国际技术引进一览表

年度	技术引进合同数（项）	技术引进合同金额（万美元）		
		其中：	技术费	设备费
2005	9	3200	1383	1817
2006	7	121	58	63
2007	9	1207	794	413
2008	10	5354	2377	2977
2009	7	150	150	
2010	13	5120	5120	
2011	13	6199	3784	2415

资料来源：中国统计局官网［DB/OL］.http：//www.stats.gov.cn/ztjc/ztsj/kjndsj/

4. 项目合作

项目合作是指为拓展科技合作交流渠道，加强产学研互动，合作双方通过凝聚优势资源进行前沿课题突破，通过优劣互补攻克技术瓶颈，满足青海可持续发展的需要。在科技合作中，青海大多采用项目合作方式满足省内对科技的需求。近年来，青海积极组织项目合作，实施了三项国家级国际科技合作项目，十二项省级国际科技合作项目。通过项目合作，青海科技创新水平有所提升，即在项目合作中申请专利、发表学术论文、开发新产品及培养人才。如在“青海—犹他科技创新联盟”中，青海以沼气净化技术、农牧区绿色能源高科技和高原医学合作等为科技合作项目主题，采用联合研究的方式，双方科技合作具有实质性发展。

5. 积极搭建科技合作平台，完善科技合作基地建设

为促进科技合作，青海省政府积极促进科技基础平台建设及基地建设。搭建科技合作平台是指建设载体如科技合作基地、科技园等引进国内外相关产学研组织通过项目合作、学术交流等方式入驻青海展开科技合作。青海科技合作平台以完善信息化平台和建设科技合作基地为主。现青海已建设国际科技合作基地 4 个：青海省畜牧兽医科学院国际科技合作基地、青海新能源（集团）有限公司国际科技合作基地、国家示范性国际科技合作基地和高原医学国际科技合作基地。科技合作基地的建设为人才聚集、信息共享、科技创新提供了契机。

四、青海“丝绸之路经济带”科技合作存在的问题

（一）企业尚未成为科技创新的主体，合作模式有待改善

科技创新中，青海企业研发经费投入相对不足，参与科技创新也较为滞后。2014 年青海统计局对全省 1017 家企业调查数据显示，仅有三成企业开展创新活动。规模以上工业企业在技术创新方面的资金投入刚破二十亿元，拥有直接购买他国科技现成品的比例超过 50%。同时，企业在技术创新投入相对乏力之际，使得青海在科技合作实践中，政府居主导地位，重要参与者为科研机构和大学，以发表论文或申请专利等成为科研成果的主要受益者。2014 年青海科技数据显示，在 402 项科研成果中，科研机构和高校占 144 项，占比 36%，企业占 105 项，占比 26%。因此，官、产、学、研角色的重新定位成为青海科技合作的重要路径。

（二）科技合作机制仍需不断完善

相关研究显示，影响官、产、学、研科技合作的关键因素并不是仅源

于技术差异，而更多的是源于非技术因素——如战略、组织和文化等。具体问题表现于：

第一，知识产权归属问题。科技合作主体的存在利益诉求的不同，战略目标的不匹配严重影响了科技合作的正常进行。即企业希望申请专利独享新产品开发带来的高利润以弥补高额研发投入成本；而高校和科研机构一般希望能公开发表学术论文等获取社会认可，以完成研究机构的学术任务及研究人员个体职称评定和职业生涯发展的需要。也正是因为合作参与方对知识产权最终的归属存在利益诉求差异，使得合作方参与动力相对不足，使得科技合作相对困难。因此，创建新型的科技合作动力激励机制，强化合作参与方的信任成为科技合作的前提。

第二，研究偏好差异问题。对高校和科研机构而言，研究人员一般多侧重于基础理论研究和实验室研究，大多沉迷在象牙塔内进行学术探索，为提高学术贡献度而不舍昼夜不知疲倦，希望提高学术贡献和体现理论价值以推动基础研究的快速发展；对企业而言，企业一般多侧重于应用研究，实现基础研究成果和应用研究成果的商品化，偏重于新产品开发能够满足顾客需求偏好，或通过工艺或技术创新能提高企业运营效率，使新产品能尽快投入市场，在最短的投资周期内能大批量生产以降低研发风险、弥补研发成本、攫取高额市场利润。研究偏好的差异使得高校和科研机构的研究成果不一定能够满足企业的实际需求，使得科技合作难以持续进行。因此，创建符合实际发展的科技合作引力机制，实现研究成果的相互匹配成为科技合作的必要条件。

第三，知识和信息共享问题。青海科技合作来自不同国家和地区、不同部门，科技合作主体空间分布较分散、关联性弱、隶属关系存在差异，省部项目、省院项目、校企项目等之间缺乏有机协调，使得合作整体集聚效应不明显。加之使得合作主体之间因个体的利益目标诉求使得知识、信息和资源的共享壁垒增高，影响了隐性知识的溢出效应，削弱了不同合作主体的优势资源的互补效应，降低了合作方的技术创新动力。因此，如何建立资源共享和有效沟通协调机制，真正实现知识、信息和人才的共享成为青海科技合作的关键。

第四，研究成果评价问题。产学研可能存在一定的技术认知差距——高校和科研机构偏重基础研究，企业偏重应用成果和商业价值，可能不能客观评价基础研究科研成果的市场价值[8]，进而影响了科技合作的持续进行。

（三）科技合作效果有待提高

近年来，青海科技合作发展迅速，且取得一定的进展和成效。以2014年为例，青海获得科技成果超过四百项，其中达到国际领先水平的成果、达到国际先进水平的成果、国内领先水平的成果和国内先进水平的成果，分别占比2.49%、10.2%、37.81%和29.85%。但从科技创新活动效果来看，青海在西北五省中科技创新能力仍相对薄弱，新产品开发项目数量、产品工艺创新的企业数量、发明、实用新型和外观设计三种专利授权数、研发项目数量、研发经费等与宁夏、新疆、甘肃、陕西相比，仍存在较大的差距（详见表4）。数据显示，青海科技合作效果未能实现预期效果：企业技术吸收能力不足，产品或工艺创新能力薄弱；高校和科研机构未能有效地将知识成果产业化，新产品开发能力相对不足。青海仍需要通过内外资源的整合实现资源和要素的协同，以提升自我科技创新能力和造血功能。

表4　2013年科技创新活动比较

	新产品开发项目数（项）	产品/工艺创新企业数量（个）	三种专利授权数（件）	研发项目数（项）	研发项目经费（万元）
青海	130	159	619	156	92528
宁夏	1049	291	1424	1136	186518
新疆	1025	812	5238	897	357812
甘肃	1817	777	5097	1894	464410
陕西	6684	1878	22820	6668	1606946

资料来源：据《2014中国科技统计年鉴》整理而来。

五、青海“丝绸之路经济带”科技合作创新路径

（一）重新定位官产学研合作角色，使企业真正成为科技创新的主体

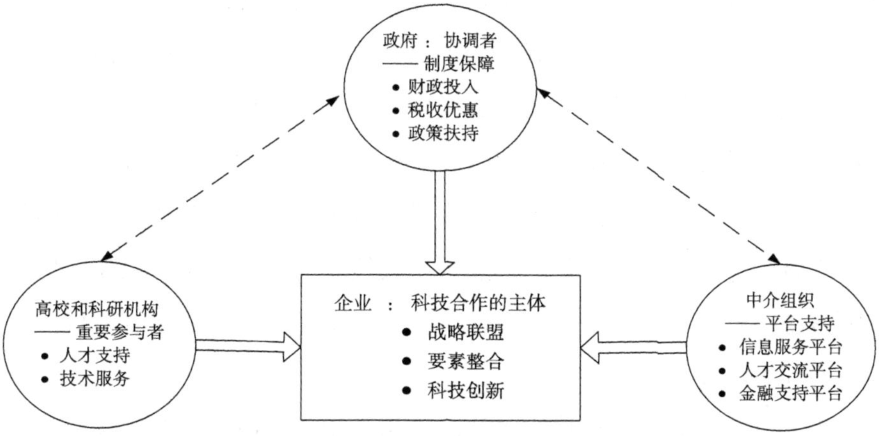

图 1　官产学研角色定位及分工

如图 1 所示，青海省需对科技合作中官产学研各方进行角色定位和任务分工，即政府通过财政投入、税收优惠和政策扶持等创建良好的制度环境，是科技合作中重要的协调者；高校和科研机构通过提供人才支持和技术服务成为技术合作中重要的参考者；中介组织通过创建信息服务平台、人才交流平台和金融支持平台为技术合作提供良好的平台载体支持；企业则是科技合作的主体和主导者，应通过战略联盟、要素整合不断提升吸收消化能力，最终实现有效的自主创新。具体分工表现为：

1. 政府充分发挥协调者和引导者角色，为青海融入丝绸之路经济带创建良好的科技合作的制度环境

青海目前科技合作中，政府居主导地位，引导企业、高校和科研机构签署战略合作协议，没有充分发挥企业、高校和科研机构的积极作用。因此，转变政府角色定位，从主导者变为协调者和引导者，创建良好的制度环境是青海融入丝绸之路经济带的制度保障。具体表现为：

第一，财政支持。青海省政府仍需加大对青海融入“丝绸之路经济带”中科技合作资金的财政投入，即由政府制定相关财政预算，将科技研发预算按一定比例用于支持企业、高校和科研机构的研发活动和科研项目，以促进科研成果的转化及加强企业新产品开发的速度。同时，努力形成多元化的投入机制，与“丝绸之路经济带”相关合作国家或地区建立科技合作基金。再者，政府可制定相关的财政政策，如给予财政补贴或贴息等方式设立风险投资基金，鼓励民间资本、丝绸之路经济带合作地区等以多种投入方式设立风险投资基金，为青海科技合作提供金融保障。

第二，税收优惠。落实现有税收优惠政策，包括研发费用加计扣除、人员工资加计扣除、固定资产加速折旧政策，高新技术企业税收优惠等。在所得税征收环节减免地方分享部分，促使企业关注资产学研项目，获得隐形的利润回报。

第三，完善知识产权立法和执法。出台相关知识产权保护政策，为高校和科研机构科研成果获取相应的经济报酬提供法律依据，以激发学研方科技合作的动力；同时，为企业独享技术成果提供法律准绳。完善的立法和严格的执法，为科技创新提供一个公平、公正、公开的制度平台，防止知识产权的侵权影响技术创新的动力。

2. 中介组织充分发挥载体功能，为青海融入丝绸之路经济带创建良好的科技合作平台

第一，人才交流平台。青海在丝绸之路经济带科技建设中，科技人才最为缺乏，因此，设立人才交流平台成为必要。青海省可考虑引进科技服务机构、研发机构、科技合作基地建设、项目合作、合作交流中心等各种方式引入高层次科技创新人才落户青海。同时，设立创新人才平台，通过该平台发布人才供求信息，以技术合作项目为依托，建立人才评价机制和人才共享机制，聚集优势人才资源于青海以为青海科技创新服务。

第二，信息服务平台。建立和完善公共技术平台、信息共享平台和信息服务网络，连接多方合作者，通过数据共享服务各方。如可借助该平台

实现技术招标项目，提供技术研发和检测等服务，为官产学研提供“一站式服务”，以降低交易成本，减少搜寻时间等。

第三，金融支持平台。目前国内三大政策性金融机构服务分工明确：国家开发银行为高新技术企业提供重大科技项目金融支持；中国进出口银行对高新技术企业进出口技术和设备提供资金扶持；中国农业银行主要针对农业类科技成果转化提供科技贷款。这在一定程度上可能会影响小微企业发展。因此，加大投资平台建设成为重要的资金来源保证。一方面，商业银行可考虑创新服务模式，满足部分企业的资金需求；一方面，中介组织可考虑大力发展风险投资机构的建设，为科技型企业提供风险资金以满足企业研发经费的需要。

3. 高校和科研机构充分发挥参与功能，为青海融入丝绸之路经济带创建良好的人才支持和技术支持

高校和科研机构是科技创新资源的重要源泉。一方面，高校和科研机构为企业提供其所必要的科技人才、输送新鲜的血液以满足企业自我研发的需要；另一方面，高校和科研机构具有较强的研发能力，科技人才济济一堂，在创新知识的产出、传播、扩散等方面发挥重要的作用。

4. 企业充分发挥主体角色，通过有效的战略联盟、要素整合、提升消化吸收能力，最终实现自我技术创新

企业是科技合作和科技创新的主体。科技成果商业价值的实现、科技成果的商品化和市场化依赖于企业来推动和实现。但企业科技创新能力需要一个完整的过程。因此，初期，青海科技型企业可依托丝绸之路经济带建设中，青海的地缘优势、人文优势等与国内外企业、高校、科研机构建立技术联盟，通过产学研协同、优劣互补实现企业内部资源和外部市场资源的要素的整合，实现产业集群化、国际化发展；其次，企业需考虑在技术合作中不断提升自我消化和吸收能力，通过技术溢出和技术扩散完善自身技术管理通力；再次，在自身资源和能力不断提升的同时，企业加快科研成果的转化，如专利申请、新产品开发、新工艺或流程创新，构建区域

科技创新体系，实现科技自主创新。

（二）建立健全科技合作机制

1. 建立健全有效的激励和评价机制，解决知识产权归属问题

企业、高校和科研机构知识产权归属问题源于激励机制差异性。关于高校和科研机构科研人员，其激励更多地依赖于职称和社会认可；对企业而言，其激励源于市场竞争法则。因此，建立健全有效的激励机制成为科技合作的重要条件。即对科研人员，相关部门可考虑依据其科技贡献率设计多重渠道以满足其职业生涯发展需求，如科技评奖、破格晋升、物质奖励等方式满足科研人员的需求；而对企业而言，则需要明确知识产权的合理应用以实现其社会价值和商业价值的统一。

2. 建立健全利益分配机制，促进产学研战略协同

企业、高校和科研机构研究偏好的差异源于合作主体战略目标不一致。事实上，高校和科研机构研究并非仅限于理论研究，它并不排斥科研成果的商业化研究。而产生问题的关键在于利益分配机制设计不到位，合作主体缺乏沟通、信任而使矛盾人为扩大化。因此，设计合理的利益分配制度和机制成为关键。在科技合作前，高校、科研机构和企业应对研发风险进行评估，明确各方的研究目标、研究责任、研究权利和研究义务，明确利益归属，建立投入和产出相匹配的收益分配机制，以保证科技合作能顺利进行。

3. 建立和完善协调和沟通机制

首先，企业、高校和科研机构需要明确彼此之间采用何种合作方式，根据技术特点、产品特点、市场特点等选择恰当的合作方式；其次，通过有效的技术资源互补、研发合作减少技术距离，以减少科研成果商业化的风险，加快新产品开发速度。再次，建立全面沟通协调框架和机制，通过组织创新建立信任机制，以实现知识和信息等资源的共享。

4. 建立有效的监督机制

建立第三方仲裁监督评价机构，调节不同利益主体的不同利益诉求，以避免产生合作危机。即第三方仲裁机构可通过公平、公正、公开等方式对科技合作成果作出客观评价，避免影响合作各方的动力，在保证资源投入和产出大致公平的前提下，促进产学研的科技合作顺利进行。

（三）提升科技合作效果，真正实现自我造血功能

第一，以青海重点发展产业为起点，集中比较优势资源，实现生重点产业的集群化发展。通过建立“丝绸之路经济带”科技合作模式和机制，围绕青海重点产业，合理配置和利用青海资源，在三江源建设、柴达木资源利用、青海民族人文资源等领域进行科技合作和科技创新。

第二，以合作促发展，通过合作推动青海省科技自主创新水平。相关研究显示，技术合作经验和成果的推广，具有明显的知识溢出效应。因此，坚持科技既要“引进来”，又要“走出去”，借丝绸之路经济带发展契机，鼓励和支持本土科研机构和科研人员与国内外一流的科研机构、一流的科研人才合作，加强国际先进知识和技术的合作研究，可通过有效的知识溢出效应，学习的国内外先进的知识、技术、思想和方法，为青海本土培养一流的科技创新人才，改变青海科技创新氛围和创新环境，提高创新意识，使青海真正实现自我造血功能。

参考文献

[1] 孙发平，戴鹏，杨军. 青海建设丝绸之路经济带的成效与对策［J］. 青海社会科学，2016（1）：3-9.

[2] 李振国. 丝绸之路经济带背景下青海产业结构演变分析［J］. 忻州师范学院学报，2016（4）：25-29.

[3] 王霞，马德君. 青海深度融入“丝绸之路经济带”的机遇探析［J］. 青海师范大学学报（哲学社会科学版），2016（1）：8-11.

[4] 杜平贵，王辉. 推进青海融入丝绸之路经济带建设的战略思考与建议［N］. 中国经济时报，2015 年 4 月 13 日（005）.

[5] 苏海红，丁忠兵. 丝绸之路经济带建设中青海打造向西开放型经济升级版研究［J］.

青海社会科学，2014（5）：61-67.
[6] 刘峰贵. 丝绸之路经济带背景下的青海区位优势 [J]. 青海师范大学学报（哲学社会科学版），2015（7）：56-61.
[7] 崔巍平，何伦志. 科技创新、经济增长与丝绸之路经济带的构建 [J]. 开发研究，2014（3）：42-45.
[8] Howells，J.，Ramlogan，R.，Cheng，S-L.Innovation and university collaboration：paradox and complexity within the knowledge economy [J].Cambridge Journal of Economics 2012.36（3），703-721.

后 记

本著作是在青海省软科学项目《丝绸之路经济带建设中科技支撑研究：以青海为例》（编号：2015-ZJ-605）研究报告的基础上修改完成。课题结项时结合评审专家意见，在出书时做了修订。

2015年7月课题申请获批后，由于课题组成员中2名研究生硕士论文开题无暇顾及课题研究，我们及时申请调整了课题组成员。在新的课题组成员（李毅、冯琳琳、彭佑元、周燕华、颜实、李鸿霞、时秀梅、李燕、夏红梅）共同努力下，我们顺利按时完成了课题研究。按期顺利结项！这一功劳归于新课题组全体成员，没有大家的共同努力，不可能取得如此好的成绩!

课题由李毅全面负责框架设计和调查设计、组织调研、向专家咨询、研究报告撰写和终稿修改等工作，冯琳琳、彭佑元、周燕华、颜实、时秀梅、李鸿霞、夏红梅、李燕负责完成了数据收集、模型构建等工作并撰写了部分章节，冯琳琳在课题完成后对财务预算提出了中肯的修改建议。

书稿在修改过程中得到了青海大学王建军教授的鼎力支持和帮助，并对全文提出了系统修订意见，提出了许多中肯的建设性修改建议。附录中专题研究论文为课题组发表的阶段性论文。

在课题研究过程中，我们大量接触青海实际，并于2015年7月底至2016年9月初对西宁市、海东市、海南州、海西州和果洛州进行了重点调研，收集了大量宝贵素材、数据和资料。在此对西宁市、海东市、海南州、海西州和果洛州相关领导的大力支持和无私的帮助表示衷心的感谢!

在本研究报告完成之际，首先要感谢青海省科技厅的资助，其次要感谢青海民族大学科技处的大力支持，最后要感谢在调研中给予我们无私帮助的人们！

此外，要特别感谢评审专家所提的中肯建议，为我们下一步的研究指明了方向。

最后，衷心感谢经济日报出版社的鼎力支持，尤其是要感谢编辑老师，没有她的精心安排和中肯的修改建议，本著作不可能这么顺利和快捷出版。

本研究报告参考了很多国内外的文章和著作，在此向研究报告中所列参考文献以及由于研究者疏漏未能列示的文献作者致以衷心的感谢。由于时间和水平有限，书中难免有不足之处，敬请专家和读者批评指正（hubli@163.com）。

勤能补拙，为了明天，继续努力。

李毅

2018 年 4 月 6 日修订于西宁西城御景名邸